中等职业教育"十四五"规划教材
职业教育课程改革规划创新教材

# 财经法规与会计职业道德

汪文艳　许　辉　李　琴　主编

中国石化出版社
HTTP://WWW.SINOPEC-PRESS.COM
中国经济出版社
CHINA ECONOMIC PUBLISHING HOUSE

## 内 容 提 要

本书以最新的《中华人民共和国会计法》《中华人民共和国税收征收管理办法》《中华人民共和国票据法》等为依据，以会计工作者应具备的相关法律知识为主要内容，以继续教育学习为目的编制而成，从会计基本职能、支付结算、税收征收、财政制度及会计职业道德五个方面进行介绍。

本书可供中等职业学校、高等职业院校会计专业及继续教育的教学使用。

**图书在版编目(CIP)数据**

财经法规与会计职业道德/汪文艳，许辉，李琴主编．—北京：中国石化出版社，2021.8(2024.2重印)

ISBN 978-7-5114-6432-3

Ⅰ.①新… Ⅱ.①汪… ②许… ③李… Ⅲ.①财政法-中国②经济法-中国 ③会计人员-职业道德 Ⅳ.①D922.2 ②F233

中国版本图书馆CIP数据核字(2021)第174766号



**中国石化出版社出版发行**

地址：北京市东城区安定门外大街58号

邮编：100011 电话：(010)57512500

发行部电话：(010)57512575

http://www.sinopec-press.com

E-mail:press@sinopec.com

番茄云印刷（沧州）有限公司印刷

全国各地新华书店经销

*

787毫米×1092毫米 16开本 12.75印张 320千字

2021年10月第1版 2024年2月第4次印刷

定价：40.00元

# 《财经法规与会计职业道德》编 委 会

主　编：汪文艳　许　辉　李　琴

副主编：马雪莹　李依懋　胡娟娟

编　委：白俊英　曹礼灿　曹伟娟　滕远芳　黄丽娜

张　芳　孙美华　邬晓南　刘秀萍　莫善婷

# 前　言

本教材以最新的《中华人民共和国会计法》《中华人民共和国税收征收管理办法》《中华人民共和国票据法》等为依据，以会计工作者应具备的相关法律知识为主要内容，以继续教育学习为目的编制而成，从会计基本职能、支付结算、税收征收、财政制度及会计职业道德五个方面进行介绍，可供中等职业学校、高等职业院校会计专业及继续教育的教学使用。

本教材具有如下特点：

1. 案例导入，理实结合，配套练习

本教材精心设计每一个章节前的导入案例，吸引读者对会计相关法律知识的学习，对法规的理论进行介绍后，对于重、难点知识会提供习题、知识讲解等提示读者注意并加深理解。读者在学完每一个章节后可以直接进行多模式的训练，强化知识点的综合运用，从不同的角度理解相关知识。

2. 表文共现，资源丰富，易学易记

本教材不仅配套图表归纳，还另配备整本教材的电子教学课件，教学资源丰富，语言解释精炼，易学易记。

3. 案例引导，强化职业道德

本教材有大量案例的讲授、分析，可理解性、可阅读性强，更强调会计职业道德的建立。

书中如有疏漏甚至错误，敬请读者提出宝贵意见，以便再版时加以改正。

编　者

# 目　　录

# 第一章　会计法律制度

## 考纲要求

**（一）识记内容**

1. 会计法律制度的概念和构成。
2. 单位会计工作管理。
3. 会计机构的设置。
4. 会计年度和记账本位币的规定。
5. 会计档案管理。
6. 会计监督的类别。
7. 会计机构的设置。
8. 会计专业技术资格和职务。
9. 违反会计法律制度的法律责任。

**（二）理解内容**

1. 会计工作管理体制。
2. 会计信息质量要求。
3. 会计资料的真实性、完整性及相应的法律责任。
4. 会计工作岗位设置。
5. 会计人员的工作交接。

## 案例导入

张老师长期担任某会计培训班的辅导老师，学员大多是刚刚走上会计岗位或准备从事会计工作的人员。一天，学员们听说学完《基础会计》还要学《财经法规与会计职业道德》，就围着张老师问了起来。

学员甲问：“‘职业道德’还比较耳熟，‘会计法规’是什么就不清楚了。是不是类似‘交通法规’？”

学员乙问：“‘会计法规’不就是《会计法》嘛！”

学员丙纠正道：“不对，是指会计制度。我们平时工作时，都是看会计制度。”

学员丁补充说：“除了会计制度，还有会计准则。”

学员们说得准确吗？

# 第一节　会计法律制度的概念与构成

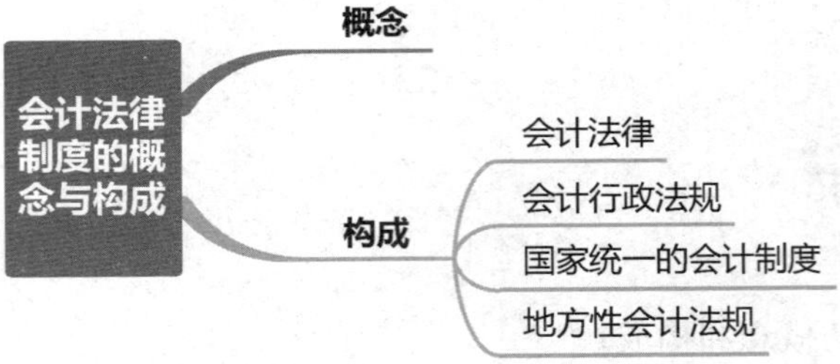


## 一、会计法律制度的概念

会计法律制度，是指国家权力机关和行政机关制定的，用以调整会计关系的各种法律、法规、规章和规范性文件的总称，通常简称为会计法规。

会计法律制度是我国财经法规的重要组成部分，是调整会计关系的法律规范。

任何一个经济组织的活动都不是独立存在的。作为经济管理工作的会计，首先表现为单位内部的一项经济管理活动，即对本单位的经济活动进行核算和监督。在处理经济业务事项中，必然会涉及或影响到有关方面的经济利益。例如，供销关系、债权债务关系、信贷关系、分配关系、税款征纳关系、管理与被管理关系等。会计关系就是指会计机构和会计人员在办理会计事务过程中以及国家在管理会计工作过程中发生的经济关系。而处理上述各种经济关系，就需要用会计法律制度来加以规范。

## 二、会计法律制度的构成

为规范会计行为，保证会计工作的有序进行，我国已经形成了由会计法律、会计行政法规、国家统一的会计制度和地方性会计法规构成的会计法律制度体系。

会计法律制度的基本构成如下：

### （一）会计法律

会计法律是指由全国人民代表大会及其常务委员会经过一定的立法程序制定的有关会计工作的法律。重要组成法律包括《中华人民共和国会计法》和《中华人民共和国注册会计师法》。

最新的《中华人民共和国会计法》于 2017 年 11 月 4 日第十二届全国人大常委会议修订通过，会议上修改了“从事会计工作的人员，必须取得会计从业资格证书”等规定，并从 2017 年 11 月 5 日开始正式实施。其立法宗旨为规范会计行为，保证会计资料真实、完整，加强经济管理和财务管理，提高经济效益，维护社会主义市场秩序。它是会计法律制度中层次最高的法律规范，也是制定其他会计法规的依据，是指导我国会计工作的最高准则。

《中华人民共和国注册会计师法》是规范注册会计师及其行业行为规范的最高准则。该法于 1993 年 10 月 31 日第八届全国人民代表大会常务委员会第四次会议通过，1994 年 1 月 1 日起开始实施。该法是为了发挥注册会计师在社会经济活动中的鉴证和服务作用、加强对注册会计师的管理、维护社会公共利益和投资者的合法权益、促进社会主义市场经济的健康发展制定的法规。

**（二）会计行政法规**

会计行政法规是指由国务院制定并发布或者国务院有关部门拟订并经国务院批准发布，调整经济生活中某些方面会计关系的法律规范。会计行政法规的制定依据是《中华人民共和国会计法》。例如，国务院发布的《企业财务会计报告条例》《中华人民共和国总会计师条例》等。

《企业财务会计报告条例》是由国务院 2000 年 6 月 21 日颁布并于 2001 年 1 月 1 日起施行的。是为了规范企业财务会计报告、保证财务会计报告的真实、完整性，根据《中华人民共和国会计法》制定的。

《中华人民共和国总会计师条例》是由国务院 1990 年 12 月 31 日发布的，是对《会计法》相关规定的细化和补充，其立法目的是为了确定总会计师的职权和地位，发挥总会计师在加强经济管理、提高经济效益中的作用。

**（三）国家统一的会计制度**

国家统一的会计制度是指国务院财政部门根据《会计法》制定的关于会计核算、会计监督、会计机构和会计人员以及会计工作管理的制度，包括会计规章和规范性文件。

会计规章是根据《中华人民共和国立法法》规定的程序，由财政部制定，并由部门首长签署命令予以公布的制度办法。例如 2001 年 2 月 20 日财政部第 10 号令发布的《财政部门实施会计监督办法》，2005 年 1 月 18 日财政部第 24 号令发布的《会计师事务所审批和监督暂行办法》，2006 年 2 月 15 日财政部第 33 号令发布的《企业会计准则——基本准则》等，均属于会计规章。

会计规范性文件是指主管全国会计工作的行政部门即国务院财政部门以文件形式印发的制度和办法。例如 2006 年 2 月 15 日，财政部发布的《企业会计准则第 1 号——存货》等 38 项具体准则；1996 年 6 月 17 日，财政部发布、2019 年 3 月 14 日修正的《会计基础工作规范》；2011 年 10 月 18 日，财政部发布的《小企业会计准则》等。

国务院其他部门根据其职责权限制定的会计方面的规范性文件也属于会计规章，但必须报财政部审核或者备案。

会计部门规章不得与宪法、法律和行政法规相违背，其效力低于宪法、法律和行政法规。

**（四）地方性会计法规**

地方性会计法规是指省、自治区、直辖市人民代表大会或常务委员会在同宪法、会计法律、会计行政法规和国家统一的会计准则制度不相抵触的前提下，根据本地区情况制定发布的关于会计核算、会计监督、会计机构和会计人员以及会计工作管理的规范性文件。如《云南省会计条例》《湖北省会计从业资格实施办法》等

此外，实行计划单列市、经济特区的人民代表大会及其常务委员会，在宪法、法律和行政法规允许范围内也可制定会计规范性文件。

## 课后思考

**【例 1-1 · 多选题】**下列属于会计法律制度的有（　　）。

A. 会计法律　　　　　　B. 会计行政法规

C. 国家统一的会计制度　　　　　　D. 地方性会计法规

『**答案**』ABCD。

【**例 1-2 · 单选题**】下列各项中，属于会计法律的是(　　)。

A.《中华人民共和国会计法》　　　　B.《总会计师条例》

C.《会计基础工作规范》　　　　　D.《企业会计制度》

『**答案**』A。

# 第二节　会计工作管理体制

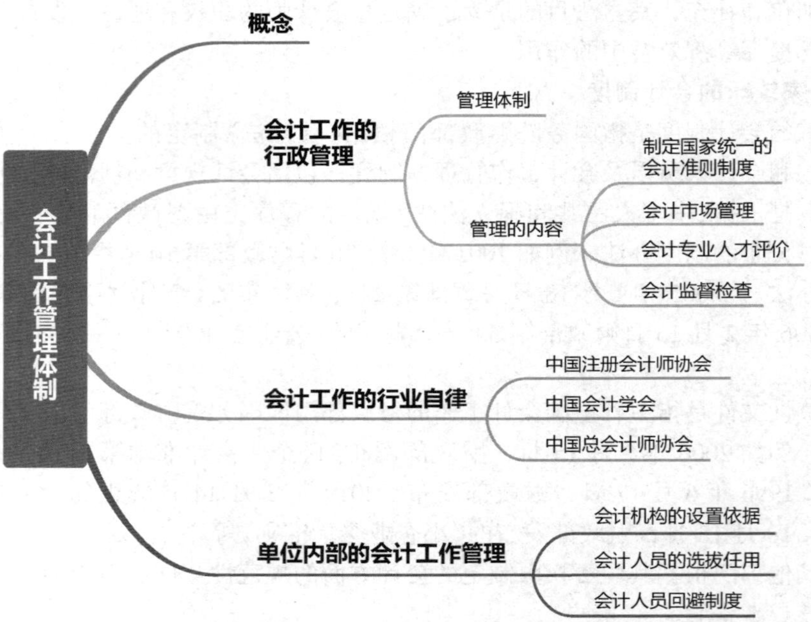


会计工作管理体制是指国家管理会计工作的组织形式和基本制度，包括管理机构的设置、职责范围的确定和管理职权的划分，是国家会计法律、法规、规章、制度和方针、政策得以贯彻落实的组织保障和制度保障。主要包括会计工作的行政管理、会计工作的行业管理和单位内部的会计工作管理等。

## 一、会计工作的行政管理

### （一）会计工作行政管理体制

我国会计工作管理体制的总原则是统一领导、分级管理。《中华人民共和国会计法》第七条规定，“国务院财政部门主管全国的会计工作。县级以上地方各级人民政府财政部门管理本行政区域内的会计工作”，其中，明确规定了会计工作由谁管理和在会计工作管理体制上实行统一领导、分级管理的原则。新中国成立以来，会计工作一直由财政部门管理，有了一定的基础，积累了一定的工作经验。同时，财务会计工作同国家财政收支的关系十分密切，它是财政的一项基础工作。所以，《中华人民共和国会计法》规定了会计工作由各级财政部门管理的体制。

财政、审计、税务、人民银行、证券监管、保险监管等部门应当依照有关法律、行政法规规定的职责，对有关单位的会计资料实施检查。这一规定体现了财政部门与其他政府管理部门在管理会计实务中相互协作的关系。

**【例 1-3·单选题】**在我国，主管全国会计工作的部门是（　　）。

A. 国务院　　B. 财政部

C. 全国人民代表大会　　D. 全国人大常务委员会

**『答案』**B。

**【例 1-4·多选题】**根据《会计法》的规定，除财政部门外，依照有关法律、行政法规规定的职责，对有关单位的会计资料实施监督检查的部门有（　　）。

A. 审计部门　　B. 保险监管部门

C. 证券监管部门　　D. 中国银行

**『答案』**ABC。

**（二）会计工作行政管理的内容**

1. 制定国家统一的会计准则制度

《中华人民共和国会计法》第八条规定，“国家统一的会计制度，由国务院财政部门根据本法制定并公布。国务院有关部门可以依照本法和国家统一的会计制度制定对会计核算和会计监督有特殊要求的行业实施国家统一会计制度的具体办法或者补充规定，报国务院财政部门审核批准。中国人民解放军总后勤部可以依照本法和国家统一的会计制度制定军队实施国家统一的会计制度的具体办法，报国务院财政部门备案”。其中，明确规定了制定会计制度的权限。规定会计制度制定的权限，是会计工作实行统一领导、分级管理原则的一个重要方面。当前，在我国实行社会主义市场经济的条件下，还必须从宏观上对国民经济进行计划和管理，为使各地区、各部门、各单位在办理会计事务中有统一的制度作依据，使会计核算正确地体现财政、财务制度有关规定的要求，保证会计这一信息系统及时、正确地为国民经济计划和管理提供分类科学、口径统一的会计资料。因此，由国务院财政部门制定国家统一的会计制度是完全必要的。这些国家统一的会计制度是在全国范围内实施的会计工作管理方面的规范性文件，主要包括四个方面：一是国家统一的会计核算制度；二是国家统一的会计监督制度；三是国家统一的会计机构和会计人员管理制度；四是国家统一的会计工作管理制度。

由于各地区、各部门的具体情况千差万别，由国务院财政部门制定所有的、包罗万象的会计制度，实际上也不可能。在国务院财政部门制定国家统一的会计制度的基础上，还需要由各地区、各部门制定符合《中华人民共和国会计法》要求的、符合实际情况的会计制度或者补充规定，报国务院财政部门审核批准或者备案后实行。

2. 会计市场管理

财政部门是会计工作和注册会计师行业的主管部门，履行着相应的会计市场管理的职责。

会计市场的管理包括会计市场的准入管理、运行管理和退出管理三方面。对会计出版市场、培训市场、境外“洋资格”的管理等也属于会计市场管理的范畴。

会计市场准入管理包括会计师事务所的设立、代理记账机构的设立等。

市场运行管理是指财政部门对获准进入会计市场的机构和人员，是否遵守各项法律法规，依据相关准则、制度和规范执行业务的过程及结果所进行的监督和检查。

市场退出管理是指财政部门对在执业过程中有违反《会计法》《注册会计师法》等行为的机构和个人进行处罚，对于情节严重的，还会吊销其执业资格，强制其退出会计市场。

3. 会计专业人才评价

会计专业人才是我国经济建设中不可或缺的重要力量，也是我国人才队伍中重要组成部分。目前我国基本形成了阶梯式的会计专业人才评价机制，包括初级、中级、高级会计人才评价机制和会计行业领军人才的培养、评价体系等。

4. 会计监督检查

财政部门实施的会计监督检查主要是会计信息质量检查和会计师事务所执业质量的检查。财政部门对会计市场的监督还包括依法加强对会计行业自律组织的监督和指导等。

财政部负责组织实施全国会计信息质量以及全国会计师事务所执业质量的检查工作，并依法对违法行为实施行政处罚。省、自治区、直辖市人民政府财政部门负责组织实施本行政区域内的会计信息质量检查工作以及会计师事务所执业质量的检查工作，并依法对各种违法行为实施行政处罚。

## 二、会计工作的行业自律

### （一）中国注册会计师协会

中国注册会计师协会是依据《注册会计师法》和《社会团体登记条例》的有关规定，在财政部和理事会领导下开展行业管理和服务的法定组织。

### （二）中国会计学会

中国会计学会创建于1980年，是财政部所属由全国会计领域各类专业组织，以及会计理论界、实务界会计工作者结成的学术性、专业性、非营利性社会组织。

中国会计学会的三大特征——学术性、专业性、非营利性。

### （三）中国总会计师协会

中国总会计师协会是经财政部审核同意、民政部正式批准，依法注册登记成立的跨地区、跨部门、跨行业、跨所有制的非营利性国家一级社团组织，是总会计师行业的全国性自律组织。

**【例1-5·单选题】**注册会计师的全国组织机构是（　　）。

A. 中国会计学会　　　　B. 中国注册会计师协会

C. 财政部　　　　D. 其他会计组织

**『答案』**B。

## 三、单位内部的会计工作管理

### （一）单位负责人的职责

单位负责人是指单位的法定代表人或者法律、行政法规规定代表单位行使职权的主要负责人。

单位负责人主要有两种：一是单位法定代表人（针对法人企业），如公司制企业的董事长（执行董事或经理），国有企业的厂长（经理），国家机关最高行政长官等。二是指法律、行政法规规定代表单位行使职权的主要负责人（针对非法人企业），如代表合伙企业的合伙人、个人独资企业的投资人等。

单位负责人对本单位的会计工作和会计资料的真实性、完整性负责，保证会计机构、会计人员依法履行职责，单位负责人不得授意、指使、强令会计机构和会计人员违法办理会计事项。

**（二）会计机构的设置**

各单位应依据会计业务的需要，设置会计机构，或者在有关机构中设置会计人员并指定会计主管人员；不具备设置条件的，应当委托经批准设立从事会计代理记账业务的中介机构代理记账。这里的中介机构是指会计师事务所、持有代理记账许可证书的其他代理记账机构。

一个单位是否单独设置会计机构，往往取决于下列各因素：

1. 单位规模的大小

一个单位的规模，往往决定了这个单位内部职能部门的设置，也决定了会计机构的设置与否。一般来说，大中型企业和具有一定规模的事业行政单位，以及财务收支数额较大、会计业务较多的社会团体和其他经济组织，都应单独设置会计机构，如会计（或财务）处、部、科、股、组等，以便及时组织本单位各项经济活动和财务收支的核算，实行有效的会计监督。

2. 经济业务和财务收支的繁简

经济业务多、财务收支量大的单位，有必要单独设置会计机构，以保证会计工作的效率和会计信息的质量。

3. 经营管理的要求

有效的经营管理是以信息的及时准确和全面系统为前提的。

一个单位在经营管理上的要求越高，对会计信息的需求也相应增加，对会计信息系统的要求也越高，从而决定了该单位设置会计机构的必要。

**（三）会计人员的选拔任用**

关于会计工作人员从业的要求，2017 年 11 月 4 日，十二届全国人大常委会第三十次会议表决通过关于修改会计法的决定，规定“会计人员应当具备从事会计工作所需要的专业能力”。此前，会计法规定“从事会计工作的人员，必须取得会计从业资格证书”。自此会计从业资格证正式取消。

担任单位会计机构负责人（会计主管人员）的，应当具备会计师以上专业技术职务资格或者从事会计工作三年以上的经历。

担任总会计师的应当在取得会计师任职资格后主管一个单位或者单位内部一个重要方面的财务工作不少于三年。

财政部只对从事会计工作人员的相关资格条件进行统一规定，会计人员取得相关资格或符合有关条件后，能否具体从事相关工作，由所在单位自行决定。

**（四）会计人员回避制度**

回避制度是指为了保证执法或者执业的公正性，对可能影响其公正性的执法或者执业人员实行职务回避和业务回避的一种制度。

《会计基础工作规范》规定：“国家机关、国有企业、事业单位”任用会计人员应当实行回避制度。

（1）单位负责人的直系亲属不得担任本单位的会计机构负责人、会计主管人员。

（2）会计机构负责人、会计主管人员的直系亲属不得在本单位会计机构中担任出纳工作。

这里的直系亲属包括夫妻关系、直系血亲关系(父母，子女)、三代以内旁系血亲(兄弟姐妹)以及配偶亲关系。

## 课后思考

**【例 1-6 · 单选题】**使用会计人员可以不实行回避制度的是(　　)。

A. 私营企业　　B. 国有企业　　C. 国家机关　　D. 事业单位

**『答案』**A。

**【例 1-7 · 判断题】**回避制度是指为了保证执法或者执业的公正性，对可能影响其公正性的执法或者执业的人员实行职务回避和业务回避的一种制度。(　　)

**『答案』**√。

# 第三节　会计核算

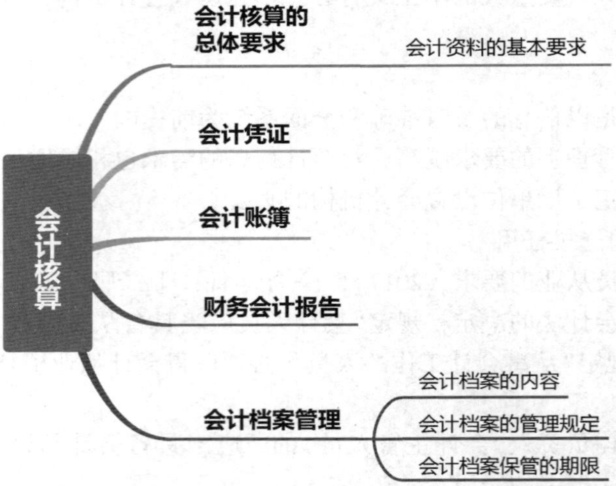


会计核算是会计最基本的职能，主要是指对会计主体已经发生或已经完成的经济活动进行的事后核算，也就是会计工作中记账、算账、报账的总称。合理地组织会计核算形式是做好会计工作的一个重要条件，对于保证会计工作质量，提高会计工作效率，正确、及时地编制会计报表，满足相关会计信息使用者的需求具有重要意义。

## 一、会计核算的总体要求

### (一) 应当进行会计核算的情况

各单位发生的下列事项，应当及时办理会计手续、进行会计核算：

(1) 款项和有价证券的收付；

(2) 财物的收发、增减和使用；

(3) 债权债务的发生和结算；

(4) 资本、基金的增减；

（5）收入、支出、费用、成本的计算；

（6）财务成果的计算和处理；

（7）其他需要办理会计手续、进行会计核算的事项。

**（二）会计核算的依据**

各单位必须以实际发生的经济业务事项进行会计核算，填制会计凭证，登记会计账簿，编制财务会计报告。任何单位不得以虚假的经济业务事项或者资料进行会计核算。

以实际发生的经济业务事项为依据进行会计核算，是会计核算的重要前提。实际发生的经济业务事项是指各单位在生产经营或预算执行过程中发生的包括引起资金增减变化的经济活动。并非所有实际发生的经济业务事项都需要进行会计记录和会计核算。签订合同或协议时往往无须进行会计核算。以虚假的经济业务事项或者资料进行会计核算，是一种严重的违法行为。

**（三）对会计资料的基本要求**

1. 会计资料的生成和提供必须符合国家统一的会计准则制度的规定

会计资料是在会计核算过程中形成的、记录和反映实际发生的经济业务事项的资料，包括会计凭证、会计账簿、财务会计报告和其他会计资料。

用电子计算机进行会计核算的，必须保证电子计算机生成的会计资料真实、完整和安全，其软件及其生成的会计资料必须符合国家统一的会计准则制度的要求。

2. 提供虚假的会计资料是违法行为

会计资料的真实性和完整性，是对会计资料最基本的质量要求，是会计工作的生命线，各单位必须严格按照《会计法》的要求执行，保证所提供的会计资料的真实性和完整性。

任何单位和个人不得伪造、变造会计凭证、会计账簿和其他会计资料，不得提供虚假的财务会计报告 。

会计资料的真实性，主要是指会计资料所反映的内容和结果，应当同单位实际发生的经济业务的内容及其结果保持基本一致。

会计资料的完整性是指构成会计资料的各项要素都必须齐全，以使会计资料如实、全面记录和反映经济业务发生的情况，便于会计资料使用者全面、准确了解一个单位经济活动的情况。

与会计资料的真实性和完整性相对应的是会计资料的不真实和不完整，其原因是多方面的，但伪造、变造会计资料是重要手段之一。

伪造会计资料是指以虚假的经济业务事项为前提编造不真实的会计凭证、会计账簿和其他会计资料的行为。——无中生有

如制作假发货票、假收据、假工资表等假的原始凭证；或者由于会计人员审核不严或玩忽职守、丧失原则，以伪造的原始凭证为基础，填制记账凭证，如根据假发票凭空编制记账凭证的行为等。

变造会计凭证、会计账簿及其他会计资料，是指用涂改、挖补等手段来改变会计凭证、会计账簿等的真实内容，歪曲事实真相的行为——篡改事实。如根据涂改后的发票编制记账凭证的行为等。——以假乱真

而提供虚假的财务会计报告，是指通过编造虚假的会计凭证、会计账簿及其他会计资料编制财务会计报告（依据虚假）或直接篡改财务会计报告上的真实数据，使财务会计报告不真实、不完整地反映财务状况和经营成果，借以误导、欺骗财务会计报告使用者的行为。

【例 1-8 · 判断题】会计资料的真实性和完整性，是会计资料最基本的质量要求，是会计工作的生命。(　　)

『答案』√。

【例 1-9 · 多选题】下列各项中，属于变造会计凭证行为的是(　　)。

A. 某公司为一客户虚开销货发票一张，并按票面金额的 10%收取好处费

B. 某业务员将购货发票上的金额 50 万元，用“消字灵”修改为 80 万元报账

C. 某企业现金出纳将一张报销凭证上的金额 7000 元涂改为 9000 元

D. 购货部门传来一张购货发票，原金额计算有误，出票单位已作更正并加盖出票单位公章

『答案』BC。

## 二、会计凭证

会计凭证，是记录经济业务事项的发生和完成情况，明确经济责任，并作为记账依据的书面证明，是会计资料的重要组成部分。填制会计凭证，是会计核算的首要环节，会计凭证是否真实、完整，对会计信息质量有十分重要的影响，可以说是保证会计信息质量的基础。每个企业必须根据审核无误的会计凭证进行账簿登记，如实反映企业的经济业务。

会计凭证按照填制程序和用途的不同分为原始凭证和记账凭证

### （一）原始凭证的基本要求

（1）原始凭证的内容必须具备：凭证的名称；填制凭证的日期；填制凭证单位名称或者填制人姓名；经办人员的签名或者盖章；接受凭证单位名称；经济业务内容；数量、单价和金额。

（2）从外单位取得的原始凭证，必须盖有填制单位的公章；从个人取得的原始凭证，必须有填制人员的签名或者盖章。自制原始凭证必须有经办单位领导人或者其指定的人员签名或者盖章。对外开出的原始凭证，必须加盖本单位公章。

（3）凡填有大写和小写金额的原始凭证，大写与小写金额必须相符。购买实物的原始凭证，必须有验收证明。支付款项的原始凭证，必须有收款单位和收款人的收款证明。

（4）一式几联的原始凭证，应当注明各联的用途，只能以一联作为报销凭证。

一式几联的发票和收据，必须用双面复写纸(发票和收据本身具备复写纸功能的除外)套写，并连续编号。作废时应当加盖“作废”戳记，连同存根一起保存，不得撕毁。

（5）发生销货退回的，除填制退货发票外，还必须有退货验收证明；退款时，必须取得对方的收款收据或者汇款银行的凭证，不得以退货发票代替收据。

（6）职工公出借款凭据，必须附在记账凭证之后。收回借款时，应当另开收据或者退还借据副本，不得退还原借款收据。

（7）经上级有关部门批准的经济业务，应当将批准文件作为原始凭证附件。如果批准文件需要单独归档的，应当在凭证上注明批准机关名称、日期和文件字号。

原始凭证不得涂改、挖补。发现原始凭证有错误的，应当由开出单位重开或者更正，更正处应当加盖开出单位的公章。

### （二）记账凭证的基本要求

（1）记账凭证的内容必须具备：填制凭证的日期；凭证编号；经济业务摘要；会计科目；金额；所附原始凭证张数；填制凭证人员、稽核人员、记账人员、会计机构负责人、会

计主管人员签名或者盖章。收款和付款记账凭证还应当由出纳人员签名或者盖章。

以自制的原始凭证或者原始凭证汇总表代替记账凭证的，也必须具备记账凭证应有的项目。

（2）填制记账凭证时，应当对记账凭证进行连续编号。一笔经济业务需要填制两张以上记账凭证的，可以采用分数编号法编号。

（3）记账凭证可以根据每一张原始凭证填制，或者根据若干张同类原始凭证汇总填制，也可以根据原始凭证汇总表填制。但不得将不同内容和类别的原始凭证汇总填制在一张记账凭证上。

（4）除结账和更正错误的记账凭证可以不附原始凭证外，其他记账凭证必须附有原始凭证。如果一张原始凭证涉及几张记账凭证，可以把原始凭证附在一张主要的记账凭证后面，并在其他记账凭证上注明附有该原始凭证的记账凭证的编号或者附原始凭证复印件。

一张复始凭证所列支出需要几个单位共同负担的，应当将其他单位负担的部分，开给对方原始凭证分割单，进行结算。原始凭证分割单必须具备原始凭证的基本内容：凭证名称、填制凭证日期、填制凭证单位名称或者填制人姓名、经办人的签名或者盖章、接受凭证单位名称、经济业务内容、数量、单价、金额和费用分摊情况等。

如果在填制记账凭证时发生错误，应当重新填制。已经登记入账的记账凭证，在当年内发现填写错误时，可以用红字填写一张与原内容相同的记账凭证，在摘要栏注明“注销某月某日某号凭证”字样，同时再用蓝字重新填制一张正确的记账凭证，注明“订正某月其日某号凭证”字样。如果会计科目没有错误，只是金额错误，也可以将正确数字与错误数字之间的差额，另编一张调整的记账凭证，调增金额用蓝字，调减金额用红字。发现以前年度记账凭证有错误的，应当用蓝字填制一张更正的记账凭证。

## 三、会计账簿

会计账簿是指由一定格式的账页组成，以会计凭证为依据，全面、系统、连续地记录各项经济业务的簿籍。企业通过将会计凭证中反映的经济内容过入相应账簿，可以全面反映会计主体在一定时期内所发生的各项资金运动，储存所需要的会计信息；通过账簿的设置和登记，可以将企业不同的信息分门别类地加以反映，提供企业一定时期内经济活动的详细情况，也可以反映企业财务及经营成果状况。

各单位应当按照国家统一会计制度的规定和会计业务的需要设置会计账簿。会计账簿包括总账、明细账、日记账和其他辅助性账簿。

依法设置会计账簿，是单位进行会计核算的最基本要求之一。各单位发生的各项经济业务事项应当在依法设置的会计账簿上统一登记、核算，不得违反《会计法》和国家统一的会计准则制度的规定私设会计账簿登记、核算。

会计人员应当根据审核无误的会计凭证登记会计账簿。登记账簿的基本要求是：

（1）登记会计账簿时，应当将会计凭证日期、编号、业务内容摘要、金额和其他有关资料逐项记入账内，做到数字准确、摘要清楚、登记及时、字迹工整。

（2）登记完毕后，要在记账凭证上签名或者盖章，并注明已经登账的符号，表示已经记账。

（3）账簿中书写的文字和数字上面要留有适当空格，不要写满格；一般应占格距的二分之一。

(4) 登记账簿要用蓝黑墨水或者碳素墨水书写，不得使用圆珠笔(银行的复写账簿除外)或者铅笔书写。

(5) 下列情况，可以用红色墨水记账：

① 按照红字冲账的记账凭证，冲销错误记录；

② 在不设借贷等栏的多栏式账页中，登记减少数；

③ 在三栏式账户的余额栏前，如未印明余额方向的，在余额栏内登记负数余额；

④ 根据国家统一会计制度的规定可以用红字登记的其他会计记录。

(6) 各种账簿按页次顺序连续登记，不得跳行、隔页。如果发生跳行、隔页，应当将空行、空页划线注销，或者注明“此行空白”“此页空白”字样，并由记账人员签名或者盖章。

(7) 凡需要结出余额的账户，结出余额后，应当在“借或贷”等栏内写明“借”或者“贷”等字样。没有余额的账户，应当在“借或贷”等栏内写“平”字，并在余额栏内用“Q”表示。

现金日记账和银行存款日记账必须逐日结出余额。

(8) 每一账页登记完毕结转下页时，应当结出本页合计数及余额，写在本页最后一行和下页第一行有关栏内，并在摘要栏内注明“过次页”和“承前页”字样；也可以将本页合计数及金额只写在下页第一行有关栏内，并在摘要栏内注明“承前页”字样。

对需要结计本月发生额的账户，结计“过次页”的本页合计数应当为自本月初起至本页末止的发生额合计数；对需要结计本年累计发生额的账户，结计“过次页”的本页合计数应当为自年初起至本页末止的累计数；对既不需要结计本月发生额也不需要结计本年累计发生额的账户，可以只将每页末的余额结转次页。

各单位应当定期对会计账簿记录的有关数字与库存实物、货币资金、有价证券、往来单位或者个人等进行相互核对，保证账证相符、账账相符、账实相符。对账工作每年至少进行一次。

(1) 账证核对。核对会计账簿记录与原始凭证、记账凭证的时间、凭证字号、内容、金额是否一致，记账方向是否相符。

(2) 账账核对。核对不同会计账簿之间的账簿记录是否相符，包括：总账有关账户的余额核对，总账与明细账核对，总账与日记账核对，会计部门的财产物资明细账与财产物资保管和使用部门的有关明细账核对等。

(3) 账实核对。核对会计账簿记录与财产等实有数额是否相符。包括：现金日记账账面余额与现金实际库存数相核对；银行存款日记账账面余额定期与银行对账单相核对；各种财物明细账账面余额与财物实存数额相核对；各种应收、应付款明细账账面余额与有关债务、债权单位或者个人核对等。

## 四、财务会计报告

财务会计报告是指单位对外提供的反映单位某一特定日期财务状况和某一会计期间经营成果和现金流量的文件。各单位必须按照国家统一会计制度的规定，定期编制财务会计报告。

财务会计报告包括会计报表、会计报表附注和财务情况说明书，其中会计报表包括资产负债表、利润表、现金流量表及相关附表。

编制财务会计报告的基本要求有：

（1）企业应该在年度终了编报财务会计报告。国家统一的会计制度规定应当编报半年度、季度、月度财务报告的，依照规定。

（2）会计报表应当根据登记完整、核对无误的会计账簿记录和其他有关资料编制，做到数字真实、计算准确、内容完整、说明清楚。任何人不得篡改或者授意、指使、强令他人篡改会计报表的有关数字。

（3）会计报表之间、会计报表各项目之间，凡有对应关系的数字，应当相互一致。本期会计报表与上期会计报表之间有关的数字应当相互衔接。如果不同会计年度会计报表中各项目的内容和核算方法有变更的，应当在年度会计报表中加以说明。

（4）各单位应当按照国家统一会计制度的规定认真编写会计报表附注及其说明，做到项目齐全，内容完整。

（5）各单位应当按照国家规定的期限对外报送财务报告。

对外报送的财务报告，应当依次编写页码，加具封面，装订成册，加盖公章。封面上应当注明：单位名称，单位地址，财务报告所属年度、季度、月度，送出日期，并由单位领导人、总会计师、会计机构负责人、会计主管人员签名并盖章。

财务报表由单位负责人和主管会计工作的负责人、会计机构负责人（会计主管人员）签名并盖章；设置总会计师的单位，还须由总会计师签名并盖章。单位负责人对财务报告的合法性、真实性负法律责任。

各单位应当按照法律、行政法规和国家统一的会计制度有关财务会计报告提供期限的规定，及时对外提供财务报表。财务报表须经注册会计师审计的，注册会计师及其所在的会计师事务所出具的审计报告应当随同财务报表一并对外提供。

## 五、会计档案管理

会计档案是指单位在进行会计核算等过程中接收或形成的，记录和反映单位经济业务事项的，具有保存价值的文字、图表等各种形式的会计资料，包括通过计算机等电子设备形成、传输和存储的电子会计档案。

财政部、国家档案局发布的《会计档案管理办法》对会计档案的管理部门、内容、归档、移交、保管期限及会计档案的销毁等内容均有明确的规定，各单位必须遵照执行。新的《会计档案管理办法》自 2016 年 1 月 1 日起正式施行。

### （一）会计档案的管理部门

财政部和国家档案局主管全国会计档案工作，共同制定全国统一的会计档案工作制度，对全国会计档案工作实行监督和指导。

县级以上地方人民政府财政部门和档案行政管理部门管理本行政区域内的会计档案工作，并对本行政区域内会计档案工作实行监督和指导。

单位的档案机构或者档案工作人员所属机构（以下统称单位档案管理机构）负责管理本单位的会计档案。单位也可以委托具备档案管理条件的机构代为管理会计档案。

### （二）会计档案的内容

会计档案是记录和反映经济业务事项的重要历史资料和证据，具体可分为：

（1）会计凭证类：原始凭证、记账凭证、汇总凭证、其他会计凭证。

（2）会计账簿类：总账、明细账、日记账、固定资产卡片账、辅助账簿、其他会计账簿。

(3) 财务会计报告类：月度、季度、半年度、年度财务会计报告，包括会计报表、附表、附注及文字说明、其他财务报告。

(4) 其他类：银行存款余额调节表、银行对账单、应当保存的会计核算专业资料、会计档案移交清册、会计档案保管清册、会计档案销毁清册。

财务预算、计划、制度等文件材料属于文书档案，不属于会计档案。

会计档案对于单位总结经济工作，指导单位的生产经营和事业管理，查验经济财务问题，防止贪污舞弊，研究经济发展的方针、战略都具有重要作用。因此，各单位必须加强对会计档案的管理，确保会计档案资料的安全和完整，并充分加以利用。

**【例 1-10 · 多选题】**

根据《会计档案管理办法》的规定，下列各项中，属于会计档案的有(　　)。

A. 固定资产卡片　　B. 原始凭证

C. 会计档案移交清册　　D. 信贷计划

**『答案』**ABC。

**(三) 会计档案的形式**

会计档案包括纸质会计档案和电子会计档案两种形式。

按照《会计档案管理办法》的规定，单位可以利用计算机、网络通信等信息技术手段管理会计档案。同时满足下列条件的，单位内部形成的属于归档范围的电子会计资料可仅以电子形式保存，形成电子会计档案：

(1) 形成的电子会计资料来源真实有效，由计算机等电子设备形成和传输。

(2) 使用的会计核算系统能够准确、完整、有效接收和读取电子会计资料，能够输出符合国家标准归档格式的会计凭证、会计账簿、财务会计报表等会计资料，设定了经办、审核、审批等必要的审签程序。

(3) 使用的电子档案管理系统能够有效接收、管理、利用电子会计档案，符合电子档案的长期保管要求，并建立了电子会计档案与相关联的其他纸质会计档案的检索关系。

(4) 采取有效措施，防止电子会计档案被篡改。

(5) 建立电子会计档案备份制度，能够有效防范自然灾害、意外事故和人为破坏的影响。

(6) 形成的电子会计资料不属于具有永久保存价值或者其他重要保存价值的会计档案。

满足以上规定条件，单位从外部接收的电子会计资料附有符合《中华人民共和国电子签名法》规定的电子签名的，可仅以电子形式归档保存，形成电子会计档案。

**(四) 会计档案的管理规定**

会计档案管理是一项技术性、政策性都很强的工作，《会计档案管理办法》对会计档案的立卷、归档、保管、调阅和销毁，以及单位变更后的会计档案管理等问题作出了明确的规定。根据《会计档案管理办法》的规定：

1. 会计档案应当妥善保管

单位会计管理机构应按照归档范围和归档要求，负责定期将应当归档的会计资料整理立卷，编制会计档案保管清册。

当年形成的会计档案，在会计年度终了后，可由单位会计管理机构临时保管一年，再移交单位档案管理机构保管。因工作需要确需推迟移交的，应当经单位档案管理机构同意。

单位会计管理机构临时保管会计档案最长不超过三年。临时保管期间，会计档案的保管应当符合国家档案管理的有关规定，且出纳人员不得兼管会计档案。

移交本单位档案机构保管的会计档案，原则上应当保持原卷册的封装。个别需要拆封重新整理的，由档案机构人员会同会计机构人员和原经办人员共同拆封整理，以分清责任。

电子会计档案移交时应当将电子会计档案及其原数据一并移交，且文件格式应当符合国家档案管理的有关规定。特殊格式的电子会计档案应当与其读取平台一并移交。单位档案管理机构接收电子会计档案时，应当对电子会计档案的准确性、完整性、可用性、安全性进行检测，符合要求的才能接收。

单位应当严格按照相关制度利用会计档案，在进行会计档案查阅、复制、借出时履行登记手续，严禁篡改和损坏。单位保存的会计档案一般不得对外借出。确因工作需要且根据国家有关规定必须借出的，应当严格按照规定办理相关手续，经本单位负责人批准后可以提供查阅或者复制原件。

采用电子计算机进行会计核算的单位，应当保存打印出的纸质会计档案。

2. 会计档案保管的期限

会计档案保管期限分为永久和定期两类，定期保管期限一般分为 10 年和 30 年。会计档案的保管期限，从会计年度终了后的第一天算起。

企业会计档案保管期限见表 1–1。

**表 1–1　企业会计档案保管期限一览表**

| 序号 | 档案名称 | 保管期限 | 备注 |
| --- | --- | --- | --- |
| 一 | 会计凭证 | | |
| 1 | 原始凭证 | 30 年 | |
| 2 | 记账凭证 | 30 年 | |
| 二 | 会计账簿 | | |
| 3 | 总账 | 30 年 | |
| 4 | 明细账 | 30 年 | |
| 5 | 日记账 | 30 年 | |
| 6 | 固定资产卡片 | | 固定资产报废清理后保管 5 年 |
| 7 | 其他辅助性账簿 | 30 年 | |
| 三 | 财务会计报告 | | |
| 8 | 月度、季度、半年度财务会计报告 | 10 年 | |
| 9 | 年度财务会计报告 | 永久 | |
| 四 | 其他会计资料 | | |
| 10 | 银行存款余额调节表 | 10 年 | |

（续）

| 序号 | 档案名称 | 保管期限 | 备注 |
|---|---|---|---|
| 11 | 银行对账单 | 10年 | |
| 12 | 纳税申报表 | 10年 | |
| 13 | 会计档案移交清册 | 30年 | |
| 14 | 会计档案保管清册 | 永久 | |
| 15 | 会计档案销毁清册 | 永久 | |
| 16 | 会计档案鉴定意见书 | 永久 | |

3. 会计档案应当按规定程序销毁

保管期满的会计档案，应由单位档案管理机构提出销毁意见，会同会计机构共同鉴定，经鉴定可以销毁的会计档案，应当按照以下程序销毁：

（1）单位档案管理机构编制会计档案销毁清册，列明拟销毁会计档案的名称、卷号、册数、起止年度、档案编号、应保管期限、已保管期限和销毁时间等内容。

（2）单位负责人、档案管理机构负责人、会计管理机构负责人、档案管理机构经办人、会计管理机构经办人在会计档案销毁清册上签署意见。

（3）单位档案管理机构负责组织会计档案销毁工作，并与会计管理机构共同派员监销。监销人在会计档案销毁前，应当按照会计档案销毁清册所列内容进行清点核对；在会计档案销毁后，应当在会计档案销毁清册上签名或盖章。

电子会计档案的销毁还应当符合国家有关电子档案的规定，并由单位档案管理机构、会计管理机构和信息系统管理机构共同派员监销。

保管期满但未结清的债权债务会计凭证和涉及其他未了事项的会计凭证不得销毁，纸质会计档案应当单独抽出立卷，电子会计档案单独转存，保管到未了事项完结时为止，单独抽出立卷或转存的会计档案，应当在会计档案鉴定意见书、会计档案销毁清册和会计档案保管清册中列明；正在项目建设期间的建设单位，其保管期满的会计档案也不得销毁。建设单位在项目建设期间形成的会计档案，需要移交给建设项目接受单位的，应当在办理竣工财务决算后及时移交，并按照规定办理交接手续。

## 课后思考

**【例1-11·多选题】**根据《会计档案管理办法》的规定，在对保管期满的会计档案进行整理以备销毁时，（　　）不得销毁。

A. 未结清的债权债务原始凭证

B. 正在建设期间的建设单位会计档案

C. 超过会计档案保管期限但尚未报废的固定资产购买凭证

D. 所有会计报表类档案

『**答案**』ABC。

# 第四节　会计监督

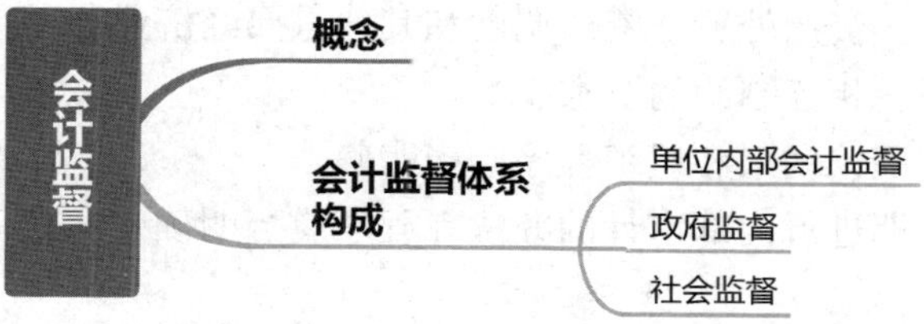


会计监督，是指单位内部的会计机构和会计人员、依法享有经济监督检查职权的政府有关部门、依法批准成立的社会审计中介组织，对国家机关、社会团体、企业事业单位经济活动的合法性、合理性和会计资料的真实性、完善性以及本单位内部预算执行情况所进行的监督。会计监督是经济管理的一种手段，其最终目的是促进各单位改善经营管理，提高经济效益。

## 一、单位内部会计监督

### （一）单位内部会计监督的概念

单位内部会计监督，是指一个单位为了保护其资产的安全完整，保证其经营活动符合国家法律、法规和内部规章要求，提高经营管理水平和效率，防止舞弊，控制风险等目的，而在单位内部采取的一系列相互联系、相互制约的制度和方法。这是单位内部为保证会计秩序、防止有关部门人员故意违法、预防单位内部管理失控的重要会计监督制度，其本质是一种内部控制制度。

《中华人民共和国会计法》对单位内部会计监督制度的基本内容和要求作出原则性规定，主要包括以下几项：一是会计事项相关人员的职责权限应当明确；二是重大经济业务事项的决策和执行程序应当明确；三是进行财产清查；四是对会计资料进行内部审计。

### （二）单位内部会计监督的主体和对象

根据《中华人民共和国会计法》《会计工作规范》和《内部会计控制规范（试行）》的规定，各单位的会计机构、会计人员对本单位的经济活动进行会计监督。内部会计监督的主体是各单位的会计机构、会计人员；内部会计监督的对象是单位的经济活动。

尽管单位内部会计监督的主体是各单位的会计机构、会计人员，但内部会计监督不仅仅是会计机构、会计人员的事情，单位负责人应当积极支持、保障会计机构、会计人员行使会计监督的职权。根据《中华人民共和国会计法》的规定，单位负责人负责单位内部会计监督制度的组织实施，对本单位内部会计监督制度的建立及有效实施承担最终责任。

**【例 1-12 · 判断题】** 内部会计监督的主体是各单位的会计机构、会计人员，所以，内部会计监督仅仅是会计机构、会计人员的事情。（　　）

『**答案**』×。

### （三）单位内部会计监督制度的基本要求

单位内部会计监督的内容十分广泛，涉及人、财、物等诸多方面，各单位应当根据实际情况建立、健全本单位内部会计监督制度。根据《中华人民共和国会计法》的规定，单位内部会计监督制度应当符合以下要求：

（1）记账人员与经济业务或会计事项的审批人员、经办人员、财物保管人员的职责权限应当明确，并相互分离、相互制约。

（2）重大对外投资、资产处置、资金调度和其他重要经济业务，应当明确其决策和执行程序，并体现相互监督、相互制约的要求。

（3）财产清查的范围、期限和组织程序应当明确。

（4）对会计资料定期进行内部审计的办法和程序应当明确。

### 思考

某国家大型企业，发现如下事项：(1)该企业设置了总会计师，同时设置了一名主管财务工作的副总经理。(2)该企业负责人的女婿担任本单位的会计机构负责人。(3)该企业会计人员王某脱产学习一星期。会计科长指定会计人员李某临时接管王某工作，未办理会计工作交接手续。

按照内部会计监督制度思考一下上述事项是否合理。

**（四）内部控制**

1. 内部控制的概念与目标

对企业而言，内部控制指由企业董事会、监事会、经理层和全体员工实施的、旨在实现控制目标的过程。对行政事业单位而言，内部控制指单位为实现控制目标，通过制定制度、实施措施和执行程序，对经济活动的风险进行防范和管控。

企业内部控制的目标主要包括：合理保证企业经营管理合法合规、合理保证企业资产安全、合理保证企业财务报告及相关信息真实完整、提高经营效率和效果、促进企业实现发展战略。行政事业单位内部控制的目标主要包括：单位为实现控制目标，通过制定制度、实施措施和执行程序，对经济活动的风险进行防范和管控，合理保证单位经济活动合法合规，资产安全和使用有效，财务信息真实完整，有效防范舞弊和预防腐败，提高公共服务的效率和效果。

2. 内部控制的原则

（1）全面性原则。内部控制应当贯穿决策、执行和监督全过程，覆盖企业及其所属单位的各种业务和事项。

（2）重要性原则。内部控制应当在全面控制的基础上，关注重要业务事项和高风险领域。

（3）制衡性原则。内部控制应当在治理结构、机构设置及权责分配、业务流程等方面形成相互制约、相互监督，同时兼顾运营效率。

（4）适应性原则。内部控制应当与企业经营规模、业务范围、竞争状况和风险水平等相适应，并随着情况的变化及时加以调整。

（5）成本效益原则。内部控制应当权衡实施成本与预期效益，以适当的成本实现有效控制。

3. 内部控制的责任人

对企业而言，董事会负责内部控制的建立健全和有效实施，监事会对董事会进行监督，经理层负责组织领导企业内部控制的日常运行。企业还应当成立专门机构或者指定适当的机构具体负责组织协调内部控制的建立实施及日常工作。

对行政事业单位而言，单位负责人对本单位内部控制的建立健全和有效实施负责，单位应当建立适合本单位实际情况的内部控制体系，并组织实施。

4. 内部控制的内容

企业建立与实施有效的内部控制，应当包括以下要素：

（1）内部环境（实施内部控制的基础）；

（2）风险评估；

（3）控制活动；

（4）信息与沟通；

（5）内部监督（监督内部控制的执行）。

5. 企业内部控制的控制措施

企业内部控制的控制措施一般包括不相容职务分离控制、授权审批控制、会计系统控制、财产保护控制、预算控制、运营分析控制和绩效考评控制等。

6. 行政事业单位内部控制的控制方法

行政事业单位内部控制的控制方法一般包括：

（1）不相容岗位相互分离；

（2）内部授权审批控制；

（3）归口管理；

（4）预算控制；

（5）财产保护控制；

（6）会计控制；

（7）单据控制；

（8）信息内部公开。

**（五）内部审计**

1. 内部审计的概念

内部审计是指单位内部的一种独立客观的监督和评价活动，它通过单位内部独立的审计机构和审计人员审查和评价本部门、本单位财务收支和其他经营活动以及内部控制的适当性、合法性和有效性来促进单位目标的实现。

2. 内部审计的内容

内部审计的内容是一个不断发展变化的范畴，主要包括：财务审计、经营审计、经济责任审计、管理审计和风险管理等。

3. 内部审计的特点

内部审计的审计机构和审计人员都设在本单位内部，审计的内容更侧重于经营过程是否有效、各项制度是否得到遵守与执行。审计结果的客观性和公正性较低，并且以建议性意见为主。

4. 内部审计的作用

(1)预防保护作用;

(2)服务促进作用;

(3)评价鉴证作用。

**【例 1-13·多选题】**下列关于内部控制的说法中正确的有(　　)。

A. 对企业而言,内部控制是指由企业董事会、监事会、经理层和全体员工实施的、旨在实现控制目标的过程

B. 对企业而言内部控制包括五大目标

C. 对企业和事业单位而言,内部控制均需遵循成本效益原则

D. 对企业和事业单位而言,内部控制的方法均包括不相容职务或岗位的分离控制

**『答案』**ABD。

**【解析】**企业需遵循成本效益原则;事业单位不需遵循成本效益原则。

**【例 1-14·多选题】**下列关于内部审计的说法中错误的有(　　)。

A. 内部审计的内容就是指内部财务审计

B. 审计的内容更侧重于经营过程是否有效、各项制度是否得到遵守与执行

C. 内部审计人员不具有独立性,因此审计结果的客观性和公正性较低

D. 内部审计具有评价鉴证作用

**『答案』**AC。

**【解析】**选项 A,内部审计包括内部财务审计,还包括经营效率、效果等;选项 C,内部审计并不是不具有独立性,而是独立性相对性较弱。

## 二、会计工作的政府监督

### (一)会计工作的政府监督的概念

会计工作的政府监督主要是指财政部门代表国家对单位和单位中相关人员的会计行为实施的监督检查,以及对发现的违法会计行为实施的行政处罚,是一种外部监督。

### (二)会计工作的政府监督的主体

《中华人民共和国会计法》规定:"国务院财政部门主管全国的会计工作。县级以上地方各级人民政府财政部门管理本行政区域内的会计工作"。财政部门是《中华人民共和国会计法》的执法主体,是会计工作的政府监督实施主体。

此外,《中华人民共和国会计法》规定,除财政部门外,审计、税务、中国人民银行、证券监管、保险监管等部门依照有关法律、行政法规规定的职责和权限,可以对有关单位的会计资料实施监督检查。例如《中华人民共和国税收征收管理法》规定,税务机关有权检查纳税人的账簿、记账凭证、报表和有关资料。前款所列监督检查部门对有关单位的会计资料依法履行监督检查后,应当出具检查结论。有关监督检查部门已经作出的检查结论能够满足其他监督检查部门履行本部门职责需要的,其他监督检查部门应当加以利用,避免重复查账。这些规定明确地表明:在对单位会计监督过程中,除了财政部门以外,其他有关政府部门对相关单位会计资料实施的监督检查也属于会计工作的政府监督

范畴。其他政府部门对单位会计实施监督的过程中，必须在法定的职责范围内进行，而且避免重复查账。

**（三）财政部门实施会计监督的对象和范围**

根据《财政部门实施会计监督办法》的规定，财政部门实施会计监督检查的对象是会计行为，并对发现的有违法会计行为的单位和个人实施行政处罚。违法会计行为是指公民、法人和其他组织违反《中华人民共和国会计法》和其他有关法律、行政法规、国家统一的会计制度的行为。

根据《中华人民共和国会计法》的规定，各单位必须依照有关法律、行政法规的规定，接受有关监督检查部门依法实施的监督检查，如实提供会计凭证、会计账簿、财务会计报告和其他会计资料以及有关情况，不得拒绝、隐匿、谎报。

根据《中华人民共和国会计法》的规定，财政部门可以依法对各单位的下列情况实施监督：

（1）各单位是否依法设置会计账簿。具体包括：按照国家的相关法律、行政法规和国家统一的会计制度的规定，各单位是否依法设置会计账簿；已经设置会计账簿的单位，所设置的会计账簿是否符合相关法律、行政法规和国家统一会计制度的要求；各单位是否存在账外账的违法行为等。

（2）各单位的会计凭证、会计账簿、财务会计报告和其他会计资料是否真实、完整。具体包括：各单位对所发生的经济业务事项是否及时办理会计手续，进行会计核算；各单位的会计资料（会计凭证、会计账簿、财务会计报告）是否与实际发生的经济业务事项相符，是否做到账实相符、账证相符、账账相符、账表相符；各单位提供的财务会计报告是否符合相关法律、行政法规和国家统一会计制度的规定等。

（3）各单位的会计核算是否符合《中华人民共和国会计法》和国家统一的会计制度的规定。具体包括：各单位会计核算的内容是否真实、完整；所采用的会计年度、记账本位币、会计处理方法、会计记录文字等是否符合法律、行政法规和国家统一会计制度的规定；各单位对资产、负债、所有者权益、收入、支出、费用、成本、利润的确认、计量、记录和报告是否符合国家统一会计制度的规定；各单位会计档案保管是否符合法定要求等。

（4）从事会计工作的人员是否具备专业能力、遵守职业道德。

此外，国务院财政部门和省、自治区、直辖市人民政府财政部门，依法对注册会计师、会计师事务所和注册会计师协会进行监督、指导。财政部门也对会计师事务所出具审计报告的程序和内容进行监督。

**【例 1-15 · 多选题】**我国财政部门履行会计行政管理的职能有（　　）。

A. 会计监督职能

B. 会计市场管理

C. 会计准则制度及相关标准规范的制定和组织实施

D. 会计专业人才评价

『**答案**』ABCD。

## 三、会计工作的社会监督

**（一）会计工作的社会监督的概念**

会计工作的社会监督主要是指由注册会计师及其所在的会计师事务所依法对委托单位的经济活动进行的审计、鉴证的一种监督制度。此外，单位和个人检举违反《中华人民共和国会计法》和国家统一的会计制度规定的行为，也属于会计工作社会监督的范畴。

**（二）注册会计师及其所在的会计师事务所业务范围**

根据《中华人民共和国注册会计师法》的规定，注册会计师是依法取得注册会计师证书并接受委托从事审计和会计咨询、服务业务的执业人员。注册会计师依法承办如下两方面的业务：

（1）审计业务，具体包括：①审查企业财务会计报告，出具审计报告；②验证企业资本，出具验资报告；③办理企业合并、分立、清算事宜中的审计业务，出具有关报告；④法律、行政法规规定的其他审计业务。

（2）承办会计咨询、服务业务，主要包括：设计会计制度，担任会计顾问，提供会计、管理咨询；代理纳税申报，提供税务咨询；代理、申请工商登记，拟订合同、章程和其他业务文件；

办理投资评价、资产评估和项目可行性研究中的有关业务；培训会计、审计和财务管理人员；其他会计咨询、服务。

为规范会计行为，保证会计资料的质量，确实发挥注册会计师审计业务的公平、公正、公开，《中华人民共和国会计法》增加了对注册会计师审计业务的规定，对委托人、注册会计师和会计师事务所的行为进行了规范。

（1）委托单位应当如实地向注册会计师提供相关的会计资料。这是其法定的责任和义务，是保证注册会计师审计工作得以顺利开展的重要基础。注册会计师开展审计业务，是依据委托人提供的会计资料和相关情况，按照规定的审计规则、审计程序进行。

如果委托人不能提供完整的会计资料和相关信息，注册会计师的审计业务就无法正常开展，出具的审计报告就不可能达到公开、公正的要求。

（2）任何人不得干扰注册会计师独立开展审计业务。注册会计师开展审计业务，有其规定的规则、程序和方法，其出具的审计报告具有法律效力，其法律责任由注册会计师及其会计师事务所承担。注册会计师的工作要客观、公正，不能受任何其他外界的干扰，任何与委托单位有关的部门和个人，都不得示意、胁迫注册会计师出具不实、不当的审计报告。

（3）财政部门对会计师事务所出具的审计报告有监督的责任。《中华人民共和国注册会计师法》规定："国务院财政部门和省、自治区、直辖市人民政府财政部门，依法对注册会计师、会计师事务所和注册会计师协会进行监督、指导。"这一规定明确了财政部门对注册会计师进行管理的职能和权限。各级财政部门对注册会计师的工作负有管理和指导的责任，要加强对注册会计师、会计师事务所和注册会计师协会的管理、监督和指导。

### 课后思考

**【例 1-16·多选题】**对会计工作的社会监督包括（　　）。

A. 注册会计师对受托单位的经济活动进行审计和鉴证

B. 税务机关对单位会计资料进行的检查监督

C. 单位和个人检举违反会计法律制度规定的行为

D. 财政部门对单位会计人员和会计机构会计行为的监督

『答案』AC。

# 第五节　会计机构和会计人员

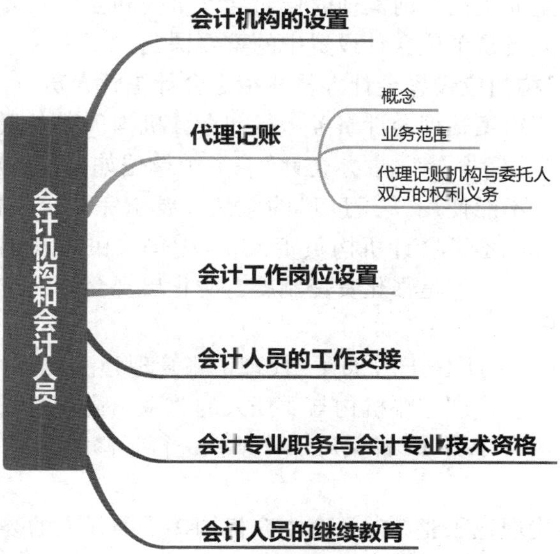


会计机构是各单位办理会计事务的职能机构，会计人员是直接从事会计工作的人员。各单位应建立健全会计机构，配备数量和素质都相当的会计人员，这是各单位做好会计工作，充分发挥会计职能作用的重要保证。因此，《中华人民共和国会计法》对会计机构的设置和会计人员的配备作出了具体的规定。

## 一、会计机构的设置

“各单位应当根据会计业务的需要，设置会计机构，或者在有关机构中设置会计人员并指定会计主管人员；不具备设置条件的，应当委托经批准设立从事会计代理记账业务的中介机构代理记账。”这是《中华人民共和国会计法》对设置会计机构问题作出的规定。

### （一）根据业务需要设置会计机构

各单位是否设置会计机构，应当根据会计业务的需要来决定，即各单位可以根据本单位会计业务的繁简情况决定是否设置会计机构。一个单位是否需要设置会计机构，一般取决于以下几个方面的因素：

（1）单位规模的大小。从有效发挥会计职能作用的角度看，实行企业化管理的事业单位，大、中型企业应当设置会计机构；业务较多的行政单位、社会团体和其他组织也应设置会计机构。而对那些规模很小的企业、业务和人员都不多的行政单位等，可以不单独设置会计机构，将会计业务并入其他职能部门，或者委托代理记账。

（2）经济业务和财务收支的繁简。大、中型单位的经济业务复杂多样，在会计机构和会计人员的设置上应考虑全面、合理、有效的原则，但是也不能忽视单位经济业务的性质和财务收支的繁简问题。有些单位的规模相对较小，但其经济业务复杂多样，财务收支频繁，也要设置相应的会计机构和会计人员。

（3）经营管理的要求。经营管理上对会计机构和会计人员的设置要求是最基本的，如果没有经营管理上对会计机构和会计人员的要求，也就不存在单位对会计的要求了。单位设置会计机构和会计人员的目的，就是为了适应单位在经营管理上的需要。随着科学技术的进步，单位会计机构和会计人员的要求与手工会计核算相比有了很大的不同。数据的及时性、数据的准确性、数据的全面性比任何其他时候对会计机构和会计人员的要求都高。因此，如何设置会计机构和会计人员是单位会计设置中的重要课题。

**（二）不设置会计机构的应设置会计人员并指定会计主管人员**

会计主管人员是负责组织管理会计事务、行使会计机构负责人职权的负责人。它不同于通常所说的“会计主管”“主管会计”“主办会计”。一个单位如何配备会计机构负责人，主要应考虑单位的实际需要，不能使用“一刀切”的做法，要求完全统一标准。实际上，凡是设置了会计机构的单位，都配备了会计机构负责人。《中华人民共和国会计法》规定应在会计人员中指定会计主管人员，目的是强化责任制度，防止出现会计工作无人负责的局面。

**（三）实行代理记账**

国家财政部于2016年2月16日发布了《代理记账管理办法》，对代理记账机构设置的条件、代理记账的业务范围、代理记账机构与委托人的关系、代理记账人员应遵循的道德规则等作了具体的规定，2019年3月14日又对部分条款进行了修改。

1. 代理记账的概念

代理记账是指从事代理记账业务的社会中介机构接受委托人的委托办理会计业务。委托人是指委托代理记账机构办理会计业务的单位。代理记账机构是指依法取得代理记账资格，从事代理记账业务的机构。《会计基础工作规范》中规定，没有设置会计记账机构或者配备会计人员的单位，应当根据《代理记账管理办法》的规定，委托会计师事务所或者持有代理记账许可证书的代理记账机构进行代理记账。

2. 代理记账机构的审批

除会计师事务所以外的机构从事代理记账业务，应当经县级以上地方人民政府财政部门批准，领取由财政部统一规定样式的代理记账许可证书。具体审批机关由省、自治区、直辖市、计划单列市人民政府财政部门确定。

会计师事务所及其分所可以依法从事代理记账业务。

申请代理记账资格的机构应当同时具备以下条件：

（1）为依法设立的企业。

（2）专职从业人员不少于3名。专职从业人员是指仅在一个代理记账机构从事代理记账业务的人员。

（3）主管代理记账业务的负责人具有会计师以上专业技术职务资格或者从事会计工作不少于三年，且为专职从业人员。

（4）有健全的代理记账业务内部规范。

代理记账机构从业人员应当具有会计类专业基础知识和业务技能，能够独立处理基本会计业务，并由代理记账机构自主评价认定。

3. 代理记账的业务范围

代理记账机构可以根据委托人的委托，办理下列业务：

(1) 根据委托人提供的原始凭证和其他资料，按照国家统一会计制度的规定，进行会计核算，包括审核原始凭证、填制记账凭证、登记会计账簿、编制财务会计报告。

(2) 对外提供财务会计报告。代理记账机构为委托人编制的财务会计报告，经代理记账机构负责人和委托人签名并盖章后，按照有关法律、行政法规和国家统一的会计制度的规定对外提供。

(3) 向税务机构提供税务资料。

(4) 委托人委托的其他会计业务。

4. 委托代理记账的委托人的义务

委托人委托代理记账机构代理记账，应当在相互协商的基础上，订立书面委托合同。委托合同除应具备法律规定的基本条款外，应当明确下列内容：

(1) 双方对会计资料真实性、完整性各自应当承担的责任；

(2) 会计资料传递程序和签收手续；

(3) 编制和提供财务会计报告的要求；

(4) 会计档案的保管要求及相应的责任；

(5) 终止委托合同应当办理的会计业务交接事宜。

委托人应当履行以下义务：

(1) 对本单位发生的经济业务事项，应当填制或者取得符合国家统一的会计制度规定的原始凭证。

(2) 应当配备专人负责日常货币收支和保管。

(3) 及时向代理记账机构提供真实、完整的凭证和其他相关资料。

(4) 对于代理记账机构退回的要求按照国家统一会计制度的规定进行更正、补充的原始凭证，应当及时予以更正、补充。

5. 代理记账机构及其从业人员的义务

(1) 按照委托合同办理代理记账业务，遵守有关法律、行政法规和国家统一的会计制度的规定。

(2) 对在执行业务中知悉的商业秘密应当保密。

(3) 对委托人要求其作出不当的会计处理，提供不实的会计资料，以及其他不符合法律、法规和国家统一的会计制度行为的，予以拒绝。

(4) 对委托人提出的有关会计处理相关问题予以解释。

县级以上人民政府财政部门对代理记账机构及其从事代理记账业务情况实施监督，随机抽取检查对象、随机选派执法检查人员，并将抽查情况及查处结果依法及时向社会公开。

## 二、会计工作岗位设置

会计工作岗位，是指一个单位会计机构内部根据业务分工而设置的职能岗位。对于会计工作岗位的设置，《会计基础工作规范》提出了以下规范性的要求：

(1) 根据本单位会计业务的需要设置会计工作岗位。

(2) 符合内部牵制制度的要求。根据规定，会计工作岗位可以一人一岗、一人多岗或者一岗多人。但出纳人员不得兼管稽核、会计档案保管和收入、费用、债权债务账目的登记工作。

(3) 对会计人员的工作岗位要有计划地进行轮岗，以促进会计人员全面熟悉业务和不断提高业务素质。

(4) 要建立岗位责任制。根据《会计基础工作规范》和有关制度的规定，会计工作岗位一般可分为：会计机构负责人或者会计主管人员、出纳、财产物资核算、工资核算、成本费用核算、财务成果核算、资金核算、往来结算、总账报表、稽核、档案管理等。开展会计电算化和管理会计的单位，可以根据需要设置相应工作岗位，也可以与其他工作岗位相结合。

对于会计档案管理岗位，在会计档案正式移交之前，属于会计岗位；正式移交档案管理部门之后，不再属于会计岗位。档案管理部门的人员管理会计档案，不属于会计岗位。医院门诊收费员、住院处收费员、药房收费员、药品库房记账员、商场收款(银)员所从事的工作，均不属于会计岗位。单位内部审计、社会审计、政府审计工作也不属于会计岗位。

**【例 1-17·多选题】**根据《会计基础工作规范》的规定，会计工作岗位可以一人一岗、一人多岗或者一岗多人。但出纳人员不可以兼任的工作是(　　)。

A. 稽核

B. 会计档案保管

C. 现金和银行存款日记账的登记

D. 收入、费用、债权债务账目的登记

『**答案**』ABD。

**【例 1-18·多选题】**下列各项中，属于会计工作岗位的是(　　)。

A. 工资核算岗位　　B. 会计档案管理岗位

C. 成本核算岗位　　D. 单位内部审计岗位

『**答案**』AC。

## 三、会计人员的工作交接

会计人员工作交接是会计工作中的一项重要内容。由于会计工作的特殊性，会计人员调动工作或者离职时，需要与接管人员办清交接手续，这是会计人员应尽的职责，也是做好会计工作的要求。

会计工作人员调动工作和离职是正常的现象，但是单位的生产经营活动是一项连续的组织活动，不能因会计人员的工作调动或离职使会计工作中断。做好会计交接工作，可以使会计工作前后衔接，保证会计工作连续进行。同时，做好会计交接工作，还可以防止因会计人员的更换出现账目不清、财务混乱等现象。做好会计交接工作，也是落实岗位责任的有效措施。

### (一) 交接的范围

会计人员工作调动或者因故离职，必须将本人所经管的会计工作全部移交给接替人员。没有办清交接手续的，不得调动或者离职。

另外，下列情况也需要办理会计工作交接：

(1) 临时离职或因病不能工作、需要接替或代理的，会计机构负责人(会计主管人员)

或单位负责人必须指定专人接替或者代理，并办理会计工作交接手续。

（2）临时离职或因病不能工作的会计人员恢复工作时，应当与接替或代理人员办理交接手续。

（3）移交人员因病或其他特殊原因不能亲自办理移交手续的，经单位负责人批准，可由移交人委托他人代办交接，但委托人应当对所移交的会计凭证、会计账簿、财务会计报告和其他有关资料的真实性、完整性承担法律责任。

**（二）交接的程序**

1. 交接前的准备工作

会计人员在办理会计工作交接前，必须做好以下准备工作：

（1）已经受理的经济业务尚未填制会计凭证的应当填制完毕。

（2）尚未登记的账目应当登记完毕，结出余额，并在最后一笔余额后加盖经办人印章。

（3）整理好应该移交的各项资料，对未了事项和遗留问题要写出书面说明材料。

（4）编制移交清册，需列明应当移交的会计凭证、会计账簿、会计报表、印章、现金、有价证券、支票簿、发票、文件、其他会计资料和物品等内容；实行会计电算化的单位，从事该项工作的移交人员还应当在移交清册中列明会计软件及密码、会计软件数据磁盘（磁带等）及有关资料、实物等内容。

（5）会计机构负责人（会计主管人员）移交时，应将财务会计工作、重大财务收支问题和会计人员情况等向接替人员介绍清楚。

2. 移交点收

移交人员离职前，必须将本人经管的会计工作，在规定的期限内，全部向接管人员逐项移交清楚。接管人员应认真按照移交清册逐项点收。具体要求是：

（1）现金要根据会计账簿记录余额进行当面点交，不得短缺，接替人员发现不一致或“白条抵库”现象时，移交人员在规定期限内负责查清处理。

（2）有价证券的数量要与会计账簿记录一致，有价证券面额与发行价不一致时，按照会计账簿余额交接。

（3）会计凭证、会计账簿、财务会计报告和其他会计资料必须完整无缺，不得遗漏。如有短缺，必须查清原因，并在移交清册中加以说明，由移交人员负责。

（4）银行存款账户余额要与银行对账单核对相符，如有未达账项，应编制银行存款余额调节表调节相符；各种财产物资和债权债务的明细账户余额，要与总账有关账户的余额核对相符；对重要实物要实地盘点，对余额较大的往来账户要与往来单位、个人核对。

（5）公章、收据、空白支票、发票、科目印章以及其他物品等必须交接清楚。

（6）实行会计电算化的单位，交接双方应在电子计算机上对有关数据进行实际操作，确认有关数字正确无误后，方可交接。

3. 专人负责监交

为了明确责任，会计人员办理工作交接，必须有专人负责监交。通过监交，保证双方都按照国家有关规定认真办理交接手续，防止流于形式，保证会计工作不因人员变动而受影响；保证交接双方处在平等的法律地位上享有权利和承担义务，不允许任何一方以大压小，以强凌弱，或采取非法手段进行威胁。移交清册应当经过监交人员审查和签名、盖章，作为交接双方明确责任的证件。对监交的具体要求是：

（1）一般会计人员办理交接手续，由会计机构负责人(会计主管人员)监交。

（2）会计机构负责人(会计主管人员)办理交接手续，由单位负责人监交，必要时主管单位可以派人会同监交。所谓必要时主管部门派人会同监交，是指有些交接需要主管单位监交或者主管单位认为需要参与监交。通常有三种情况：第一，所属单位负责人不能监交，需要由主管单位派人代表主管单位监交。如因单位撤并而办理交接手续等。第二，所属单位负责人不能尽快监交，需要由主管单位派人督促监交。如主管单位责成所属单位撤换不合格的会计机构负责人(会计主管人员)，所属单位负责人却以种种借口拖延不办交接手续时，主管单位就应派人督促会同监交等。第三，不宜由所属单位负责人单独监交，而需要主管单位会同监交。如所属单位负责人与办理交接手续的会计机构负责人(会计主管人员)有矛盾，交接时需要主管单位派人会同监交，以防可能发生单位负责人借机刁难等。此外，主管单位认为交接中存在某种问题需要派人监交时，也可派人会同监交。

4. 交接后的有关事宜

（1）会计工作交接完毕后，交接双方和监交人在移交清册上签名或盖章，并应在移交清册上注明：单位名称，交接日期，交接双方和监交人的职务、姓名，移交清册页数以及需要说明的问题和意见等。

（2）接管人员应继续使用移交前的账簿，不得擅自另立账簿，以保证会计记录前后衔接，内容完整。

（3）移交清册一般应填制一式三份，交接双方各执一份，存档一份。

**（三）交接人员的责任**

会计工作交接中，合理、公正地区分移交人和接替者的责任是非常必要的。交接工作完成后，移交人员所移交的会计凭证、会计账簿、财务会计报告和其他会计资料是在其经办会计工作期间内发生的，应当对这些会计资料的真实性、完整性负责，即便接替人员在交接时因疏忽没有发现所接会计资料在真实性、完整性方面的问题，如事后发现仍应由原移交人员负责，原移交人员不应以会计资料已移交而推脱责任。

**【例 1-19 · 单选题】**根据《会计工作基础规范》的规定，单位的会计机构负责人、会计主管人员办理交接手续时，应由（　　）负责监交。

A. 总会计师　　　　B. 上级主管单位负责人

C. 单位负责人　　　　D. 会计机构其他负责人

『**答案**』C。

**【例 1-20 · 多选题】**根据《会计工作基础规范》的规定，会计工作交接完毕后，交接双方和监交人要在移交清册上签名盖章，并在移交清册上注明(　　)等。

A. 单位名称

B. 交接日期

C. 交接双方和监交人的职务、姓名

D. 移交清册页数及需要说明的问题和意见

『**答案**』ABCD。

## 四、会计专业职务与会计专业技术资格

1. 会计专业职务

会计专业职务是区分会计人员从事业务工作的技术等级。

根据2019年1月11日人力资源社会保障部、财政部《关于深化会计人员职称制度改革的指导意见》规定：会计人员职称层级分为初级、中级、副高级和正高级。初级职称只设助理级，高级职称分为副高级和正高级。初级、中级、副高级和正高级职称名称分别为：助理会计师、会计师、高级会计师和正高级会计师。

2. 会计专业技术资格

会计专业技术资格分为初级资格、中级资格和高级资格三个级别。初级、中级会计资格的取得实行全国统一考试制度；高级会计师资格实行考试与评审相结合制度。

初级、中级会计资格是一种通过考试确认担任会计专业职务任职资格的制度。1992年以前，我国对会计专业技术职务一直采用的是评审制度。1992年3月，财政部、人事部制定发布了《会计专业技术资格考试暂行规定》和《（会计专业技术资格考试暂行规定）实施办法》，规定会计专业技术资格实行全国统一考试。1995年、1997年、2001年、2005年，财政部、人事部又陆续调整了考试级别和考试科目，分别为初级会计资格和中级会计资格两个档次：初级资格考试科目包括初级会计实务和经济法基础；中级资格考试科目包括中级会计实务、财务管理和经济法。

为促进会计专业技术人才队伍建设，积极探索科学、客观、公正的高级会计师资格评价办法，从2003年开始，确定高级会计师资格实行考试与评审相结合的评价办法。凡申请参加高级会计师资格评审的人员，须经考试合格后，方可参加评审。考试科目为：高级会计实务。参加考试并达到国家合格标准的人员，由全国会计专业技术资格考试办公室核发高级会计师资格考试成绩合格证，该证在全国范围内3年有效。

## 五、会计人员的继续教育

为了规范会计专业技术人员继续教育，保障会计专业技术人员合法权益，不断提高会计专业技术人员素质，根据新修订的《中华人民共和国会计法》和《专业技术人员继续教育规定》（人力资源社会保障部令第25号），2018年5月，财政部公布了《会计专业技术人员继续教育规定》，对于会计人员的继续教育作出了明确的规定，于2018年7月1日起正式施行。

1. 继续教育的主体

（1）持有会计专业技术资格证书的人员；

（2）没有会计专业技术资格证书，但是从事会计工作的会计人员。

2. 继续教育的时间

（1）持有会计专业技术资格证书的人员，在获得证书的第二年参加继续教育，当年的继续教育可以申请免试；

（2）没有会计专业技术资格证书，但是从事会计工作的会计人员，也是在从事会计工作的第二年进行继续教育。

按照规定，会计专业技术人员参加继续教育实行学分制管理，每年参加继续教育取得的学分不少于90学分。其中，专业科目一般不少于总学分的三分之二。会计专业技术人员参加继续教育取得的学分，在全国范围内当年度有效，但不得结转以后年度。

## 课后思考

【例 1-21·多选题】

下列属于会计专业职务的有（　　）。

A. 高级会计师　　B. 会计师

C. 助理会计师　　D. 初级会计职务

『答案』ABC。

# 第六节　法律责任

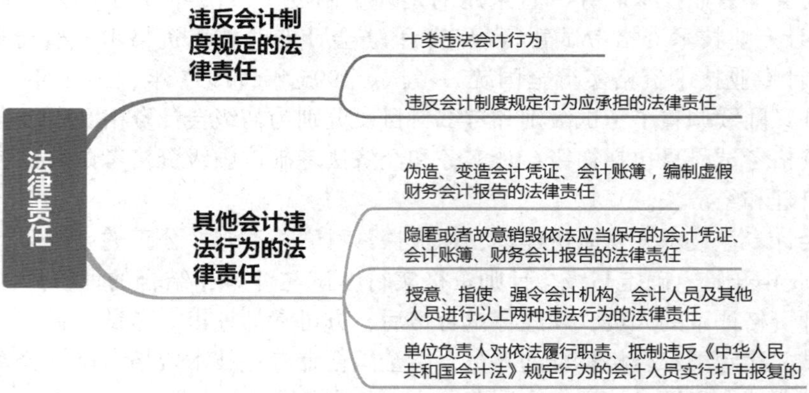


## 一、法律责任概述

为了保证《中华人民共和国会计法》规范的有效实施，惩治会计违法行为，《中华人民共和国会计法》规定了明确的法律责任。主要规定了两种责任形式：一是行政责任，二是刑事责任。

1. 行政责任

行政责任是指犯有一般违法行为的单位或个人，依照法律、法规的规定应承担的法律责任。行政责任主要有行政处罚和行政处分两种方式。

（1）行政处罚。行政处罚是指特定的行政主体基于一般行政管理职权，对其认为其违反行政法上的强制性义务、违反行政管理程序的行政管理相对人所实施的一种行政制裁措施。《中华人民共和国行政处罚法》对行政处罚的种类和实施作出了如下规定：

县级以上地方人民政府财政部门可依法对违反《会计法》的单位和个人做出行政处罚，行政处罚的类别主要有①罚款；②责令限期改正；③吊销会计从业资格证等。

（2）行政处分。行政处分是国家工作人员违反行政法律规范所应承担的一种行政法律责任，是行政机关对国家工作人员故意或者过失侵犯行政相对人的合法权益所实施的法律制裁。行政处分的形式有：警告、记过、记大过、降级、撤职、开除等。

2. 刑事责任

刑事责任是指犯罪行为应当承担的法律责任，刑事责任是触犯《中华人民共和国刑法》

的犯罪人所应承受的由国家审判机关给予的制裁后果。刑事责任包括主刑和附加刑。

(1)主刑。主刑是对犯罪分子适用的主要刑罚方法，只能独立适用，不能附加适用，对犯罪分子只能判处一种主刑。主刑分为管制、拘役、有期徒刑、无期徒刑和死刑。

(2) 附加刑。附加刑是既可独立适用又可以附加适用的刑罚方法。也就是说，对同一犯罪行为既可以在主刑之后判处一个或两个以上的附加刑，也可以独立判处一个或两个以上的附加刑。附加刑分为罚金、剥夺政治权利、没收财产。对犯罪的外国人，也可以独立或附加适用驱除出境。

## 二、违反会计制度规定的法律责任

1. 不依法设置会计账簿的行为等会计违法行为的法律责任

根据《中华人民共和国会计法》规定，应承担法律责任的违法会计行为包括：

(1) 不依法设置会计账簿的行为。是指违反《中华人民共和国会计法》和国家统一的会计制度的规定，应当设置会计账簿的单位不设置会计账簿或者未按规定的种类、形式及要求设置会计账簿的行为。

(2) 私设会计账簿的行为。是指不在依法设置的会计账簿上对经济业务事项进行统一会计核算，而另外私自设置会计账簿进行会计核算的行为，即常说的“账外账”。

(3) 未按照规定填制、取得原始凭证或者填制、取得的原始凭证不符合规定的行为。

(4) 以未经审核的会计凭证为依据登记会计账簿或者登记会计账簿不符合规定的行为。

(5) 随意变更会计处理方法的行为。会计处理方法的变更会直接影响会计资料的质量和可比性，按照相关法律的规定，不得随意变更会计处理方法。

(6) 向不同的会计资料使用者提供的财务会计报告编制依据不一致的行为。财务会计报告应当根据登记完整、核对无误的会计账簿记录和其他有关会计资料编制，使用的计量方法、确认原则、统计标准应当一致，做到数字真实、计算准确、内容完整、说明清楚。不得向不同的会计资料使用者提供编制依据不一致的财务会计报告。

(7) 未按照规定使用会计记录文字或者记账本位币的行为。

(8) 未按照规定保管会计资料，致使会计资料毁损、灭失的行为。

(9) 未按照规定建立并实施单位内部会计监督制度，或者拒绝依法实施的监督，或者不如实提供有关会计资料及有关情况的行为。

(10) 任用会计人员不符合本法规定的行为。

2. 违反会计制度规定行为应承担的法律责任

根据《中华人民共和国会计法》规定，上述各种违法行为应承担以下法律责任；

(1) 责令限期改正。所谓责令限期改正，是指要求违法行为人在一定期限内停止违法行为恢复到合法状态。县级以上人民政府财政部门有权责令违法行为人限期改正，停止违法行为。

(2) 罚款。县级以上人民政府财政部门根据违法行为人的违法性质、情节及危害程度，在责令限期改正的同时，有权对单位并处3000元以上5万元以下的罚款，对其直接负责的主管人员和其他直接责任人员，处2000元以上2万元以下的罚款。

(3) 给予行政处分。对上述违法行为直接负责的主管人员和其他直接责任人员中的国家工作人员，视情节轻重，由其所在单位或者其上级单位或者行政监察部门给予警告、记过、记大过、降级、降职、撤职、留用察看和开除等行政处分。

(4) 构成犯罪的，依法追究刑事责任。

会计人员有以上所列行为之一，情节严重的，五年内不得从事会计工作。

## 三、其他会计违法行为的法律责任

1. 伪造、变造会计凭证、会计账簿，编制虚假财务会计报告的法律责任

伪造、变造会计凭证、会计账簿或者编制虚假财务会计报告，情节严重构成犯罪的依法追究刑事责任。尚不构成犯罪的，由县级以上人民政府财政部门予以通报，可以对单位并处5000元以上10万元以下的罚款，对其直接负责的主管人员和其他直接责任人员，可以处3000元以上5万元以下的罚款。属于国家工作人员的，还应当由其所在单位或者其上级单位或者行政监察部门给予撤职、留用察看直至开除的行政处分。其中的会计人员，五年内不得从事会计工作。

2. 隐匿或者故意销毁依法应当保存的会计凭证、会计账簿、财务会计报告的法律责任

隐匿或者故意销毁依法应当保存的会计凭证、会计账簿、财务会计报告，情节严重构成犯罪的依法追究刑事责任。尚不构成犯罪的，由县级以上人民政府财政部门予以通报，可以对单位并处5000元以上10万元以下的罚款，对其直接负责的主管人员和其他直接责任人员，可以处3000元以上5万元以下的罚款。属于国家工作人员的，还应当由其所在单位或者其上级单位或者行政监察部门给予撤职、留用察看直至开除的行政处分。其中的会计人员，五年内不得从事会计工作。

3. 授意、指使、强令会计机构、会计人员及其他人员伪造、变造会计凭证、会计账簿，编制虚假财务会计报告或者隐匿、故意销毁依法应当保存的会计凭证、会计账簿、财务会计报告的法律责任

所谓授意，是指暗示他人按其意思行事。所谓指使，是指通过明示方式，指示他人按其意思行事。所谓强令，是指明知其命令是违反法律的，而强迫他人执行其命令的行为。

授意、指使、强令会计机构、会计人员及其他人员伪造、变造会计凭证、会计账簿，编制虚假财务会计报告或者隐匿、故意销毁依法应当保存的会计凭证、会计账簿、财务会计报告的，构成犯罪的依法追究刑事责任。尚不构成犯罪的，县级以上人民政府财政部门可以视违法行为的情节轻重，对违法行为人处以5000元以上5万元以下的罚款。属于国家工作人员的，还应当由其所在单位或者其上级单位给予降级、撤职或者开除的行政处分。

4. 单位负责人对依法履行职责、抵制违反《中华人民共和国会计法》规定行为的会计人员实行打击报复的法律责任以及对受打击报复的会计人员的补救措施

《中华人民共和国会计法》规定，单位负责人对依法履行职责、抵制违反本法规定行为的会计人员以降级、撤职、调离工作岗位、解聘或者开除等方式实行打击报复，构成犯罪的，依法追究刑事责任；尚不构成犯罪的，由其所在单位或者有关单位依法给予行政处分。对受打击报复的会计人员，应当恢复其名誉和原有职务、级别。

## 四、违反会计法律制度案例分析

案例一：某乡镇企业未按照规定保管会计资料，致使会计资料毁损、灭失，造成十分严重的后果。该企业所在地的县级政府财政部门在责令限期改正的同时，对负有直接责任的会计主管人员王某处以了3万元的罚款。

要求：根据上述资料回答下列问题。

1. 对会计人员王某处以3万元罚款是不妥的，就该案例按《会计法》规定，可以对单位处(　　)的罚款。

A. 2000元以上2万元以下　　B. 3000元以上5万元以下

C. 2000元以上5万元以下　　D. 3000元以上10万元以下

2. 对其直接责任人或主管人员，可以并处(　　)的罚款。

A. 2000元以上2万元以下　　B. 3000元以上5万元以下

C. 2000元以上5万元以下　　D. 3000元以上10万元以下

3. 对于未按规定保管会计资料的应承担的法律责任包括(　　)。

A. 通报　　B. 责令限期改正

C. 罚款和行政处分　　D. 依法追究刑事责任。

4. 对案例中的行为直接负责的主管人员和其他直接责任人员中的国家工作人员，视情节轻重，还应当由其所在单位或者其上级单位或者行政监察部门给予警告、记过、记大过、降级、降职、撤职、留用察看和开除等行政处分。(　　)

A. 对　　B. 错

**案例一　解析**

1. 正确答案：B

**解析**：该单位的行为属于未按照规定保管会计资料，致使会计资料毁损、灭失的行为，可以对单位责令限期改正的同时，并处3000元以上5万元以下的罚款。

2. 正确答案：A

**解析**：对未按照规定保管会计资料，致使会计资料毁损、灭失的行为，其直接负责的主管人员和其他直接责任人员，可以处以2000元以上2万元以下的罚款。

3. 正确答案：BCD

**解析**：未按规定保管会计资料违法行为的法律责任包括：责令限期改正、罚款、给予行政处分、追究刑事责任。

4. 正确答案：A

**解析**：行政处分的形式包括警告、记过、记大过、降级、降职、撤职、留用察看和开除等。

案例二：宏宇集团公司经济效益下降，亏损已成定局，董事长赵某授意财务科长刘某在年度财务报告中做一些技术处理，刘某认为"对外报送的财务报告的真实性完整性由单位负责人承担责任，我服从就行了"，便虚拟了几笔销售业务，使公司报表由亏变盈后经财政部门签字并作了相应的处理。

请根据上述资料回答下列问题：

1. 对董事长赵某可以给予的罚款是(　　)。

A. 2000~20000元　　B. 5000~50000元

C. 3000~50000元　　D. 5000~100000元

2. 对直接责任者刘某可能给予的法律制裁形式有(　　)。

A. 处以刑罚处罚　　B. 罚款3000~50000元

C. 给予直接开除的行政处分　　D. 五年内不得从事会计工作

3. 对于公司伪造财务报告行为，财政部门给予通报时可并处罚款(　　)。

A. 2000～20000 元　　B. 5000～50000 元

C. 3000～50000 元　　D. 5000～100000 元

4. 对刘某违反会计法行为除要承担法律责任外，还必须给予道德制裁，两者并不相悖，其主要形式有(　　)。

A. 行业内部通报批评　　B. 责令参加一定学时的继续教育

C. 暂停从业资格　　D. 内部公开刊物上曝光

**案例二　解析**

1. 正确答案：B

**解析**：对授意、指使、强令会计机构、会计人员及其他人员伪造、变造会计凭证、会计账簿、编制虚假财务会计报告的违法行为尚不构成犯罪的，由县级以上人民政府财政部门视违法行为的情节轻重，对违法行为人处以 5000 元以上 5 万元以下的罚款。

2. 正确答案：BCD

**解析**：对伪造、变造会计凭证、会计账簿，编制虚假财务会计报告的违法行为尚不构成犯罪的，其直接责任人员可以处 3000 元以上 5 万元以下的罚款。属于国家工作人员的，还应当由其所在单位或者其上级单位或者行政监察部门给予撤职、留用察看直至开除的行政处分。情节严重的，五年内不得从事会计工作。

3. 正确答案：D

**解析**：对伪造、变造会计凭证、会计账簿，编制虚假财务会计报告的违法行为，可以对单位并处 5000 元以上 10 万元以下的罚款。

4. 正确答案：ABCD

# 第二章　结算法律制度

## 考纲要求

**（一）识记内容**

1. 支付结算的概念和特征。
2. 支付结算的基本原则。
3. 办理支付结算的基本要求。
4. 现金支付范围。
5. 银行结算账户的概念、类别及其遵循的基本原则。
6. 银行结算账户的开立、变更与撤销。
7. 票据的功能和种类。
8. 银行本票、银行汇票、支票和商业汇票的使用范围和记载事项。
9. 空头支票及其处罚。

**（二）理解内容**

1. 基本存款账户、一般存款账户、专用存款账户、临时存款账户的适用范围。
2. 票据的特征和票据当事人。
3. 票据行为和票据权利。
4. 现金使用的限额和现金收支的基本要求。
5. 填写票据和结算凭证的基本要求。

**（三）运用内容**

1. 支票的填写。
2. 商业汇票的填写。

## 案例导入

甲公司向乙公司购买一批货物，于1月10日签发一张转账支票给乙公司用于支付货款，但甲公司在支票上未记载金额，约定由乙公司自行填写，乙公司取得支票后，在支票金额填写上货款金额50万元，并于1月15日将该支票背书转让给丙公司，丙公司于1月23日向付款银行提示付款，甲公司在付款银行的存款足以支付支票金额。

请问：甲公司签发的未记载金额的支票是否有效？乙公司的背书是否有效？付款银行会拒绝丙公司的提示付款吗？

# 第一节　现金结算

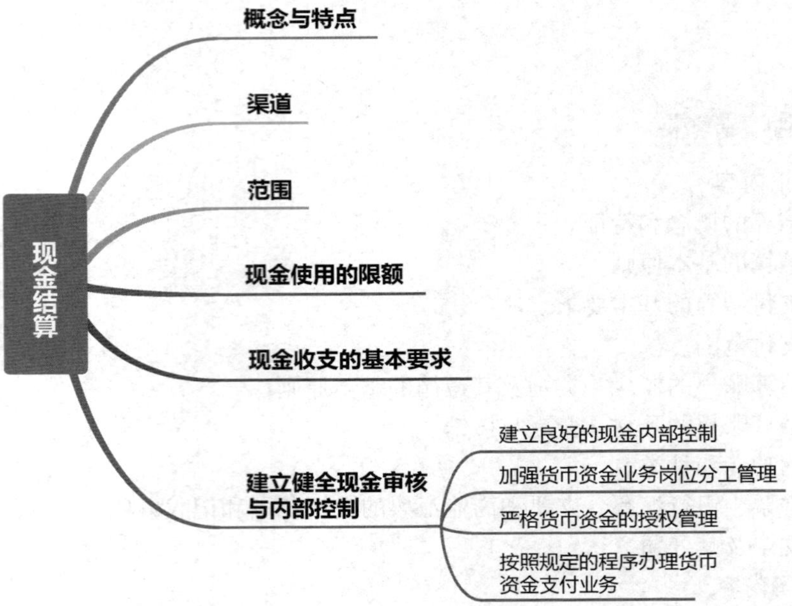


现金是指具备现实购买力或法定清偿力的通货。在我国，现金是指人民币纸币和金属辅币。

现金管理是指现金管理机关按照国家的方针政策和有关规定管理各单位的现金收入、支出和库存的一种管理活动，是国家的一项重要财经管理活动。加强对现金的管理，有利于保证货币发行权的集中；有利于有计划地调节货币流通，保证物价的稳定；有利于集聚现金、支持经济发展；有利于促进各单位加强财务管理、节约使用资金，提高资金利用率；有利于维护财经纪律。

我国对现金管理的法律依据主要有：国务院 1988 年 9 月 8 日发布的《现金管理暂行条例》(1988 年 10 月 1 日起施行) 和中国人民银行 1988 年 9 月 23 日发布的《现金管理暂行条例实施细则》等。国家鼓励开户单位和个人在经济活动中采取转账方式进行结算，减少使用现金。

## 一、现金结算的概念与特点

1. 现金结算的概念

现金结算是转账结算的对称，是指在商品交易、劳务供应等经济往来中，直接使用现金进行应收应付款结算的一种行为。在我国主要适用于单位与个人之间的款项收付，以及单位之间的转账结算起点金额以下的零星小额收付。

2. 现金结算的特点

和转账结算相比，现金结算具有如下特点：

(1) 直接便利。在现金结算方式下，买卖双方一手交钱，一手交货，当面钱货两清，无须通过中介，因而对买卖双方来说是最为直接和便利。同样在劳务供应、信贷存放和资金调拨方面，现金结算也是最为直接和便利的，因而广泛地被社会大众所接受。

(2) 不安全性。由于现金使用极为广泛和便利，因为便成为不法分子觊觎的最主要目标，很容易被偷盗、贪污、挪用。在现实经济生活中，大多数经济犯罪活动都和现金有关。此外，现金还容易因火灾、虫蛀、鼠咬等发生损失。

(3) 不易宏观控制。现金结算大部分不通过银行进行，因而国家很难对其进行控制。过多的现金结算会使流通中的现钞过多，从而容易造成通货膨胀，增大物价上涨的压力。

(4) 费用较高。使用现金结算，各单位虽然可以减少银行的手续费用，但其清点、运送、保管的费用很大。对于整个国家来说，过多的现金结算会增大整个国家印制、保管、运送现金和回收废旧现钞等工作的费用和损失，浪费人力、物力和财力。因此，国家实行现金管理，限制现金结算的范围。

## 二、现金结算的渠道

现金结算主要有两种渠道：一种是付款人直接将现金支付给收款人，不通过银行等中介机构；另一种是付款人委托银行、非银行金融机构或非金融机构将现金支付给收款人。

## 三、现金结算的范围

根据《现金管理暂行条例》第三条、第四条的规定，开户单位之间的经济往来，除按该条例规定的范围可以使用现金外，应当通过开户进行转账结算。各级中国人民银行应当严格履行金融主管机关的职责，负责对开户银行的现金管理进行监督和稽核。开户银行依照该条例和中国人民银行的规定，负责现金管理的具体实施，对开户单位收支、使用现金进行监督管理。

开户单位可以在下列范围内使用现金：

(1) 职工工资、津贴；

(2) 个人劳务报酬；

(3) 根据国家规定办法给个人的科学技术、文化艺术和体育等各项奖金；

(4) 各种劳保、福利费用及国家规定的对个人的其他支出；

(5) 向个人收购农副产品和其他物资的价款；

(6) 出差人员必须随身携带的差旅费；

(7) 结算起点1000元以下的零星支出；

(8) 中国人民银行确定需要支付现金的其他支出。

上述结算起点(1000元)需要调整的，由中国人民银行确定，报国务院备案。除第(5)、第(6)项外，开户单位支付给个人的款项超过结算起点1000元的部分，应当以支票和银行本票支付；需要全额支付现金的，经开户银行审核后，予以支付现金。

应该特别指出的是，在这里所列的范围内使用现金是“可以”的，如果采取转账方式进行结算，减少使用现金，那当然更好；反之，超出现金的使用范围，认为反正是本单位的钱，就可以用现金来结算则是违规的，是错误的。

### 议一议

企业支付现金5000元购买原材料符合现金管理的要求吗？

**【例2-1·多选题】**下列各项关于企业使用现金进行结算的行为中，正确的有(　　)。

A. 用现金向农户支付收购种子款5000元

B. 用现金支付给出差人员差旅费6000元

C. 用现金支付职工工资2350元

D. 用现金支付购买办公用品价款820元

**『答案』**ABD。

**【例2-2·判断题】**根据《现金管理暂行条例》的规定，企业一律不得坐支现金。(　　)

**『答案』**×。

## 四、现金使用的限额

现金使用的限额是指为了保证开户单位日常零星开支的需要，允许单位留存现金的最高数额。根据《现金管理暂行条例实施细则》的规定，各开户单位的库存现金都要核定限额。库存现金限额由开户单位提出计划，报开户银行审批，经核定的库存现金限额，开户单位必须严格遵守，超过部分应于当日终了前存入银行。

各开户单位的库存现金限额由开户行根据单位的实际需要核定，一般按照单位3~5天的日常零星开支所需确定。边远地区和交通不发达地区的开户单位的库存现金限额，可按多于5天，但不得超过15天的日常零星开支的需要确定。

### 提示

1. 对没有在银行单独开立账户的附属单位也要实行现金管理，必须保留的现金，也要核定限额，其限额包括在开户单位的库存限额之内；

2. 商业和服务行业的找零备用现金也要根据营业额核定定额，但不包括在开户单位的库存现金限额之内。

**【例2-3·多选题】**下列关于单位库存现金限额的表述中，正确的有(　　)。

A. 为保证日常零星开支需要，单位可以留存一定数额的库存现金

B. 单位留存库存现金的限额由开户银行核定

C. 单位最多可按15天日常零星开支的需要留存库存现金

D. 需要增加或减少库存现金限额的，单位应向开户银行申请，并由开户银行核定

**『答案』**ABCD。

## 五、现金收支的基本要求

(1) 开户单位现金收入应当于当日送存开户银行；当日送存有困难的，由开户银行确定送存时间。

(2) 开户银行支付现金，可以从本单位库存现金限额中支付或开户银行提取，不得从本单位的现金收入中直接支付(即坐支)。因特殊情况需要坐支现金的，应当事先报经开户银

行审查批准，由开户银行核定坐支范围和限额。坐支单位应当定期向开户银行报送坐支金额和使用情况。

(3) 开户单位在规定的现金使用范围内从开户银行提取现金，应当写明用途，由本单位财会部门负责人签字盖章，经开户银行审核后，予以支付现金。

(4) 因采购地点不固定，交通不便，生产或市场急需，抢险救灾及其他特殊情况必须使用现金的，开户单位应当向开户银行申请，由本单位财会部门负责人签字盖章，经开户银行审核后，予以支付现金。

## 六、建立健全现金审核与内部控制

现金是各单位流动性最强的资产，加强现金管理对于保护单位资产的安全完整，维护社会经济秩序具有重要的意义。

为了加强对单位现金的内部控制和管理，保证货币资金的安全，财政部颁发了《内部会计控制规范——货币资金(试行)》，对健全现金的内部控制工作提出了具体要求。其中，第四条、第五条规定：国务院有关部门可以根据国家有关法律、法规和本规范，制定本部门或本系统的货币资金内部控制规定；各单位应当根据国家有关法律、法规和本规范，结合部门或系统的货币资金内部控制规定，建立适合本单位业务特点和管理要求的货币资金内部控制制度，并组织实施；单位负责人对本单位货币资金内部控制的建立健全和有效实施及货币资金的安全完整负责。

### (一) 建立良好的现金内部控制

各单位应按照该规范的要求，建立良好的现金内部控制，以保证现金收支记录及时、准确、完整；全部现金支出均按经批准的用途进行；现金得以安全保管 。一般而言，一个良好的现金内部控制应该达到以下几点：①现金收支与记账的岗位分离；②现金收支要有合理、合法的凭据；③全部收入及时准确入账，并且支出要有核准手续；④控制现金坐支，当日收入现金应及时送存银行；⑤按月盘点现金，以做到账实相符；⑥加强对现金收支业务的内部审计。

### (二) 加强货币资金业务岗位分工管理

尽管由于各单位的性质、所处行业、规模及内部控制健全程度等不同，而使得其与现金相关的内部控制内容有所不同，但岗位分工及授权批准是应当共同遵循的。

(1) 单位应当建立货币资金业务的岗位责任制，明确相关部门和岗位的职责权限，确保办理货币资金业务的不相容岗位相互分离、制约和监督。

(2) 出纳人员不得兼任稽核、会计档案保管和收入支出、费用、债权债务账目的登记工作。

(3) 单位不得有一人办理货币资金业务的全过程。单位办理货币资金业务，应当配备合格的人员，并根据单位具体情况进行岗位轮换。

### (三) 严格货币资金的授权管理

(1) 单位应当对货币资金业务建立严格的授权批准制度，明确审批人对货币资金业务的授权批准方式、权限、程序、责任和相关控制措施，规定经办人办理货币资金业务的职责范围和工作要求。

(2) 审批人应当根据货币资金授权批准制度的规定，在授权范围内进行审批，不得超越审批权限。

(3) 经办人应当在职责范围内，按照审批人的批准意见办理货币资金业务。对于审批人超越授权范围审批的货币资金业务，经办人员有权拒绝办理，并及时向审批人的上级授权部门报告。

(4) 单位对于重要货币资金支付业务，应当实行集体决策和审批，并建立责任追究制度，防范贪污、侵占、挪用货币资金等行为。

(5) 严禁未经授权的机构或人员办理货币资金业务或直接接触货币资金。

**(四) 按照规定的程序办理货币资金支付业务**

(1) 支付申请。单位有关部门或个人用款时，应当提前向审批人提交货币资金支付申请，注明款项的用途、金额、预算和支付方式等内容，并附有效经济合同或相关证明。

(2) 支付审批。审批人根据其职责、权限和相应程序对支付申请进行审批。对不符合规定的货币资金支付申请，审批人应当拒绝。

(3) 支付复核。复核人应当对批准后的货币资金支付申请进行复核，复核货币资金支付申请的批准范围、权限、程序是否正确，手续及相关单证是否齐备，金额计算是否准确，支付方式、支付单位是否妥当等。复核无误后，交由出纳人员办理支付手续。

(4) 支付办理。出纳人员应当根据复核无误的支付申请，按规定办理货币资金支付手续，及时登记现金和银行存款日记账。

# 第二节　支付结算概述

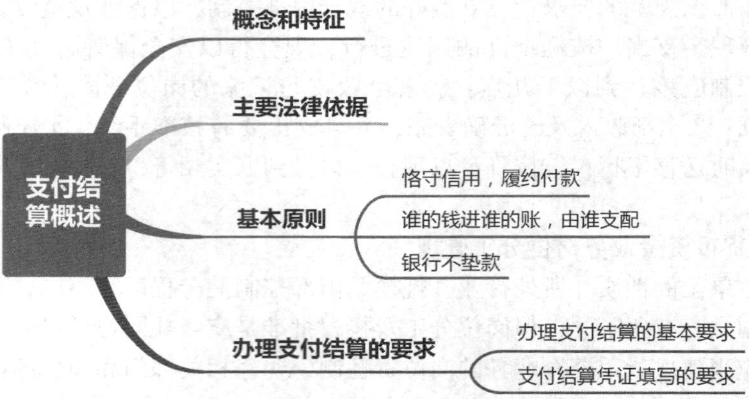


## 一、支付结算的概念和特征

**(一) 支付结算的概念**

支付结算是指单位、个人在社会经济活动中使用票据、银行卡和汇兑、托收承付、委托收款等结算方式进行货币给付及其资金清算的行为，其主要功能是完成资金从一方当事人向另一方当事人的转移。

支付结算的概念源于“银行结算”一词。1988 年 12 月 19 日中国人民银行颁布的《银行结算办法》(该办法于 1989 年 4 月 1 日起施行)将票据以及票据之外的结算方式(如汇兑、委托收款等)统称为“银行结算”。在修订《银行结算办法》的过程中，中国人民银行根据新形势下结算制度的特点，不再使用“银行结算”一词，而采用了“支付结算”的概念。由于结算关系的实质性权利义务关系实际是当事人之间的权利义务关系，而银行往往是结算活动和资金清算的中介机构，因此，采用“支付结算”的概念更能体现结算制度的实质。

我国目前使用的人民币非现金支付工具主要包括“三票一卡”和结算方式。“三票一卡”是指三种票据(汇票、本票和支票)和银行卡，结算方式包括汇兑、托收承付、委托收款及国内信用证。

银行、城市信用合作社、农村信用合作社(以下简称银行)以及单位(含个体工商户)和个人是办理支付结算的主体。其中，银行是支付结算和资金清算的中介机构。

**提示**

支付结算仅指转账结算。

**(二)支付结算的特征**

1. 支付结算必须通过中国人民银行批准的金融机构进行

支付结算包括票据、银行卡和汇兑、托收承付、委托收款等结算行为，而此结算行为必须通过中国人民银行批准的金融机构才能进行。《支付结算办法》规定：“银行是支付结算和资金清算的中介机构。未经中国人民银行批准的非银行金融机构和其他单位不得作为中介机构经营支付结算业务。但法律、行政法规另有规定的除外。”这表明支付结算与一般的货币给付及资金清算行为不同。

2. 支付结算是一种要式行为

所谓要式行为，是指法律规定必须按照一定形式进行的行为。如果该行为不符合法定的形式要件，即为无效。根据《支付结算办法》第九条的规定，“票据和结算凭证是办理支付结算的工具。单位、个人和银行办理支付结算，必须使用按中国人民银行统一规定印制的票据和统一规定的结算凭证”，“未使用按中国人民银行统一规定印制的票据，票据无效；未使用中国人民银行统一规定格式的结算凭证，银行不予受理。”

3. 支付结算的发生取决于委托人的意志

银行在支付结算中充当中介机构的角色，因此，银行只要以善意且符合规定的正常操作程序审查，对伪造、变造的票据和结算凭证上的签章及需要交验的个人有效身份证件，未发现异常而支付金额的，对出票人或付款人不再承担受委托付款的责任，对持票人或收款人不再承担付款的责任。与此同时，当事人对在银行的存款有支配权。

4. 实行统一领导、分级管理

支付结算是一项政策性强、与当事人利益息息相关的活动，因此，必须对其实行统一领导。根据《支付结算办法》的规定，中国人民银行总行负责制定统一的支付结算制度，组织、协调、管理、监督全国的支付结算工作，调解、处理银行之间的支付结算纠纷；中国人民银行各分行根据统一的支付结算制度制定实施细则，报总行备案。根据需要可以制定单项支付结算办法，报中国人民银行总行批准后执行；中国人民银行分、支行负责组织、协调、管理、监督本辖区内的支付结算工作，协调、处理本辖区内银行之间的支付结算纠纷；政策性银行、商业银行总行可根据统一的支付结算制度，结合本行情况，制定具体管理实施办法，报经中国人民银行总行批准后执行，并负责组织、管理、协调本行内分支机构之间的支付结算纠纷。

5. 支付结算必须依法进行

根据《支付结算办法》的规定，“银行、城市信用合作社、农村信用合作社以及单位(含个体工商户）和个人办理支付结算必须遵守国家的法律、行政法规和本办法的各项规定，不得损害社会公共利益。”因此，支付结算的当事人必须严格依法进行支付结算活动。

**【例2-4·多选题】**下列各项中，（ ）是可以根据统一的支付结算制度，结合本行情况，制定具体管理实施办法，报经中国人民银行总行批准后执行的机构。

A. 政策性银行总行　　B. 政策性银行分行

C. 商业银行总行　　D. 商业银行分行

**『答案』**AC。

## 二、支付结算的主要法律依据

如前所述，支付结算包括票据、银行卡、汇兑、托收承付、委托收款和电子支付等结算方式，因此，凡是与支付结算的各种结算方式有关的法律、行政法规以及部门规章和地方性规定都是支付结算的法律依据。此外，中国人民银行不定时颁布的有关支付结算的政策性文件也是当事人进行支付结算活动必须遵守的规定。

为了规范支付结算工作，我国制定了一系列支付结算方面的法律制度，主要包括：由第八届全国人民代表大会常务委员会第十三次会议通过的《中华人民共和国票据法》（1996年1月1日起施行）、经国务院批准由中国人民银行发布的《票据管理实施办法》（1997年10月1日起施行）、中国人民银行发布的《支付结算办法》（1997年12月1日起施行）、《国内信用证结算办法》（1997年8月1日起施行）、《银行卡业务管理办法》（1999年3月1日起施行）、《人民币银行结算账户管理办法》（2003年9月1日起施行）、《异地托收承付结算办法》（该办法于1994年10月9日修订，1995年1月1日起施行）、《电子支付指引（第一号）》（该指引由中国人民银行于2005年10月26日制定并公布，自公布之日起施行）等。

## 三、支付结算的基本原则

在《支付结算办法》中还规定了支付就结算的基本原则，即单位、个人和银行在进行支付结算活动时所须遵守的行为准则。

### （一）恪守信用，履约付款

根据该原则，各单位之间与个人之间发生交易往来，通过银行办理结算时，应根据各自的具体条件自行协商订阅，使结算双方办理款项收付完全建立在自觉自愿、相互信任的基础上，该原则要求结算当事人必须按照双方约定的民事法律关系内容依法承担义务和行使权利，严格遵守信用，履行付款义务，特别是应当按照约定的付款金额和付款日期进行支付。这一原则对履行付款义务的当事人具有约束力，是维护合同秩序、保障当事人经济利益的重要保证。

### （二）谁的钱进谁的账，由谁支配

根据该原则，银行在办理结算时，必须按照存款人的委托，将款项支付给其指定的收款人；对存款人的资金，除国家法律另有规定外，必须由其自由支配，银行不代扣款项。这一原则主要在于维护存款人对存款资金的所有权或经营权，保证其对资金支配的自主权，既保护了存款人的合法权益，又加强了银行办理结算的责任。

### （三）银行不垫款

根据该原则，银行在办理结算时，只负责办理结算当事人之间的款项划拨，不承担垫付任何款项的责任。这一原则主要在于划清银行资金与存款人资金的界限，保护银行资金的所有权或经营权的安全，并促使单位和个人直接对自己的债权债务负责。

上述三个原则既可以单独发挥作用，也是一个有机的整体，分别从不同角度强调了付款人、收款人和银行在结算过程中的权利和义务，从而确实保证了结算活动的正常进行。

## 四、办理支付结算的要求

### （一）办理支付结算的基本要求

1. 办理支付结算，必须使用按中国人民银行统一规定印制的票据和结算凭证

单位、个人和银行办理支付结算，必须使用按中国人民银行统一规定印制的票据和结算凭证。未使用按中国人民银行统一规定印制的票据，票据无效；未使用中国人民银行统一规定格式的结算凭证，银行不予受理。

2. 办理支付结算必须按统一的规定开立和使用账户

在银行开立存款账户的单位和个人办理支付结算，账户内需有足够的资金保证支付。银行依法为单位、个人在银行开立的存款账户中的存款保密，维护其资金的自主支配权。除国家法律、行政法规另有规定外，银行不得为任何单位或个人查询账户情况，不得为任何单位或个人冻结、扣划款项，不得停止单位、个人存款正常支付。

3. 填写票据和结算凭证应当全面规范，做到要素齐全，数字正确，字迹清晰，不错不漏，防止涂改

票据和结算凭证金额以中文大写和阿拉伯数字同时记载，两者必须要一致，两者不一致的票据无效；两者不一致的结算凭证，银行不予受理。少数民族地区和外国驻华使领馆根据实际需要，金额大写可以使用少数民族文字和外国文字记载。

4. 票据和结算凭证上的签章和其他记载事项应当真实，不得伪造、变造

所谓“伪造”，是指无权限人假冒他人或虚构人名义签章的行为。所谓“变造”，是指无权更改票据内容的人对票据上签章以外的记载事项加以改变的行为。变造票据的方法多是在票据的基础上对票据加以剪接、挖补、覆盖、涂改，从而非法改变票据的记载事项。

伪造、变造票据属于欺诈行为，应追究刑事责任。票据上有伪造、变造的签章的，不影响票据上其他当事人真实签章的效力。

**议一议**

王某为某私营纺织厂的业主，不慎遗失空白支票格式凭证3张。王某未及时按中国人民银行有关票据格式凭证管理的规定报失和刊登告示，后所遗失的其中一张支票格式凭证被孙某拾到并伪刻名称为“某某建材公司”的财务章加以签署。支票的收款人处空白，金额填写为20万元。该支票属于伪造还是变造的支票？

票据和结算凭证上的签章，为签名、盖章或签名加盖章。单位、银行在票据上的签章和单位在结算凭证上的签章，为该单位、银行的盖章加其法定代表人或其授权的代理人的签名或盖章。个人在票据和结算凭证上的签章，为个人本名的签名或盖章。

**【例2-5·多选题】**根据《人民币银行结算账户管理办法》的规定，单位在开立银行结算账户时，预留的签章包括(　　)。

A. 单位的公章或财务专用章

B. 法定代表人(单位负责人)的签名或盖章

C. 法定代表人(单位负责人)授权的代理人的签名或盖章

D. 非授权的财务负责人的签名或盖章

『答案』ABC。

**(二)支付结算凭证填写的要求**

银行、单位和个人填写的各种票据和结算凭证是办理支付结算和现金收付的重要依据，直接关系到支付结算的准确、及时和安全。票据和结算凭证是银行、单位和个人凭以记账的会计凭证，是记载经济业务和明确经济责任的一种书面证明。因此，填写票据和结算凭证，必须做到标准化、规范化，根据《正确填写票据和结算凭证的基本规定》的规定，具体应符合以下基本要求：

(1) 中文大写金额数字应用正楷或行书填写，如壹、贰、叁、肆、伍、陆、柒、捌、玖、拾、佰、仟、万、亿、元、角、分、零、整(正)等字样，不得用一、二(两)、三、四、五、六、七、八、九、十、廿、毛、另(或0)填写，不得自造简化字。如果金额数字书写中使用繁体字，也应受理。

(2) 中文大写金额数字写到“元”为止，在“元”之后，应写“整”(或“正”)字；在“角”之后可以不写“整”(或“正”)字；大写金额数字有“分”的，“分”后面不写“整”(或“正”)字。

(3) 中文大写金额数字前应表明“人民币”字样，大写金额数字应紧接“人民币”字样填写，不得留有空白。大写金额数字前未印“人民币”字样的，应加填“人民币”三字。在票据和结算凭证大写金额栏内不得预印固定的“仟、佰、拾、万、仟、佰、拾、元、角、分”字样。

(4) 阿拉伯小写金额数字中有“0”时，中文大写应按照汉语语言规律、金额数字构成和防止涂改的要求进行书写。举例如下：①阿拉伯数字中间有“0”时，中文大写金额要写“零”字。如1 409.50，应写成人民币壹仟肆佰零玖元伍角整(正)或人民币壹仟肆佰零玖元伍角。②阿拉伯数字中间有几个“0”时，中文大写金额中间可以只写一个“零”字。如6 007.14，应写成人民币陆仟零柒元壹角肆分。③阿拉伯金额数字万位或元位是“0”，或数字中间连续有几个“0”，万位、元位也是“0”，但千位、角位不是“0”，中文大写金额可以只写一个“零”字，也可以不写“零”字。如1 680.32，应写成人民币壹仟陆佰捌拾元零叁角贰分，或写成人民币壹仟陆佰捌拾元叁角贰分；又如107 000.53，应写成人民币壹拾万柒仟元零伍角叁分，或写成人民币壹拾万零柒仟元伍角叁分。④阿拉伯金额数字角位是“0”，而分位不是“0”时，中文大写金额“元”后面应写“零”字。如16 409.02，应写成人民币壹万陆仟肆佰零玖元零贰分；又如325.04，应写成人民币叁佰贰拾伍元零肆分。

(5) 阿拉伯小写金额数字前面，均应填写人民币符号“￥”。阿拉伯小写金额数字要认真填写，不得连写。

(6) 票据的出票日期必须使用中文大写。为防止变造票据的出票日期，在填写月、日时，月为壹、贰和拾，日为壹至玖和壹拾、贰拾、叁拾的，应在其前加“零”；日为拾壹至拾玖的，应在其前面加“壹”。如2月12日，应写成零贰月壹拾贰日；10月20日，应写成零壹拾月零贰拾日。票据出票日期使用小写填写的，银行不予受理。大写日期未按要求规范填写的，银行可予受理，但由此造成损失的，由出票人自行承担。

票据和结算凭证的金额，出票或签发日期，收款人名称不得更改，更改的票据无效；更改的结算凭证，银行不予受理。对票据和结算凭证上的其他记载事项，原记载人可以更改，更改时应当由原记载人在更改处签章证明。

### 议一议

2016年3月5日，A公司购进材料一批，货款金额共计8208.03元，以支票结算。公司新来的出纳小李，在填写支票时将日期写为2006年3月5日，金额大写为人民币捌仟贰佰零捌元叁分整。小李填写的支票正确吗?

分析：不正确。根据规定，票据的出票日期必须使用中文大写；金额大写应为人民币捌仟贰佰零捌元叁分。

# 第三节　银行结算账户

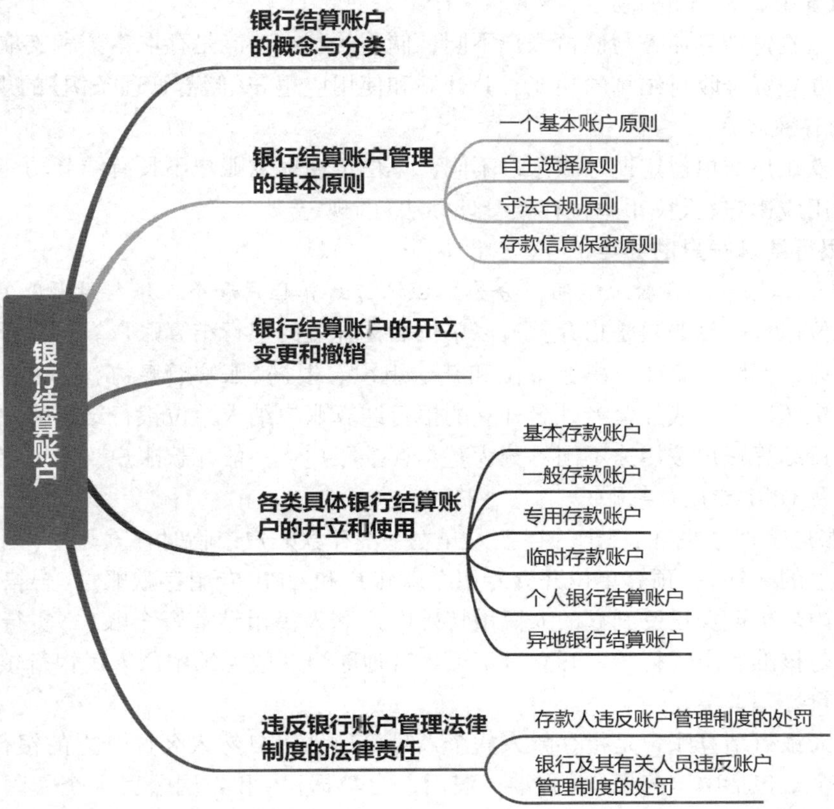


为加强和完善银行结算账户管理，中国人民银行于2003年4月10日公布了《人民币银行结算账户管理办法》(以下简称《账户管理办法》)，于2003年9月1日起施行。为了实施该办法，中国人民银行于2005年1月19日又发布了《人民币银行结算账户管理办法实施细则》(以下简称《账户管理办法实施细则》)，于2005年1月31日起施行。本节将根据上述规定，对人民币银行结算账户管理制度的基本内容加以说明。

## 一、银行结算账户的概念与分类

### （一）银行结算账户的概念

人民币银行结算账户（以下简称“银行结算账户”）是指存款人在经办银行开立的办理资金收付结算的人民币活期存款账户。这里的存款人是指在中国境内开立银行结算账户的机关、团体、部队、企业、事业单位、其他组织、个体工商户和自然人；银行是指在中国境内经中国人民银行批准经营支付结算业务的政策性银行、商业银行（含外资独资银行、中外合资银行、外国银行分行）、城市商业银行、城市信用合作社、农村信用合作社。从该定义可知，银行结算账户具有以下特点。

1. 办理人民币业务

办理人民币业务与外币存款账户不同，外币存款账户办理的是外币业务，其开立和使用应遵守国家外汇管理局的有关规定；而银行结算账户办理的是人民币业务，其开立和使用应遵守中国人民银行的有关规定。

2. 办理资金收付结算业务

办理资金收付结算业务与储蓄账户不同，储蓄的基本功能是存取本金和支取利息，储蓄账户不具有办理资金收付结算的功能，其开立和使用应遵守《储蓄管理条例》的规定。

3. 活期存款账户

活期存款账户与单位定期存款账户不同，单位定期存款账户不具有结算功能，该类账户的开立和使用应遵守《人民币单位存款管理办法》的规定。

### （二）银行结算账户的分类

1. 银行结算账户按存款人不同，分为单位银行结算账户和个人银行结算账户

（1）单位银行结算账户是指存款人以单位名称开立的银行结算账户。这里所说的单位包括机关、团体、部队、企业、事业单位和其他组织。根据《账户管理办法》的规定，个体工商户凭营业执照以字号或经营者姓名开立的银行结算账户纳入单位银行结算账户管理。

单位银行结算账户按用途不同，分为基本存款账户、一般存款账户、专用存款账户、临时存款账户及 QFII 专用存款账户。

根据《账户管理办法》的规定，存款人开立基本存款账户、临时存款账户（因注册验资和增资验资开立的除外）、预算单位开立专用存款账户和 QFII 专用存款账户（合格的境外机构投资者在境内从事证券投资开立的人民币特殊账户和人民币结算资金账户）实行核准制，经中国人民银行核准后由银行核发开立登记证。其他账户一般无须中国人民银行核准，只需在中国人民银行办理备案。

（2）个人银行结算账户是指存款人凭个人身份证件以自然人名称开立的银行结算账户。这里所指的个人包括中国公民（含香港、澳门、台湾居民）和外国公民。个人因投资、消费使用各种支付工具，包括借记卡、信用卡在银行开立的银行结算账户，纳入个人银行结算账户管理。邮政储蓄机构办理银行卡业务开立的账户也纳入个人银行结算账户管理。

2. 银行结算账户根据开户地的不同分为本地银行结算账户和异地银行结算账户

（1）本地银行结算账户是指存款人在注册地或住所地开立的银行结算账户。

（2）异地银行结算账户是指存款人根据规定的条件在异地（跨省、市、县）开立的银行结算账户。这里的“注册地”是指存款人的营业执照等开户证明文件上记载的住所地。

3. 银行结算账户按结算币种的不同分为人民币银行结算账户和外币银行结算账户

(1) 人民币银行结算账户是指以人民币为支付结算币种的银行结算账户。

(2) 外币银行结算账户是指以外币作为支付结算币种的银行结算账户。

**【例 2-6 · 多选题】**根据《人民币银行结算账户管理办法》的规定，存款人开立(　　)实行核准制度，经中国人民银行核准后由开户银行核发开户许可证。

A. 基本存款账户　　B. 一般存款账户

C. 临时存款账户　　D. 个人银行结算账户

**『答案』**AC。

## 二、银行结算账户管理的基本原则

根据《账户管理办法》的有关规定，银行结算账户应当遵守以下基本原则。

1. 一个基本账户原则

单位银行结算账户的存款人只能在银行开立一个基本存款账户，不能多头开立基本存款账户。

2. 自主选择原则

存款人可以自主选择银行开立账户，除国家法律、行政法规和国务院有关规定外，任何单位和个人不得强令存款人到指定银行开立银行结算账户。

3. 守法合规原则

银行结算账户的开立和使用应当遵守法律、行政法规，不得利用银行结算账户进行偷逃税款、逃废账务、套取现金及其他违法犯罪活动。

4. 存款信息保密原则

银行必须依法为存款人的银行结算账户信息保密。根据《账户管理办法》的规定，对单位银行结算账户的存款和有关资料，除国家法律、行政法规另有规定外，银行有权拒绝任何单位或个人查询；对个人银行结算账户的存款和有关资料，除国家法律另有规定外，银行有权拒绝任何单位或个人查询。

**【例 2-7 · 判断题】**对单位、个人在银行开设的银行结算账户的存款，银行不得为任何单位或个人查询。(　　)

**『答案』**×。

## 三、银行结算账户的开立、变更和撤销

### (一) 银行结算账户的开立

存款人应在注册地或住所地开立银行结算账户。符合异地(跨省、市、地)开户条件的，也可以在异地开立银行结算账户。开立银行结算账户应遵循存款人自主原则。除国家法律、行政法规和国务院另有规定外，任何单位和个人不得强令存款人到指定银行开立银行结算账户。

存款人申请开立银行结算账户时，应填制开立银行结算账户申请书。开立单位银行结算账户时，应填写“开立单位银行结算账户申请书”，并加盖单位公章和法定代表人(单位负责人)或其授权代理人的签名或者盖章。存款人有组织机构代码、上级法人或主管单位的，应在“开立单位银行结算账户申请书”上如实填写相关信息。存款人有关联企业的，应填写“关联企业登记表”。申请开立个人银行结算账户时，存款人应填写“开立个人银行结算账户申

请书”，并加盖其个人签章。

银行应对存款人的开户申请书填写的事项和相关证明文件的真实性、完整性、合规性进行认真复查。开户申请书填写的事项齐全，符合开立核准类账户条件的，银行应将存款人的开户申请书、相关的证明文件和银行审核意见等开户资料报送中国人民银行当地分支行，经其核准并核发开户许可证后办理开户手续。需要中国人民银行核准的账户包括基本存款账户、临时存款账户(因注册验资和增资验资开立的除外)、预算单位专用存款账户和合格境外机构投资者在境内从事证券投资开立的人民币特殊账户和人民币结算资金账户。2019 年 2 月 2 日，中国人民银行发布《企业银行结算账户管理办法》，自 2019 年年底前，完成取消企业银行账户许可，企业(在境内设立的企业法人、非法人企业和个体工商户，下同)开立基本存款账户、临时存款账户取消核准制，实行备案制，不再颁发开户许可证。

符合开立一般存款账户、其他专用存款账户和个人银行结算账户条件的，银行应办理开户手续，并向中国人民银行当地分支行备案。上述结算账户统称备案类结算账户。银行完成企业基本存款账户信息备案后，账户管理系统生成基本存款账户编号，代替原基本存款账户核准号使用。银行应打印《基本存款账户信息》和存款人查询密码，并交付企业。持有基本存款账户编号的企业申请开立一般存款账户、专用存款账户、临时存款账户时，应当向银行提供基本存款账户编号。备案类结算账户的变更和撤销也应通过账户管理系统向中国人民银行当地分支报备。

中国人民银行当地分支行应于 2 个工作日内对开户银行报送的核准类账户的开户资料的合规性予以审核。符合开户条件的，予以核准，颁发基本(或临时或专用)存款账户开户许可证：不符合开户条件的，应在开户申请书上签署意见，连同有关证明文件一并退回报送银行，由报送银行转送存款人。

开户许可证是中国人民银行依法准予申请人在银行开立核准类银行结算账户的行政许可证件，是核准类银行结算账户合法性的有效证明。开户许可证有正本和副本之分，正本由申请人保管，副本由申请人开户银行留存。

开立银行结算账户时，银行应与存款人结算账户管理协议，明确双方的权利与义务。企业申请开立基本存款账户的，银行应当向企业法定代表人或单位负责人核实企业开户意愿，并留存相关工作记录。核实开户意愿，可采取面对面、视频等方式，具体方式由银行根据客户风险程度选择。银行与企业签订的银行结算账户管理协议内容包括但不限于：银行与开户申请人办理银行结算账户业务应当遵守法律、行政法规以及人民银行的有关规定，不得利用银行结算账户从事各类违法犯罪活动；企业银行结算账户信息变更及撤销的情形、方式、时限；银行控制账户交易措施的情形和处理方式；其他需要约定的内容。对存在法定代表人或者单位负责人对单位经营规模及业务背景等情况不清楚、注册地和经营地均在异地等情况的单位，银行应当与其法定代表人或者单位负责人面签银行结算账户管理协议，并留存视频、音频资料等，开户初期原则上不开通非柜面业务，待后续了解后再审慎开通。银行为存款人开通非柜面转账业务时，双方应签订协议，约定非柜面渠道向非同名银行账户和支付账户转账的日累计限额、笔数和年累计限额等，超出限额和笔数的，应到银行柜面办理。银行应建立存款人预留签章卡片，并将签章式样和有关证明的原件或复印件留存归档。存款人为单位的，其预留签章为该单位的公章或财务专用章加其法定代表人(单位负责人)或其授权的代理人的签名或者盖章。存款人为个人的，其预留签章为该个人的签名或者盖章。

存款人在申请开立单位银行结算账户时，其申请开立的银行结算账户的账户名称、出具的开户证明文件上记载的存款人名称以及预留银行签章中公章或财务专用章的名称应保持一致，但下列情况除外：①因注册验资开立的临时存款账户，其账户名称为市场监督管理机构核发的“企业名称预先核准通知书”或政府有关部门批文中注明的名称，其预留银行签章中公章或财务专用章的名称应是存款人与银行在银行结算账户管理协议中约定的出资人名称；②预留银行签章中公章或财务专用章的名称依法可使用简称的，账户名称应与其保持一致；③没有字号的个体工商户开立的银行结算账户，其预留签章中公章或财务专用章应是“个体户”字体加营业执照上载明的经营者的签字或盖章。

存款人开立单位银行结算账户，自正式开立之日起3个工作日后，方可使用该账户办理付款业务。但注册验资的临时存款账户转为基本存款账户和因借款转存开立的一般存款账户除外。企业银行结算账户自开立之日即可办理收付款业务。对于核准类银行结算账户，“正式开立之日”为中国人民银行当地分支行的核准日期；对于非核准类银行结算账户，“正式开立之日”是开户银行为存款人办理开户手续的日期。

**（二）银行结算账户的变更**

变更是指存款人的账户信息资料发生变化或改变。根据账户管理的要求，存款人变更账户名称、单位的法定代表人或主要负责人、地址等其他开户证明文件后，应及时向开户银行办理变更手续，填写变更银行结算账户申请书。银行发现企业名称、法定代表人或者单位负责人发生变更的，应当及时通知企业办理变更手续；企业自通知送达之日起在合理期限内仍未办理变更手续，且未提出合理理由的，银行有权采取措施适当控制账户交易。企业营业执照、法定代表人或者单位负责人有效身份证件列明有效期限的，银行应当于到期日前提示企业及时更新，有效期到期后，在合理期限内企业仍未更新，且未提出合理理由的，银行应当按规定中止其办理业务。属于申请变更单位银行结算账户的，应加盖单位公章和法定代表人（单位负责人）或其授权代理人的签名或者盖章；属于申请变更个人银行结算账户的，应加盖其个人签章。

存款人更改名称，但不改变开户银行及账号的，应于5个工作日向开户银行提出银行结算账户的变更申请，并出具有关部门的证明文件。

单位的法定代表人或主要负责人、住址以及其他开户资料发生变更时，应于5个工作日内书面通知开户银行并提供有关证明。

属于变更开户许可证记载事项，存款人办理变更手续时，应交回开户许可证，由中国人民银行当地分支行换发新的开户许可证。对因办理变更手续收回的企业开户许可证原件，不再换发新的开户许可证。对企业名称、法定代表人或者单位负责人变更的，账户管理系统重新生成新的基本存款账户编号，银行应当打印《基本存款账户信息》并交付企业。企业遗失或损毁取消许可前基本存款账户开户许可证的，企业可出具相关说明，人民银行分支机构不再补发。企业可向基本存款账户开户银行申请打印《基本存款账户信息》。

**（三）银行结算账户的撤销**

撤销是指存款人因开户资格或其他原因终止银行结算账户使用的行为。存款人申请撤销银行账户时，应填写撤销银行结算账户申请书。属于申请撤销单位银行结算账户的，应加盖单位公章和法定代表人（单位负责人）或其授权代理人的签名或者盖章；属于申请撤销个人银行结算账户的，应加其个人签章。银行在收到存款人撤销银行结算账户的申请后，对于符合销户条件的，应在2个工作日内办理撤销手续。

存款人撤销银行结算账户，必须与开户银行核对银行结算账户存款余额，交回各种重要空白票据及结算凭证和开户许可证，银行核对无误后方可办理销户手续。企业因专户原因撤销基本存款账户的，银行还应打印“已开立银行结算账户清单”并交付企业。

有下列情形之一的，存款人应向开户银行提出撤销银行结算账户的申请：①被撤并、解散、宣告破产或关闭的；②注销、被吊销营业执照的；③因迁址需要变更开户银行的；④其他原因需要撤销银行结算账户的。

存款人有以上第①项、第②项情形的，应于5个工作日内向开户银行提出撤销银行结算账户的申请。撤销银行结算账户时，应先撤销一般存款账户、专用存款账户、临时存款账户，将账户资金转入基本存款账户后，方可办理基本存款账户的撤销。银行得知存款人有第①项、第②项情形的，存款人超过规定期限未主动办理撤销银行结算账户手续的，银行有权停止其银行结算账户的对外支付。存款人因以上第③项、第④项情形撤销基本存款账户后，需要重新开立基本存款账户的，应在撤销其原基本存款账户后10日内申请重新开立基本存款账户。

存款人尚未清偿其开户银行债务的，不得申请撤销该银行结算账户。对于按照账户管理规定应撤销而未办理销户手续的单位银行结算账户，银行通知该单位银行结算账户的存款人自发出通知之日起30日内办理销户手续，逾期视同自愿销户，未划转款项列入久悬未取专户管理。存款人撤销核准类银行结算账户时，应交回开户许可证。

## 四、各类具体银行结算账户的开立和使用

### （一）基本存款账户

基本存款账户是指存款人因办理日常转账结算和现金收付需要而开立的银行结算账户。

1. 基本存款账户的使用范围

基本存款账户是存款人的主办账户，该账户主要办理存款人日常经营活动的资金收付及其工资、奖金和现金的支取。存款人只能在银行开立一个基本存款账户，其他银行结算账户的开立必须以基本存款账户的开立为前提。

2. 基本存款账户的开户要求

（1）开立基本存款账户的存款人资格。

凡是具有民事权利能力和民事行为能力，并依法独立享有民事权利和承担民事义务的法人和其他组织，均可以开立基本存款账户。同时，有些单位虽然不是法人组织，但具有独立核算资格，有自主办理资金结算的需要，包括非法人企业（如具有营业执照的企业集团下属的分公司），外国驻华机构、个体工商户、单位设立的独立核算的附属机构（单位附属独立核算的食堂、招待所、幼儿园）等，也可以开立基本存款账户。

（2）开立基本存款账户所需的证明文件。

根据《账户管理办法》的规定，存款人申请开立基本存款账户，应向银行出示营业执照正本、副本、上级批文或有关部门的开户证明，以及开户单位公章、财务章、法人章、法人身份证、经办人身份证。

3. 基本存款账户的开户程序

根据《账户管理办法》的有关规定，存款人申请开立银行结算账户时，应填制开户申请书，提供规定的证明文件；银行应对存款人的开户申请书填写的事项和证明文件的真实性、完整性和合规性进行认证审查，并将审查后的存款人提交的上述文件和审核意见等开户资料

报送中国人民银行当地分支行，经其核准后办理开户手续。中国人民银行应于2个工作日内对银行报送的基本存款账户的开户资料的合规性及唯一性进行审核，符合开户条件的，予以核准；不符合开户条件的，应在开户申请书上签署意见，连同有关证明文件一并退回报送银行。

**【例 2-8 · 多选题】**根据《人民币银行结算账户管理办法》的规定，下列有关存款人申请开立基本存款账户的表述中，正确的有(　　)。

A. 非预算管理的事业单位，应出具财政部门同意其开户的证明

B. 民办非企业组织，应出具民办非企业登记证书

C. 外地常设机构，应出具其驻在地政府主管部门的批文

D. 独立核算的附属机构，应出具其主管部门的基本存款账户开户登记证和批文

**『答案』**BCD。

**(二) 一般存款账户**

1. 一般存款账户的使用范围

一般存款账户是存款人因借款或其他结算需要，在基本存款账户开户银行以外的银行营业机构开立的银行结算账户。一般存款账户用于办理存款人借款转存、借款归还和其他结算的资金收付。该账户可以办理现金缴存，但不得办理现金支取。

2. 一般存款账户的开户要求

开立一般存款的存款人都可以开立一般存款账户。根据规定，只要存款人具有借款或其他结算需要，都可以申请开立一般存款账户，且没有数量限制。

开立一般存款账户所需的证明文件。根据《账户管理办法》的规定，存款人申请开立一般存款账户，应向银行出具下列证明文件：①开立基本存款账户的证明文件；②基本存款账户开户登记证；③存款人因向银行借款需要，应出具借款合同；④存款人因其他结算需要，应出具有关证明。

3. 一般存款账户的开户程序

根据《账户管理办法》的有关规定，存款人申请开立一般存款账户时，应填制开户申请书，提供规定的证明文件；银行应对存款人的开户申请书填写的事项和证明文件的真实性、完整性和合规性进行认证审查；符合开立一般存款账户条件的，银行应办理开户手续，同时应在其基本存款账户开户许可证上登记账户名称、账号、账户性质、开户银行和开户日期，并签章，于开户之日起5个工作日内向中国人民银行当地分支行备案；自开立一般存款账户之日起3个工作日内书面通知基本存款账户开户银行。

因此，开立一般存款账户实行备案制，无须中国人民银行核准。

**【例 2-9 · 多选题】**根据《人民币银行结算账户管理办法》的规定，存款人申请开立一般存款账户，应提供的证明文件有(　　)。

A. 开立基本存款账户规定的证明文件

B. 企业基本存款账户编号或许可证

C. 借款合同

D. 因其他结算需要的有关证明

**『答案』**ABCD。

**(三) 专用存款账户**

1. 专用存款账户的使用范围

专用存款账户是存款人按照法律、行政法规和规章，对其特定用途资金进行专项管理和使用而开立的银行结算账户。专用存款账户用于办理各项专用资金的收付。

根据《账户管理办法》的规定，对下列资金的管理与使用，存款人可以申请开立专用存款账户。例如：基本建设资金；更新改造资金；财政预算外资金；粮、棉、油收购资金；证券交易结算资金；期货交易保证金；信托基金；金融机构存放同业资金；政策性房地产开发资金；单位银行卡备用金；住房基金；社会保障基金；收入汇缴资金和业务支出资金；党、团、工会设在单位的组织机构经费等其他需要专项管理和使用的资金。

2. 专用存款账户的现金使用要求

(1) 单位银行卡账户的资金必须由其基本存款账户转账存入，该账户不得办理现金收付业务。

(2) 财政预算外资金、证券交易结算资金、期货交易保证金和信托基金专用存款账户，不得支取现金。

(3) 基本建设资金、更新改造资金、政策性房地产开发资金、金融机构存放同业资金账户需要支取现金的，应在开户时报中国人民银行当地分支行批准。中国人民银行当地分支行应根据国家现金管理的规定审查批准。

(4) 粮、棉、油收购资金，社会保障基金，住房基金和党、团、工会经费等专用存款账户支取现金，应按照国家现金管理的规定办理。

(5) 收入汇缴账户除向其基本存款账户或预算外资金财政专用存款户划缴款项外，只收不付，不得支取现金。业务支出账户除从其基本存款账户拨入款项外，只付不收，其现金支取必须按照国家现金管理的规定办理。

上述收入汇缴资金和业务支出资金，是指基本存款账户存款人附属的非独立核算单位或派出机构发生的收入和支出的资金。因收入汇缴资金和业务支出资金开立的专用存款账户，应使用隶属单位的名称。

3. 专用存款账户开立的证明文件

根据《账户管理办法》的规定，存款人申请开立专用存款账户，应向银行出具其开立基本存款账户规定的证明文件、基本存款账户开户许可证和其他相关证明文件。

4. 开立专用存款账户的程序

根据《账户管理办法》的有关规定，存款人申请开立专用存款账户时，应填制开户申请书，提供规定的证明文件；银行应对存款人的开户申请书填写的事项和证明文件的真实性、完整性和合规性进行认证审查；如果专用存款账户属于预算单位专用存款账户的，银行应将存款人的开户申请书、相关的证明文件和银行审核意见等开户资料报送中国人民银行当地分支行，经其对申报资料进行合规性审查，并核准后办理开户手续，该核准程序与基本存款账户的核准程序相同；如果属于预算单位专用存款账户之外的其他专用存款账户，银行应办理开户手续，于开户之日起5个工作日内向中国人民银行当地分支行备案。

银行在办理专用存款账户开户手续时，同时应在其基本存款账户开户许可证上登记账户名称、账号、账户性质、开户银行、开户日期并签章，自开立专用存款账户之日起3个工作日内书面通知基本存款账户开户银行。

**【例 2-10 · 多选题】**根据《人民币银行结算账户管理办法》的规定，下列各专用存款账户中，不得支取现金的有(　　)。

A. 财政预算外资金　　B. 金融机构存放同业资金

C. 期货交易保证金　　D. 基本建设金

『**答案**』AC。

### （四）临时存款账户

1. 临时存款账户的使用范围

临时存款账户是指存款人因临时需要并在规定期限内（最长不超过 2 年）使用而开立的银行结算账户。根据《账户管理办法》的规定，存款人有下列情况的，可以申请开立临时存款账户：

（1）设立临时机构，例如，工厂指挥部、筹备领导小组、摄制组；

（2）异地临时经营活动，例如，建筑施工及安装单位等；

（3）注册（增资）验资；

（4）武警、军队单位承担基本建设或者异地执行作战、演习、抢险救灾，应对突发事件等临时任务等。

2. 临时存款账户的开户要求

根据《账户管理办法》的规定，存款人申请开立临时存款账户，应向银行出具下列证明文件：

（1）临时机构，应出具其驻在地主管部门同意设立临时机构的批文。

（2）异地建筑施工及安装单位，应出具其营业执照正本或其隶属单位的营业执照正本、施工及安装地建筑主管部门核发的许可证或建筑施工及安装合同。

（3）异地从事临时经营活动的单位，应出具其营业执照正本和临时经营地工商行政管理部门的批文。

（4）注册验资资金，应出具工商行政管理部门核发的企业名称预先核准通知书或有关部门的批文。

上述第（2）、第（3）项，存款人还应出具其基本存款账户开户登记证。

3. 开立临时存款账户的程序

根据《账户管理办法》的有关规定，存款人申请开立临时存款账户时，应填制开户申请书，提供规定的证明文件；银行应对存款人的开户申请书填写的事项和证明文件的真实性、完整性和合规性进行认证审查；银行应将存款人开户申请书、相关的证明文件和银行审核意见等开户资料报送中国人民银行当地分支行，经其对申报资料进行合规性审查，并核准后办理开户手续。该核准程序与基本存款账户的核准程序相同。

银行在办理临时存款账户开户手续时，同时应在其基本存款账户开户许可证上登记账户名称、账号、账户性质、开户银行、开户日期，并签章。但临时机构和注册验资需要开立的临时存款账户除外。银行自开立临时存款账户之日起 3 个工作日内书面通知基本存款账户开户银行。

4. 临时存款账户使用中应注意的问题

临时存款账户在使用过程中，应当注意以下几点：

（1）临时存款账户应根据有关开户证明文件确定的期限或存款人的需要确定其有效期限。存款人在账户的使用中需要延长期限的，应在有效期限内向开户银行提出申请，并由开户银行报中国人民银行当地分支行核准后办理展期，并由该分支行收回原临时存款账户开户许可证，办理新的临时存款账户开户许可证。中国人民银行当地分支行不核准展期申请的，存款人应当及时办理该临时存款账户的撤销手续。临时存款账户的有效期最长不得超过 2 年。

（2）临时存款账户支取现金，应按照国家现金管理的规定办理。

(3) 注册验资的临时存款账户在验资期间只收不付，注册验资资金的汇缴人应与出资人的名称一致。增资验资临时存款账户的使用和撤销比照注册验资开立的临时存款账户管理。

**【例 2-11·单选题】**下列对基本存款账户与临时存款账户在管理上的区别的表述中，正确的是(　　)。

A. 基本存款账户能支取现金而临时存款账户不能支取现金

B. 基本存款账户不能向银行借款而临时存款账户可以向银行借款

C. 基本存款账户没有开设数量的限制而临时存款账户受开设数量的限制

D. 基本存款账户没有时间限制而临时存款账户实行有效期管理

『**答案**』D。

**(五) 个人银行结算账户**

个人银行结算账户是指存款人凭个人身份证件以自然人名称开立的，用于投资、消费、结算的银行结算账户。

1. 个人银行结算账户的分类

个人银行结算账户分为Ⅰ类户、Ⅱ类户和Ⅲ类户。Ⅱ类户和Ⅲ类户不能存取现金，银行也不得为Ⅱ类户和Ⅲ类户发放实体介质。

(1) Ⅰ类户，可用于存款、取现、转账、购买投资理财产品等金融产品、消费和缴费支付等业务。

(2) Ⅱ类户，可用于存款、购买投资理财产品等金融产品、限定金额的消费和缴费、限额向非绑定账户转出资金业务，可以配发银行卡实体卡片。经银行柜面、自助设备加以银行工作人员现场面对面确认身份的，Ⅱ类户还可以办理存取现金、非绑定账户资金转入业务，非绑定账户转入资金、存入现金日累计限额合计为 1 万元、年累计限额合计为 20 万元；消费和缴费、向非绑定账户转出资金、取出现金日累计限额合计为 1 万元、年累计限额合计为 20 万元。银行可以向Ⅱ类户发放本银行贷款资金并通过Ⅱ类户还款，发放贷款和贷款资金归还，不受转账限额限制。

(3) Ⅲ类户，可用于限定金额的消费和缴费、限额向非绑定账户转出资金业务。经银行柜面、自助设备加以银行工作人员现场面对面确认身份的，Ⅲ类户还可以办理非绑定账户资金转入业务。其中，Ⅲ类户账户余额不得超过 1000 元；非绑定账户资金转入日累计限额为 5000 元、年累计限额为 10 万元；消费和缴费支付、向非绑定账户转出资金日累计限额合计为 5000 元、年累计限额合计为 10 万元。

2. 个人银行结算账户的开户要求

(1) 开立个人银行结算账户所需的证明文件：

根据《账户管理办法》的有关规定，存款人申请开立个人银行结算账户，应向银行出具下列证明文件：

① 中国居民，应出具居民身份证或临时身份证。

② 中国人民解放军军人，应出具军人身份证件。

③ 中国人民武装警察，应出具武警身份证件。

④ 香港、澳门居民，应出具港澳居民往来内地通行证。

⑤ 外国公民，应出具护照。

⑥ 法律、法规和国家有关文件规定的其他有效证件。

银行为个人开立银行结算账户时，根据需要还可要求申请人出具户口簿、驾驶执照和护照等有效证件。

(2) 个人银行结算账户的开户方式：

个人银行结算账户的开户方式有：柜面开户、自助机具开户、电子渠道开户。

柜面开户，是指通过柜面受理申请为存款人开通银行账户的开户方式。这种开户方式可开通所有类别的个人银行结算账户。

自助机具开户，是指通过远程视频柜员机或智能柜员机等自助机具受理银行账户开户申请，并由银行工作人员现场核验开户申请人身份信息来开通账户的方式。如果未进行现场核对信息，就只能开通Ⅱ类户和Ⅲ类户。

电子渠道开户，是指通过网上银行或手机银行等电子渠道受理银行账户开户申请来开通账户的方式。银行通过电子渠道非面对面为个人开立Ⅱ类户或Ⅲ类户时，应当向绑定账户开户行验证Ⅱ类户或Ⅲ类户与绑定账户为同一人开立，绑定账户为本人Ⅰ类户或者信用卡账户，不得绑定非银行支付机构开立的支付账户进行身份验证。开户时，银行应当要求开户申请人登记验证的手机号码与绑定账户使用的手机号码保持一致。这种开户方式只能开通Ⅱ、Ⅲ类户。

3. 个人银行结算账户的使用范围

个人银行结算账户是自然人因投资、消费和结算等而开立的可办理支付结算业务的存款账户。个人银行结算账户用于办理个人转账收付和现金存取。储蓄账户仅限于办理现金存取业务，不得办理转账结算。

根据《账户管理办法》的规定，下列款项可以转入个人银行结算账户：

(1) 工资、奖金收入；

(2) 稿费、演出费等劳务收入；

(3) 债券、期货、信托等投资的本金和收益；

(4) 个人债权或产权转让收益；

(5) 个人贷款转存；

(6) 证券交易结算资金和期货交易保证金；

(7) 继承、赠与款项；

(8) 保险理赔、保费退还等款项；

(9) 纳税退还；

(10) 农、副和矿产品销售收入；

(11) 其他核发款项。

4. 个人银行结算账户使用中应注意的问题

(1) 单位从其银行结算账户支付给个人银行结算账户的款项，每次超过5万元的，应向其开户银行提供下列付款依据：代发工资协议和收款人清单；奖励证明；新闻出版、演出主办等单位与收款人签订的劳务合同或支付给个人款项的证明；证券公司、期货公司、信托投资公司、奖券发行或承销部门支付或退还给自然人款项的证明；债权或产权转让协议；借款合同；保险公司的证明；税收征管部门的证明；农、副、矿产品购销合同；其他合法款项的证明。

(2) 从单位银行结算账户支付给个人银行结算账户的款项应纳税的，税收代扣单位付款时应向其开户银行提供完税证明。

(3) 个人持出票人为单位的支票向开户银行委托收款，将款项转入其个人银行结算账户的或个人持申请人为单位的银行汇票和银行本票向开户银行提示付款，将款项转入其个人银行结算账户的，个人应当提供前述有关收款依据，并对其提供的收款依据或付款依据的真实性、合法性负责。

（4）单位银行结算账户支付给个人银行结算账户款项的，银行应按有关规定，认真审查付款依据或收款依据的原件，并留存复印件，按会计档案保管。未提供相关依据或相关依据不符合规定的，银行应拒绝办理。付款单位应对支付款项事由的真实性、合法性负责。

（5）储蓄账户仅限于办理现金存取业务，不得办理转账结算。

**（六）异地银行结算账户**

1. 异地银行结算账户的使用范围

异地银行结算账户是指存款人根据规定的条件在异地（跨省、市、县）开立的银行结算账户。根据《账户管理办法》的规定，存款人有下列情形之一的，可以在异地开立有关银行结算账户：

（1）营业执照注册地与经营地不在同一行政区域（跨省、市、县）需要开立基本存款账户的。

（2）办理异地借款和其他结算需要开立一般存款账户的。

（3）存款人因附属的非独立核算单位或派出机构发生的收入汇缴或业务支出需要开立专用存款账户的。

（4）异地临时经营活动需要开立临时存款账户的。

（5）自然人根据需要在异地开立个人银行结算账户的。

2. 异地银行结算账户的开户要求

存款人需要在异地开立单位银行结算账户的，根据开立存款账户的种类不同，除出具开立基本存款账户、一般存款账户、专用存款账户和临时存款账户规定的有关证明文件外，还应出具下列相应的证明文件：

（1）经营地与注册地不在同一行政区域的存款人，在异地开立基本存款账户的，应出具注册地中国人民银行分支行的未开立基本存款账户的证明。

（2）异地借款的存款人在异地开立一般存款账户的，应出具在异地取得贷款的借款合同。

（3）因经营需要在异地办理收入汇缴和业务支出的存款人，在异地开立专用存款账户的，应出具隶属单位的证明。

其中，属于第（2）、第（3）种情况的，还应出具其基本存款账户开户登记证。

3. 开立异地银行结算账户的程序

开立异地银行结算账户的，根据其账户的种类不同，开立程序与前述相关账户开立的程序相同。

**【例 2-12 · 多选题】**根据《人民币银行结算账户管理办法》的规定，存款人需要在异地开立单位银行结算账户，根据开立存款账户的种类不同，除出具开立基本存款账户、一般存款账户、专用存款账户和临时存款账户规定的有关证明文件外，（　　）。

A. 经营地与注册地不在同一行政区域的存款人，在异地开立基本存款账户的，还应出具注册地中国人民银行分支行的未开立基本存款账户的证明

B. 异地借款的存款人在异地开立一般存款账户的，还应出具在异地取得贷款的借款合同

C. 因经营需要在异地办理收入汇缴和业务支出的存款人，在异地开立专用存款账户的，还应出具隶属单位的证明

D. 还应出具在异地从事生产经营活动的商品交易合同

『答案』ABC。

## 五、违反银行账户管理法律制度的法律责任

根据《账户管理办法》的规定，违反银行结算管理制度的处罚包括以下内容。

**（一）存款人违反账户管理制度的处罚**

（1）存款人在开立、撤销银行结算账户过程中，有下列行为之一的，对于非经营性的存款人，给予警告并处以1000元的罚款；对于经营性的存款人，给予警告并处以1万元以上3万元以下的罚款；构成犯罪的，移交司法机关依法追究刑事责任：①违反规定开立银行结算账户；②伪造、变造证明文件欺骗银行开立银行结算账户；③违反规定不及时撤销银行结算账户。

（2）存款人在使用银行结算账户过程中，有下列行为之一的，对于非经营性的存款人，给予警告并处以1000元的罚款；对于经营性的存款人，给予警告并处以5000元以上3万元以下的罚款：①违反规定将单位款项转入个人银行结算账户；②违反规定支取现金；③利用开立银行结算账户逃避银行债务；④出租、出借银行结算账户；⑤从基本存款账户之外的银行结算账户转账存入、将销货存入或现金存入单位信用卡账户。

（3）存款人的法定代表人或主要负责人、存款人地址及其他开户资料的变更事项未在规定期限内通知银行的，给予警告并处以1000元的罚款。

（4）存款人违反规定，伪造、变造、私自印刷开户许可证的，属于非经营性的处以1000元罚款；属经营性的处以1万元以上3万元以下的罚款；构成犯罪的，移交司法机关依法追究刑事责任。

**（二）银行及其有关人员违反账户管理制度的处罚**

（1）银行在银行结算账户的开立过程中，有下列行为之一的，给予警告，并处以5万元以上30万元以下的罚款；对该银行直接负责的高级管理人员、其他直接负责的主管人员、直接责任人员按规定给予纪律处分；情节严重的，中国人民银行有权停止对其开立基本存款账户的核准，责令该银行停业整顿或吊销经营金融业务许可证；构成犯罪的，移交司法机关依法追究刑事责任：①违反规定为存款人多头开立银行结算账户；②明知或应知是单位资金，而允许以自然人名称开立账户储蓄的。

（2）银行在银行结算账户的使用中，有下列行为之一的，给予警告，并处以5000元以上3万元以下的罚款；对该银行直接负责高级管理人员、其他直接负责的主管人员、直接责任人员按规定给予纪律处分；情节严重的，中国人民银行有权停止对其开立基本存款账户的核准；构成犯罪的，移交司法机关依法追究刑事责任：①提供虚假开户申请资料欺骗中国人民银行许可开立基本存款账户、临时存款账户和预算单位专用存款账户；②开立或撤销单位银行结算账户，未按《账户管理办法》规定在其基本存款账户开户许可证上予以登记、签章或通知相关开户银行；③违反规定办理个人银行结算账户转账结算；④为储蓄账户办理转账结算；⑤违反规定为存款人支付现金或办理现金存入；⑥超过期限或未向中国人民银行报送账户开立、变更和撤销等资料。

**【例2-13·多选题】**根据《人民币银行结算账户管理办法》的规定，银行在银行结算账户

的开立过程中，明知或应知是单位资金，而允许以自然人名称开立账户存储，应给予的处罚有(　　)。

A. 给予警告，并处以5万元以上30万元以下罚款

B. 对该银行直接负责的高级管理人员、其他直接负责的主管人员、直接责任人员按规定给予纪律处分

C. 情节严重的，中国人民银行有权停止对其开立基本存款账户的核准，责令该银行停业整顿或者吊销经营金融业务许可证

D. 构成犯罪的，移交司法机关依法追究刑事责任

『**答案**』ABCD。

# 第四节　票据结算方式

## 一、票据结算概述

### (一) 票据的概念与种类

票据的概念有广义和狭义之分。广义的票据包括各种有价证券和凭证，如股票、国库券、企业债券、发票和提单等；狭义的票据仅指《中华人民共和国票据法》(以下简称《票据法》)上规定的票据。

根据《票据法》的规定，票据是指由出票人依法签发的、约定自己或委托付款人在见票时或指定的日期向收款人或持票人无条件支付一定金额并可转让的有价证券，包括汇票、银行本票和支票。

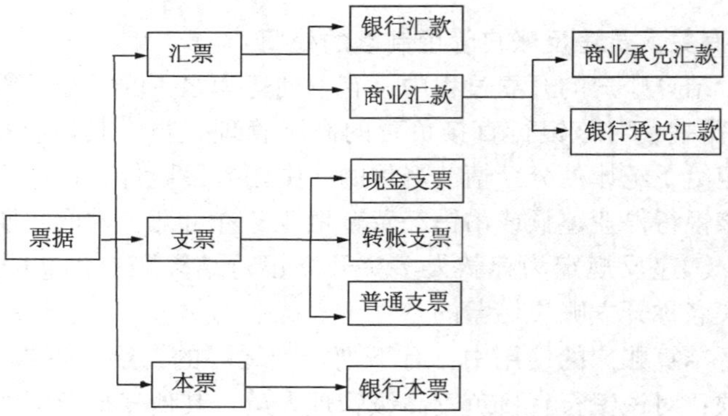


我国的票据分类

### (二) 票据的特征与功能

1. 票据的特征

票据作为一种有价证券，具有有价证券的一般特征，但它又是区别于其他有价证券的一类独立的有价证券。与其他有价证券相比，票据主要有以下特征：

(1) 票据是债权凭证。票据关系实质为一种债权债务关系，票据持票人可以就票据上所记载的金额向特定票据债务人行使请求权。

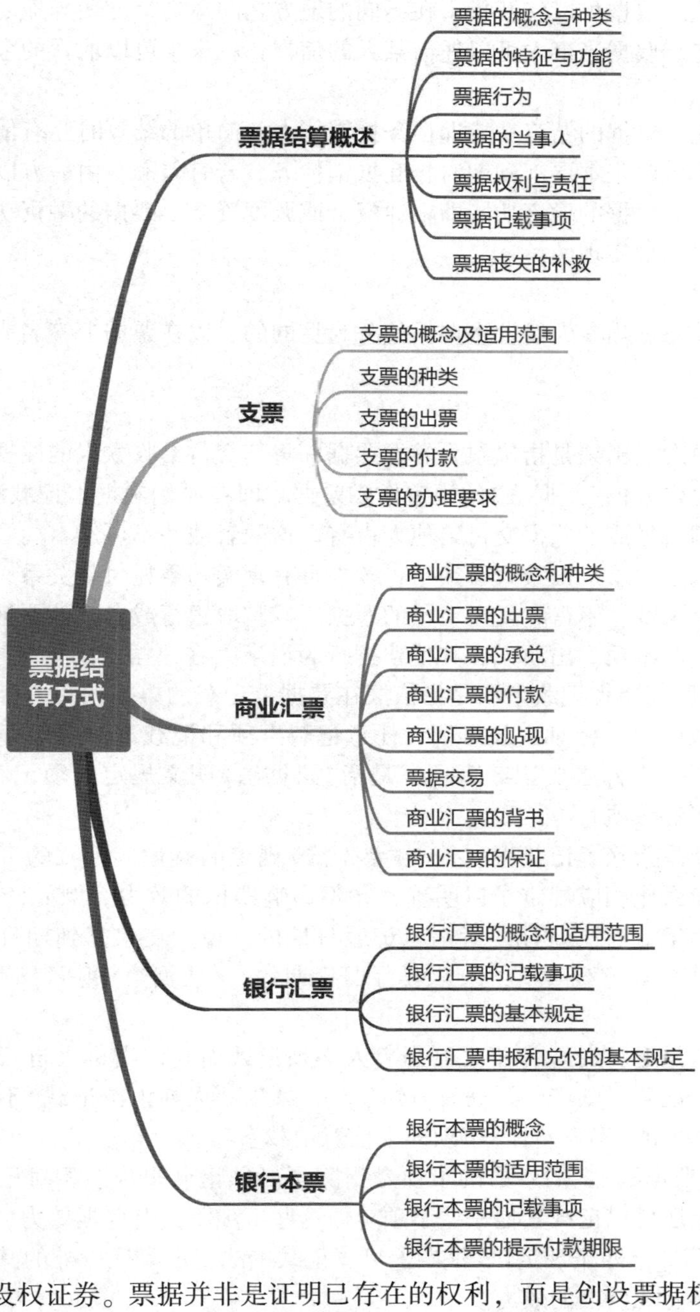


（2）票据为设权证券。票据并非是证明已存在的权利，而是创设票据权利。

（3）票据为金钱证券。票据是以支付一定金额货币为目的的有价证券，以非金钱的其他财务为给付标的的证券，不属于票据。

（4）票据为文义证券。票据上的权利与义务，必须严格按照票据上记载的文义而定，不得以票据以外的任何事由来主张票据权利。

2. 票据的功能

（1）支付功能。票据代替现金作为支付工具，可以避免清点现钞时可能产生的错误，并可以节省清点现钞的时间。

（2）汇兑功能。票据可以代替货币在不同的地方之间运送，方便异地之间的支付。

（3）信用功能。票据当事人可以凭借某人的信誉，就未来可以取得的金钱，作为现在的金钱来用。

（4）结算功能。票据的结算功能即债务抵销能力。简单的结算时互有债务的双方当事人各签发一张本票，待两张本票都到期时相互抵销债务。若有差额，由一方以现金支付。

（5）融资功能。票据的融资功能即融通资金或调度资金。票据的融资功能是通过票据的贴现、转贴现和再贴现实现的。

**（三）票据行为**

票据行为是指票据当事人以发生票据债务为目的的、以在票据上签名或盖章为权利义务成立要件的法律行为。

1. 出票

（1）出票的概念。出票是指出票人签发票据并将其交付给收款人的票据行为。出票包括两个行为：一是出票人依《票据法》的规定作成票据，即在原始票据上记载法定事项并签章；二是交付票据，即将做成的票据交付给他人占有。这两者缺一不可。

（2）出票的基本要求。出票人必须与付款人具有真实的委托付款关系，并且具有支付票据金额的可靠资金来源，不得签发无对价的票据用以骗取银行或者其他票据当事人的资金。

（3）票据的记载事项。出票人和其他票据行为当事人在票据上的记载事项必须符合《票据法》等的规定。所谓票据记载事项是指依法在票据上记载的票据相关内容。票据记载事项一般分为必须记载事项、相对记载事项、任意记载事项和记载不产生票据法上效力的事项等。逆序记载事项，也称必要记载事项，是指《票据法》明文规定必须记载的，如不记载，票据行为即为无效的事项。

相对记载事项是指除了记载事项外，《票据法》规定的其他应记载的事项，这些事项如果未记载，由法律另作相应规定予以明确，并不影响票据的效力。例如，《票据法》规定背书由背书人签章并记载背书日期。背书未记载日期的，视为在票据到期日前背书。这里的“背书日期”就属于相对记载事项；未记载背书日期的，《票据法》视同背书日期为“到期日前”。

任意记载事项是指《票据法》不强制当事人必须记载而允许当事人自行选择，不记载时不影响票据效力，记载时则产生票据效力的事项。如出票人在汇票记载“不得转让”字样的，汇票不得转让，其中的“不得转让”事项即为任意记载事项。

记载不产生《票据法》上的效力的事项是指除了必须记载事项、相对记载事项、任意记载事项外，票据上还可以记载其他一些事项，但这些事项不具有票据效力，银行不负审查责任。如《票据法》第二十四条规定：“汇票上可以记载本法规定事项以外的其他出票事项，但是该记载事项不具有汇票上的效力。”

（4）出票的效力。票据出票人制作票据，应当按照法定条件在票据上签章，并按照所记载的事项承担票据责任。出票人签发票据后，即承担该票据承兑或付款的责任。出票人在票据得不到承兑或者付款时，应当向持票人清偿《票据法》第七十条、第七十一条规定的金额和费用(具体见后文票据追索的内容)

**【例 2-14 · 多选题】**下列票据记载事项中，属于相对记载事项的有(　　)。

A. 背书日期　　B. 承兑日期　　C. 保证日期　　D. 出票日期

**【答案】**ABC。选项 A、选项 B、选项 C 在没有记载时，《票据法》均作出了推定，而选项 D 是《票据法》明文规定必须记载的事项。

2. 背书

（1）概念和种类。背书是在票据背面或者粘单上记载有关事项并签章的行为。以背书的目的为标准，将背书分为转让背书和非转让背书。转让背书是指以转让票据权利为目的的背书；非转让背书是指以授予他人行使一定的票据权利为目的的背书。非转让背书包括委托收款背书和质押背书。

委托收款背书是背书人委托被背书人行使票据权利的背书。委托收款背书的被背书人有权代背书人行使被委托的票据权利。但是，被背书人不得再以背书转让票据权利。质押背书是以担保债务而在票据上设定质权为目的的背书。被背书人依法实现其质权时，可以行使票据权利。

（2）背书记载事项。背书由背书人签章并记载背书日期。背书未记载日期的，视为在票据到期日前背书。以背书转让或者以背书将一定的票据权利授予他人行使时，必须记载被背书人名称。背书人未记载被背书人名称即将票据交付他人的，持票人在票据被背书人栏内记载自己的名称与背书人记载具有同等法律效力。

委托收款背书应记载"委托收款"字样、被背书人和背书人签章。质押背书应记载"质押"字样、质权人和出质人签章。

票据凭证不能满足背书人记载事项的需要，可以加附粘单，粘附于票据凭证上。粘单上的第一记载人，应当在票据和粘单的粘结处签章。

（3）背书效力。背书人以背书转让票据后，即承担保证其后手所持票据承兑和付款的责任。

以背书转让的票据，背书应当连续。持票人以背书的连续，证明其票据权利；非经背书转让，而以其他合法方式取得票据的，依法举证，证明其票据权利。

背书连续，是指在票据转让中，转让票据的背书人与受让票据的被背书人在票据上的签章依次前后衔接。具体来说，第一背书人为票据收款人，最后持票人为最后背书的被背书人，中间的背书人为前手背书的被背书人。

（4）背书特别规定。包括条件背书、部分背书、限制背书和期后背书。条件背书是指背书附有条件的，所附条件不具有票据上的效力。部分背书是指将票据金额的一部分转让的背书或者将票据金额分别转让给两人以上的背书。部分背书属于无效背书。限制背书是指记载了"不得转让"，此时票据不得转让，例如出票人记载"不得转让"的，票据不得背书转让；背书人在票据上记载"不得转让"字样，其后手再背书转让的，原背书人对后手的背书人不承担保证责任。期后背书是指票据被拒绝承兑、被拒绝付款或者超过付款提示期限的，不得背书转让；背书转让的，背书人应当承担票据责任。

3. 承兑

（1）承兑的概念。承兑是指汇票付款人承诺在汇票到期日支付汇票金额并签章的行为，仅适用于商业汇票。

（2）承兑程序包括提示承兑、受理承兑、记载承兑事项等。

① 提示承兑。持票人向付款人出示汇票，并要求付款人承诺付款的行为。定日付款或者出票后定期付款的汇票，持票人应当在汇票到期日前向付款人提示承兑。见票后定期付款的汇票，持票人应当自出票日起 1 个月内向付款人提示承兑。汇票未按照规定期限提示承兑的，持票人丧失对其前手的追索权。

② 受理承兑。付款人收到持票人提示承兑的汇票时，应当向持票人签发收到汇票的回单。回单上应当记明汇票提示承兑日期并签章。付款人对向其提示承兑的汇票，因当自收到提示承兑的汇票之日起 3 日内承兑或者拒绝承兑。

③ 记载承兑事项。付款人承兑汇票的，应当在汇票证面记载“承兑”字样和承兑日期并签章；见票后定期付款的汇票，应当在承兑时记载付款日期。汇票上未记载承兑日期的，应当以收到提示承兑的汇票之日起 3 日内的最后一日为承兑日期。

承兑效力。付款人承兑汇票，不得附有条件；承兑附有条件的，视为拒绝承兑。付款人承兑汇票后，应当承担到期付款的责任。

4. 保证

（1）保证的概念。保证是指票据债务人以外的人，为担保特定债务人履行票据债务而在票据上记载有关事项并签章的行为。

（2）保证的记载事项。保证人必须在票据或粘单上记载下列事项：表明“保证”的字样、保证人名称和住所、被保证人的名称、保证日期、保证人签章。

（3）保证责任的承担。被保证的票据，保证人应当与被保证人对持票人承担连带责任。票据到期后得不到付款的，持票人有权向保证人请求付款，保证人应当足额付款。保证人为两人以上的，保证人之间承担连带责任。

保证效力。保证人对合法取得票据的持票人所享有的票据权利，承担保证责任。但是，被保证人的债务因票据记载事项欠缺而无效的除外。保证不得附有条件，附有条件的，不影响对票据的保证责任。保证人清偿票据债务后，可以行使持票人对被保证人及其前手的追索权。

**（四）票据的当事人**

票据当事人是指票据法律关系中享有票据权利、承担票据义务的当事人，也称票据法律关系主体。票据当事人可分为基本当事人和非基本当事人。

1. 票据基本当事人

票据基本当事人是在票据做成和交付时就已存在的当事人，是构成票据法律关系的必要主体，包括出票人、付款人、和收款人。基本当事人不存在或不完全，票据上的法律关系就不能成立，票据就无效。

（1）出票人是指依法定方式签发票据并将票据交付给收款人的人。

（2）收款人是指票据到期后有权收取票据所载金额的人，又称票据权利人。

（3）付款人是指由出票人委托付款或自行承担借款责任的人。汇票的付款人有两种，商业承兑汇票的付款人是合同中应给付款项的另一方当事人，也是该汇票的承兑人；银行承兑汇票的付款人是承兑银行，但是，其款项来源还是与该票据有关的合同中应付款方的存款。支票付款人是出票人的开户银行。本票的付款人就是出票人。

2. 票据非基本当事人

票据非基本当事人，是在票据做成并交付后，通过一定的票据行为加入票据关系而享有一定权利、义务的当事人，包括承兑人、背书人、被背书人和保证人。

（1）承兑人是指接受汇票出票人的付款委托同意承担支付票款义务的人。

（2）背书人是指在转让票据时，在票据背面签字或盖章并将该票据交付给受让人的票据收款人或持有人。

（3）被背书人是指被记名受让票据或接受票据转让的人。

（4）保证人是指为票据债务提供担保的人，由票据债务人以外的他人担当。

除基本当事人外，非基本当事人是否存在，取决于相应票据行为是否发生。

**（五）票据权利与责任**

票据权利与责任是指票据法律关系主体所享有的权利和应承担的责任，是票据法律关系的重要内容。

1. 票据权利

（1）票据权利的概念。票据权利是指票据持票人向票据债务人请求支付票据金额的权利，包括付款请求权和追索权。

付款请求权是指持票人向汇票的承兑人、本票的出票人、支票的付款人出示票据要求付款的权利，是第一顺序权利，又称主要票据权利。行使付款请求权的持票人可以是票据收款人或最后的被背书人。担负付款请求权付款义务的主要是主债务人。

票据追索权是指票据当事人行使付款请求权遭到拒绝或其他法定原因存在时，向其前手请求偿还票据金额及其他法定费用的权利，是第二顺序权利，又称偿还请求权利。行使追索权的当事人除票据收款人和最后被背书人外，还可能是代为清偿票据债务的保证人和背书人。由于追索权是一种附条件的权利，即有赖于第一次请求权不能实现才得以行使的权利，故又叫从票据权利。正因为此，《票据法司法解释》第四条规定："持票人不先行使付款请求权而先行使追索权遭拒绝提起诉讼的，人民法院不予受理。"

（2）票据权利的取得。票据的签发、取得和转让，应当遵循诚实信用的原则，具有真实的交易关系和债权债务关系。票据的取得，必须给付对价，即应当给付票据双方当事人认可的相对应的代价。但也有例外的情形，因税收、继承、赠与可以依法无偿取得票据的，不受给付对价的限制。但是，所享有的票据权利不得优于前手的权利。

（3）票据权利的行使与保全。票据权利的行使，是指持票人请求票据的付款人支付票据金额的行为，例如，行使付款请求权以获得票款，行使追索权以请求偿还法定的金额和费用等。票据权利的保全是指持票人为了防止票据权利丧失而采取的措施，例如，《票据法》规定，按照规定的期限提示承兑、要求承兑人或付款人提供拒绝承兑或拒绝付款的证明以保全追索权等。票据权利的保全行为大都是票据权利的行使行为，所以一般票据法都将两者一并进行规定。票据权利行使和保全的方法通常包括"按期提示"和"依法证明"两种。其中"按期提示"是指要按照规定的期限向票据债务人提示票据，包括提示承兑或提示付款，以及时保全或行使追索权。由于票据具有流通性，法律对票据责任的兑现场所和时间有所规定，即持票人对票据债务人行使票据权利，或者保全票据权利，应当在票据当事人的营业场所和营业时间内进行，票据当事人无营业场所的，应当在其住所进行。

票据权利人为了防止票据权利的丧失，在人民法院审理、执行票据纠纷案件时，可以请求人民法院依法对票据采取保全措施或者执行措施。根据《票据法司法解释》第八条之规定，经当事人申请并提供担保，对具有下列情形之一的票据，可以依法采取保全措施和执行措施：①不履行约定义务，与票据债务人有直接债权债务关系的票据当事人所持有的票据；②持票人恶意取得的票据；③应付对价而未付对价的持票人持有的票据；④记载有"不得转让"字样而用于贴现的票据；⑤记载有"不得转让"字样而用于质押的票据；⑥法律或者司法解释规定有其他情形的票据。

（4）票据权利的抗辩。抗辩，是指票据债务人根据《票据法》规定对票据债权人拒绝履行义务的行为。票据债务人可以在下列情况下对持票人行使抗辩权：①以欺诈、偷盗或者胁迫等手段取得票据的，或者明知有前列情形，出于恶意取得票据的；②因重大过失取得票据的；③明知票据债务人与出票人或者与持票人的前手之间存在抗辩事由而取得票据的；④不履行约定义务的与票据债务人有直接债权债务关系的；⑤其他依法不得享有票据权利的。

5. 票据权利时效

票据权利时效是指票据权利在时效期间内不行使，即引起票据权利丧失。《票据法》根据不同情况，将票据权利时效划分为2年、6个月、3个月。《票据法》规定，票据权利在下列期限内不行使而消灭：

(1) 持票人对票据的出票人和承兑人的权利自票据到期日起2年。见票即付的汇票、本票自出票日起2年。

(2) 持票人对支票出票人的权利，自出票日起6个月。

之所以规定支票的权利时效短于其他票据，是因为支票只要是一种短期支付工具，其权利的行使以迅速为宜，规定较短的时效，可以督促权利人及时行使票据权利。

(3) 持票人对前手的追索权，自被拒绝承兑或者被拒绝付款之日起6个月。

(4) 持票人对前手的再追索权，自清偿日或者被提起诉讼之日起3个月。

| 票据种类 | 对出票人的权利 | 对承兑人的权利 | 对前手的追索权 | 对前手的再追索权 |
|---|---|---|---|---|
| 支票 | 自出票日起6个月 | * | 被拒绝付款日起6个月 | 自清偿日或被提起诉讼之日起3个月 |
| 银行汇票 | 自出票日起2年 | * | 被拒绝付款日起6个月 | |
| 银行本票 | 自出票日起2年 | * | 被拒绝付款日起6个月 | |
| 商业汇票 | 自票据到期日起2年 | 自票据到期日起2年 | 被拒绝承兑或被拒付款日起6个月 | |

追索权的行使以获得拒绝付款证明或退票理由书等有关证明为前提。为了督促持票人及时获得这些证明，尽可能地在短期内结清因拒绝承兑或拒绝付款而产生的债务关系，从速实现持票人的票据权利，加快债权债务关系的清偿速度，促进社会经济关系的稳定，追索权的行驶应当迅速及时。因此，《票据法》对于追索权规定了较短的时效。

如果持票人因超过票据权利时效或者因票据记载事项欠缺而丧失票据权利的，《票据法》为了保护持票人的合法权益，规定其仍享有民事权利，可以请求出票人或者承兑人返还其与未支付的票据款金额相当的利益。

**【例2-15·单选题】**下列说法中，正确的是(　　)。

A. 票据权利时效期间是指提示付款期间

B. 持票人对支票出票人的权利，自出票日起3个月

C. 持票人对前手的再追索权，自清偿日或者被提起诉讼之日起3个月

D. 持票人对前手的追索权，自被拒绝承兑或者被拒绝付款之日起3个月

**【答案】**C。票据权利时效期间和提示付款期间是两个概念，应仔细辨别，故选项A错误；选项B和选项D分别应为6个月。

6. 票据责任

票据责任是指票据债务人向持票人支付票据金额的义务。实务中，票据债务人承担票据义务一般有四种情况：一是汇票承兑人因承兑而应承担付款义务；二是本票出票人因出票而承担自己付款的义务；三是支票付款人在与出票人有资金关系时承担付款义务；四是汇票、

本票、支票的背书人，汇票、支票的出票人、保证人，在票据不获承兑或不获付款时的付款清偿义务。

（1）提示付款。持票人应按规定期限提示付款：持票人未按照规定期限提示付款的，在作出说明后，承兑人或者付款人仍应当继续对持票人承担付款责任。通过委托收款银行或者通过票据交换系统向付款人提示付款的，视同持票人提示付款。本票持票人未按照规定提示付款的，丧失对出票人以外的前手的追索权；支票持票人超过提示付款期限提示付款的，付款人可以不予付款，付款人不予付款的，出票人仍应对持票人承担票据责任。

| 票据种类 | 提示付款期限 |
|---|---|
| 支票 | 自出票日起10日 |
| 银行汇票 | 自出票日起1个月 |
| 银行本票 | 自出票日起最长不超过2个月 |
| 商业汇票 | 自票据到期日起10日 |

（2）付款人付款。持票人依照规定提示付款的，付款人必须在当日足额付款。付款人及其代理付款人付款时，应当审查票据背书的连续，并审查提示付款人合法身份证明或者有效证件。票据金额为外币的，按照付款日的市场汇价，以人民币支付。票据当事人对票据支付的货币种类另有约定的，从其约定。

（3）拒绝付款。如果存在背书不连续等合理事由，票据债务人可以对票据债权人拒绝履行义务，这就是所谓的票据“抗辩”。票据债务人可以对不履行约定义务的与自己有直接债权债务关系的执票人进行抗辩。但不得以自己与出票人或者与持票人的前手之间的抗辩事由，对抗持票人。当然，若持票人明知存在抗辩事由而取得票据的除外。

（4）获得付款。持票人获得付款的，应当在票据上签收，并将票据交给付款人。持票人委托银行收款的，受委托的银行将代收的票据金额转账收入持票人账户，视同签收。电子商业汇票的持票人可委托接入机构即银行代为发出提示付款、逾期提示付款行为申请。

（5）相关银行的责任。持票人委托的收款银行的责任，限于按照票据上记载事项将票据金额转入持票人账户。付款人委托的付款银行的责任，限于按照票据上记载事项从付款人账户支付票据金额。付款人及其代理付款人以恶意或者有重大过失付款的，应当自行承担责任。对定日付款、出票后定期付款或者见票后定期付款的票据，付款人在到期日前付款的，由付款人自行承担所产生的责任。

（6）票据责任解除。付款人依法足额付款后，全体票据债务人的责任解除。

**【例2-16·单选题】**下列说法中，正确的是（　　）。

A. 票据债务人可以以自己与出票人或者与持票人的前手之间的抗辩事由，对抗持票人

B. 持票人未按照规定期限提示付款的，付款人的票据责任解除

C. 持票人委托的收款银行的责任，限于按照票据上记载事项将票据金额转入持票人账户

D. 付款人委托的付款银行的责任，限于按照票据上记载事项从付款人账户支付票据金额，不必审查背书连续

**【答案】**C。票据债务人不得以自己与出票人或者与持票人的前手之间的抗辩事由，对抗持票人，故选项A错误；持票人未按照规定期限提示付款的，在作出相关说明后，付款人仍应承担付款责任，而不能因此解除付款责任，故选项B错误；付款银行付款，应按照规定审查背书是否连续，背书不连续，持票人不享有票据权利，因此不应予以付款，因此选项D错误。

**（六）票据记载事项**

票据记载事项是指依法在票据上记载票据相关内容的行为。票据记载事项可分为绝对记载事项、相对记载事项和非法定记载事项等。

（1）绝对记载事项是指《票据法》明文规定必须记载的，如不记载，票据即为无效的事项。各类票据共同必须绝对记载的内容包括：①票据的种类；②确定的金额；③收款人名称；④出票日期；⑤出票人签章。

（2）相对记载事项是指《票据法》规定应该记载而未记载，但适用法律的有关规定而不使票据失效的事项，如汇票上未记载付款日期的，为见票即付；汇票上未记载付款地、付款人的营业场所、住所或经常居住地为付款地等属于相对记载事项。

（3）非法定记载事项是指《票据法》不强制当事人必须记载而允许当事人自行选择，不记载时不影响票据效力的事项。按照记载时是否产生票据效力，分为任意记载事项和不产生票据效力记载事项。任意记载事项，记载时则产生票据效力的事项，如出票人在汇票记载“不得转让”字样的，汇票不得转让。不产生票据效力记载事项，如签发票据的原因或用途、该票据项下交易的合同号码等。

**议一议**

刘女士给母亲现金支票一张，用途栏写明“新年快乐”。母亲请求支票的付款行兑现时，银行柜台营业员进行付款，该事项属于什么事项？

**【例 2-17・多选题】**下列各项中，不会导致票据行为失效的是（　　）。

A. 未记载付款日期　　B. 未记载付款地

C. 未记载“不得转让”的字样　　D. 未记载出票人的签章

**『答案』**ABC。

**（七）票据丧失的补救**

票据丧失是指票据因灭失、遗失和被盗等原因而使票据权利人脱离其对票据的占有。票据一旦丧失，票据的债权人不采取补救措施就不能阻止债务人向拾获者履行义务，从而造成正当票据权利经济上的损失。因此，需要进行票据丧失补救。票据丧失后可以采取挂失止付、公示催告和普通诉讼三种形式进行补救。

（1）挂失止付是指失票人将丧失票据的情况通知付款人，由接收通知的付款人审查后暂停支付的一种方式。只有确定付款人或代理付款人的票据丧失时才可进行挂失止付，具体包括：已承兑的商业汇票、支票、填明“现金”字样和代理付款人的银行汇票以及填明“现金”字样的银行本票四种。挂失止付并不是票据丧失后采取的必经措施，而只是一种暂时的预防措施，最终要通过申请公示催告或提起普通诉讼来补救票据权利。

挂失止付程序包括：①申请。失票人在通知票据的付款人或者代理付款人挂失止付时，应当填写挂失止付通知书并签章。②受理。付款人或代理付款人收到挂失止付通知书后，查明挂失票据确未付款时，应暂停止付。付款人或者代理付款人自收到挂失止付通知书之日起12 日内没有收到人民法院的止付通知书的，自第 13 日起，挂失止付通知书失效。如果付款人或者代理付款人在收到挂失止付通知书前，已经依法向持票人付款的，不再接受挂失止付。但是，付款人或者代理付款人以恶意或者重大过失付款的除外。

（2）公示催告是指在票据丧失后由失票人向人民法院提出申请，请求人民法院以公告方式通知不确定的利害关系人限期申报权利，逾期未申报者，则权利失效，而由法院通过除权判决宣告所丧失的票据无效的一种制度或程序。

票据丧失后的公示催告程序如下：①申请。失票人申请公示催告的，应填写公示催告申请书。②受理。人民法院决定受理申请后，应当同时向付款人及代理付款人发出止付通知，并自立案之日起3日内发出公告，催促利害关系人申请权利。止付通知是由人民法院向付款人发出的停止付款的通知，如果付款人拒不止付，由此给失票人造成损失的，应承担相应的责任。付款人接到停止付款通知后，应当停止支付，直至公示催告程序终结。③公告。公告是由人民法院在受理公示催告申请后，以公开文字形式向社会发出的旨在督促利害关系人限期申报权利的一种告示。该公告应当在全国性的报刊上登载。公示催告的期间，由人民法院根据情况决定，但不得少于60日，涉外票据可根据情况适当延长，但最长不得超过90日。④判决。公示催告期间届满以及在判决作出前，没有利害关系人申报权利的，公示催告申请人应当自申报权利期间届满的次日起一个月内申请法院作出判决。法院判决丧失票据无效。判决应当公告，并通知付款人。判决生效后，公示催告申请人有权依据判决向付款人请求付款或向其他票据债务人行使追索权。至此，票据丧失后的权利补救措施完成。

申请公示催告的主体必须是可以背书转让的票据的最后持票人，失票人不知道票据的下落，利害关系人也不明确。

（3）普通诉讼是指以丧失票据的失票人为原告，以承兑人或出票人为被告，请求人民法院判决其向失票人付款的诉讼活动。如果与票据上的权利有利害关系的人是明确的，无须公示催告，可按一般的票据纠纷向法院提起诉讼。

## 二、支票

### （一）支票的概念及适用范围

支票是指出票人签发的、委托办理支票存款业务的银行或其他金融机构在见票时无条件支付确定的金额给收款人或持票人的票据。

支票的基本当事人包括出票人、付款人和收款人。出票人即存款人，是在经中国人民银行当地分支行批准办理支票业务的银行机构开立可以使用支票的存款账户的单位和个人；付款人是出票人的开户银行；收款人是票面上填明的收款人，也可以是经背书转让的被背书人。

单位和个人的各种款项结算，均可以使用支票，2007年7月8日，中国人民银行宣布，支票可以实行全国范围内互通互用。支票可以背书转让，但用于支取现金的支票不能背书转让。

### （二）支票的种类

依不同的分类标准，可以对支票作不同的分类

（1）以是否记载收款人为标准——记名式、指示式和无记名式支票；

（2）以一人是否兼二个以上的当事人为标准——对己支票（出票人以自己为付款人）、指己支票（出票人以自己为收款人）和受付支票（出票人以付款人为收款人）；我国票据法规定除指己支票可适用外，其他两种未提及。

（3）以付款方式是否有特别保障或限制为标准——普通支票和特种支票（划线支票和保付支票）。我国无特别划线支票，也无支票保付制度。

（4）以出票日与实际出票日间隔的情形不同为标准——即期支票和远期支票；我国无远期支票制度，只有即期支票，在实践中发现远期支票的，视为即期支票。

(5) 以持票人是否能凭票支取现金为标准——转账支票和现金支票。

① 普通支票。支票上未印有“现金”或“转账”字样的为普通支票，普通支票既可以用于支取现金，也可以用于转账。普通支票用于转账时，应当在支票正面注明，即在普通支票左上角划两条平行线的，为划线支票，划线支票只能用于转账，不得支取现金(见图 2-1)。

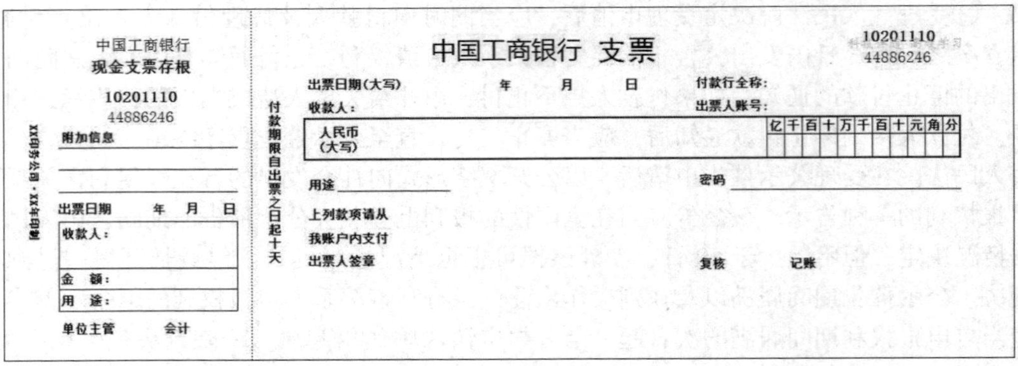
中国工商银行
现金支票存根
10201110
44886246
附加信息
出票日期 年 月 日
收款人：
金 额：
用 途：
单位主管 会计

付款期限自出票之日起十天

中国工商银行 支票
10201110
44886246
出票日期(大写) 年 月 日
付款行全称：
收款人：
出票人账号：
人民币
(大写)

| 亿 | 千 | 百 | 十 | 万 | 千 | 百 | 十 | 元 | 角 | 分 |
|---|---|---|---|---|---|---|---|---|---|---|
| | | | | | | | | | | |

用途
密码
上列款项请从
我账户内支付
出票人签章
复核 记账

图 2-1 普通支票

② 现金支票。支票上印有“现金”字样的为现金支票，现金支票只能用于支取现金，不能用于转账(见图 2-2)。

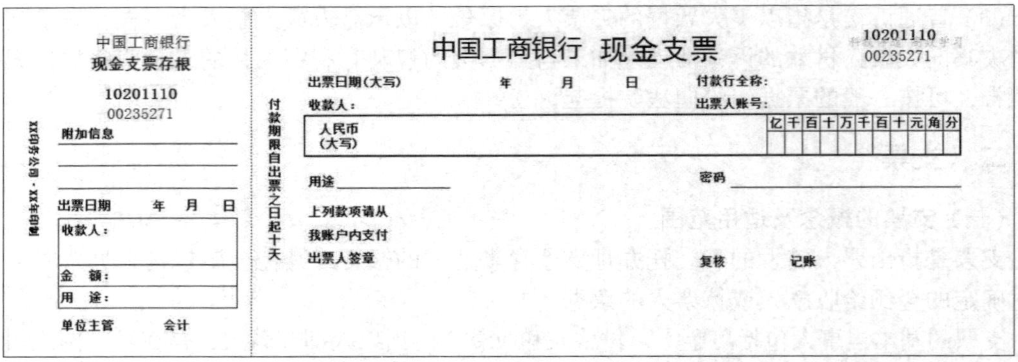
中国工商银行
现金支票存根
10201110
00235271
附加信息
出票日期 年 月 日
收款人：
金 额：
用 途：
单位主管 会计

付款期限自出票之日起十天

中国工商银行 现金支票
10201110
00235271
出票日期(大写) 年 月 日
付款行全称：
收款人：
出票人账号：
人民币
(大写)

| 亿 | 千 | 百 | 十 | 万 | 千 | 百 | 十 | 元 | 角 | 分 |
|---|---|---|---|---|---|---|---|---|---|---|
| | | | | | | | | | | |

用途
密码
上列款项请从
我账户内支付
出票人签章
复核 记账

图 2-2 现金支票

③ 转账支票。支票上印有“转账”字样的为转账支票，转账支票只能用于转账，不能支取现金(见图 2-3)。

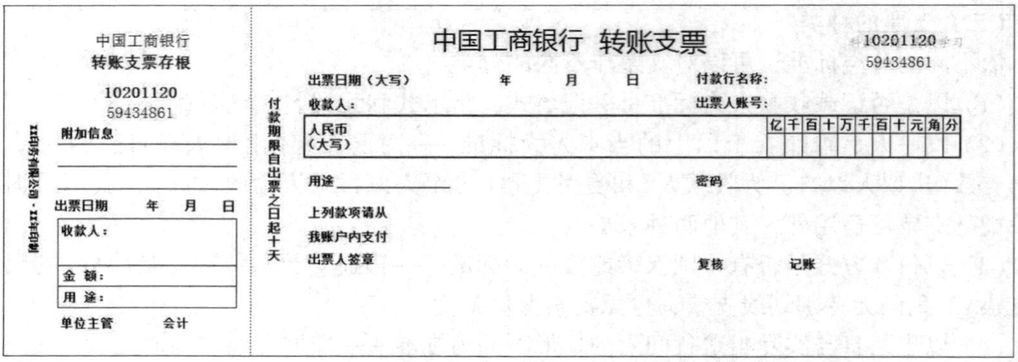
中国工商银行
转账支票存根
10201120
59434861
附加信息
出票日期 年 月 日
收款人：
金 额：
用 途：
单位主管 会计

付款期限自出票之日起十天

中国工商银行 转账支票
10201120
59434861
出票日期(大写) 年 月 日
付款行名称：
收款人：
出票人账号：
人民币
(大写)

| 亿 | 千 | 百 | 十 | 万 | 千 | 百 | 十 | 元 | 角 | 分 |
|---|---|---|---|---|---|---|---|---|---|---|
| | | | | | | | | | | |

用途
密码
上列款项请从
我账户内支付
出票人签章
复核 记账

图 2-3 转账支票

在实践中，我国一直采用的是现金支票和转账支票，没有普通支票，但为了方便当事人，并借鉴国外的方法经验，《票据法》便规定了普通支票的形式。

**（三）支票的出票**

1. 出票的概念

支票的出票是指出票人委托银行无条件向持票人支付一定金额的票据行为。简言之，签发支票并交付的行为即为出票。支票出票人为在经中国人民银行当地分支行批准办理支票业务的银行机构开立可以使用支票的存款账户的单位和个人。

2. 支票的记载事项

（1）支票的绝对记载事项：①表明“支票”的字样；②无条件支付的委托。这是支票的支付文句，我国现行使用的支票记载支付的文句，一般是支票上已印好的“上列款项请从我账户内支付”的字样；③确定的金额；④付款人名称；⑤出票日期；⑥出票人签章。

为了发挥支票灵活便利的特点，《票据法》规定了支票的金额和收款人名称两个记载事项可以由出票人授权补记，未补记之前不得背书转让和提示付款。

（2）支票的相对记载事项：①付款地。支票上未记载付款地的，付款人的营业场所为付款地；②出票地。支票上未记载出票地的，出票人的营业场所、住所或者经常居住地为出票地。

此外，支票上可以记载非法定记载事项，但此事项并不发生支票上的效力。

### 提 示

1. 与汇票的绝对记载事项相比无“收款人”名称。
2. 未补记前不得背书转让和提示付款。
3. 支票的相对记载事项只有两项，无“付款日期”。

3. 出票的效力

出票人做成支票并交付之后，对出票人产生相应的法律效力。出票人必须按照签发的支票金额承担保证向该持票人付款的责任。这一责任包括两项：一是出票人必须在付款人处存有足够可处分的资金，以保证支票票款的支付；二是当付款人对支票拒绝付款或者超过支票付款提示期限的，出票人应向持票人承担付款责任。

### 算一算

某企业在其银行存款不足1万元的情况下，向业务单位开出一张1.5万元的转账支票，银行可对其处以多少元的罚款？

**（四）支票的付款**

《票据法》规定，支票限于见票即付，不得另行记载付款日期。另行记载付款日期的，该记载无效。

1. 提示付款期限

支票为见票即付的票据，但是，为了防止持票人久不提示支票，给出票人在管理上造成不便，以及防止空头支票的出现，《票据法》规定了持票人的提示期间。《票据法》第九十一条规定："支票的持票人应当自出票日起 10 内提示付款；异地使用的支票，其提示付款的期限由中国人民银行另行规定。"

超过提示付款期限的，付款人可以不予付款，但是付款人不予付款的，出票人仍应当对持票人承担票据责任。由于不同于汇票、本票，支票没有主债务人，出票人处于相当于主债务人的地位，所以必须加重出票人的责任。持票人超过提示付款期限的，并不丧失对出票人的追索权，出票人仍应当对持票人承担支付票款的责任。

2. 付款责任

持票人在提示期间内向付款人提示票据，付款人在对支票进行审查之后，如未发现有不符规定之处，即应向持票人付款。《票据法》第八十九条第二款规定："出票人在付款人处的存款足以支付支票金额时，付款人应当在当日足额付款。"

3. 付款责任的解除

《票据法》第九十二条规定："付款人依法支付支票金额的，对出票人不再承担受委托付款的责任，对持票人不再承担付款的责任。但是，付款人以恶意或有重大过失付款的除外。"这是有关付款人付款责任解除的规定。

此处所指的恶意或有重大过失付款是指付款人在收到持票人提示的支票时，明知持票人不是真正的票据权利人，支票的背书及其他签章系属伪造，或者付款人不按照正常的操作程序审查票据等情形。在此情况下，付款人不能解除付款责任，由此造成损失的，由付款人承担赔偿责任。

**（五）支票的办理要求**

1. 签发支票的要求

（1）签发支票应使用碳素墨水或墨汁填写，中国人民银行另有规定的除外。

（2）签发现金支票和用于支取现金的普通支票，必须符合国家现金管理的规定。

（3）支票的出票人签发支票的金额不得超过付款时在付款人处实有的存款金额。禁止签发空头支票。

（4）支票的出票人预留银行签章是银行审核支票付款的依据，银行也可以与出票人约定使用支付密码，作为银行审核支付支票金额的条件。

（5）出票人不得签发与其预留银行签章不符的支票；使用支付密码的，出票人不得签发支付密码错误的支票。

（6）出票人签发空头支票、签章与预留银行签章不符的支票、使用支付密码地区，支付密码错误的支票，银行应予以退票，并按票面金额处以 5%但不低于 1000 元的罚款；持票人有权要求出票人赔偿支票金额 2%的赔偿金。对屡次签发的，银行应停止其签发支票。

2. 兑付支票的要求

（1）持票人可以委托开户银行收款或直接向付款人提示付款。用于支取现金的支票仅限于收款人向付款人提示付款。

（2）持票人委托开户银行收款时，应做委托收款背书，在支票背面背书人签章栏签章，记载"委托收款"字样、背书日期，在被背书人栏记载开户银行名称，并将支票和填制的进账单送交开户银行。

（3）持票人持用于转账的支票向付款人提示付款时，应在支票背面背书人签章栏签章，并将支票和填制的进账单送交给出票人开户银行。

收款人持用于支取现金的支票向付款人提示付款时，应在支票背面"收款人签章"处签章，持票人为个人的，还需交验本人身份证件，并在支票背面注明证件名称、号码及发证机关。

**思 考**

e 公司 2014 年 3 月 20 日银行存款账户余额为 5 万元，当日 e 公司从 m 厂购进材料一批，金额为 20 万元，并给 m 厂签发了面额为 20 万元的转账支票一张。试分析(1)e 公司开出的这张转账支票属于什么性质的支票？(2)银行是否可以对 e 公司进行罚款？罚款金额是多少？(3)m 厂是否有权要求 e 公司对其进行赔偿？赔偿金额是多少？

分析：(1)e 公司开出这张支票属于空头支票。(2)银行可以对 e 公司进行罚款，罚款金额 = 20 万×5% = 1 万元。(3)m 厂有权要求 e 公司对其进行赔偿，赔偿金额 = 20 万×2% = 4000 元。

## 三、商业汇票

汇票是出票人签发的、委托付款人在见票时或者指定日期无条件支付确定的金额给收款人或者持票人的票据。汇票通常可以按以下标准进行划分：

(1) 根据出票人的不同，汇票可以分为银行汇票和商业汇票。前者是指银行签发的汇票，后者则是银行之外的企事业单位、机关、团体等签发的汇票。

(2) 根据付款期限的不同，汇票可分为即期汇票和远期汇票。银行汇票是即期票据，商业汇票是远期票据。

### (一) 商业汇票的概念和种类

商业汇票是出票人签发的，委托付款人在指定日期无条件支付确定的金额给收款人或持票人的票据。商业汇票的付款期限，最长不得超过 6 个月。

商业汇票按承兑人不同，分为商业承兑汇票(见图 2-4)和银行承兑汇票(见图 2-5)。商业承兑汇票由银行以外的付款人承兑，银行承兑汇票由银行承兑。商业汇票的付款人为承兑人。

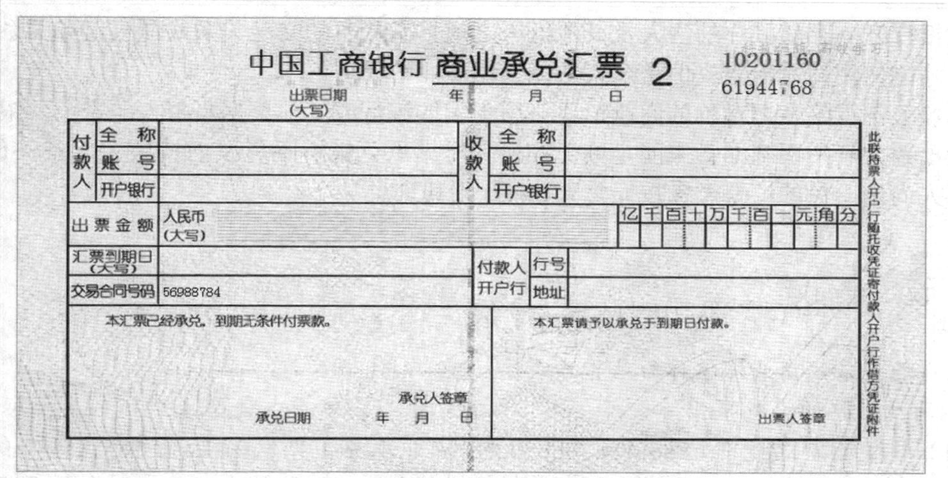
中国工商银行 商业承兑汇票 2　10201160　61944768

出票日期（大写）　年　月　日

| 付款人 | 全称 | | 收款人 | 全称 | |
|---|---|---|---|---|---|
| | 账号 | | | 账号 | |
| | 开户银行 | | | 开户银行 | |
| 出票金额 | 人民币（大写） | | | 亿千百十万千百十元角分 | |
| 汇票到期日（大写） | | | 付款人开户行 | 行号 | |
| 交易合同号码 | 56988784 | | | 地址 | |

本汇票已经承兑，到期无条件付票款。　承兑人签章　承兑日期　年　月　日

本汇票请予以承兑于到期日付款。　出票人签章

此联持票人开户行随托收凭证寄付款人开户行作借方凭证附件

图 2-4　商业承兑汇票

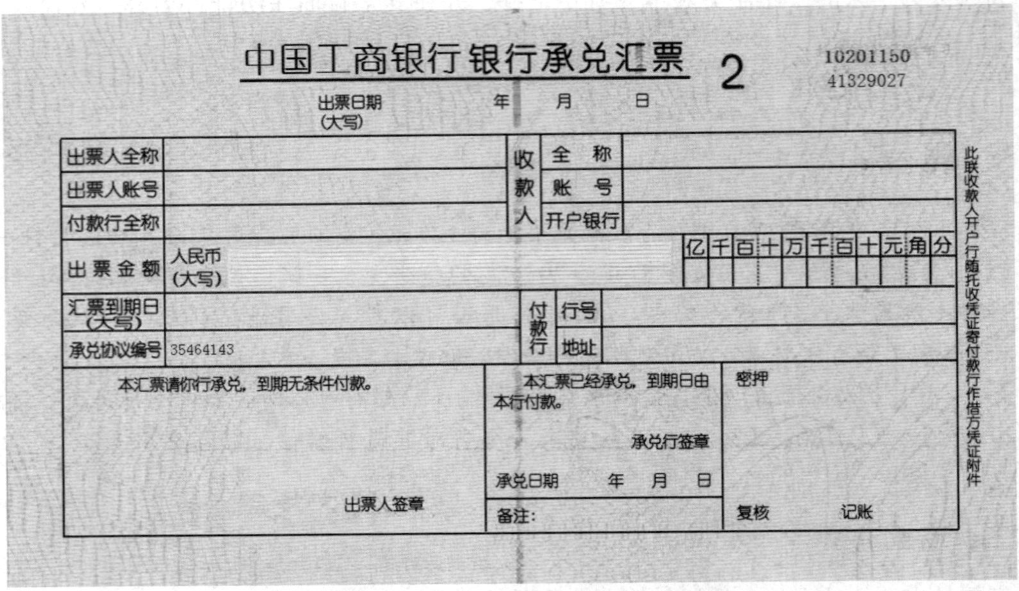
中国工商银行银行承兑汇票 2

10201150
41329027

出票日期（大写） 年 月 日

| | | | | |
|---|---|---|---|---|
| 出票人全称 | | 收款人 | 全称 | |
| 出票人账号 | | | 账号 | |
| 付款行全称 | | | 开户银行 | |
| 出票金额 | 人民币（大写） | | 亿千百十万千百十元角分 | |
| 汇票到期日（大写） | | 付款行 | 行号 | |
| 承兑协议编号 | 35464143 | | 地址 | |
| 本汇票请你行承兑，到期无条件付款。<br>出票人签章 | | 本汇票已经承兑，到期日由本行付款。<br>承兑行签章<br>承兑日期 年 月 日<br>备注： | | 密押<br>复核 记账 |

此联收款人开户行随托收凭证寄付款行作借方凭证附件

图 2-5　银行承兑汇票

**（二）商业汇票的出票**

出票是指出票人签发票据并将其交付给收款人的票据行为。出票实际包括两个行为：一是出票人依照票据法的规定作成票据，即在原始票据上记载法定事项并签章；二是交付票据，即将做成的票据交付给他人占有。这两者相辅相成，缺一不可。

1. 商业汇票的出票人

商业承兑汇票的出票人必须具备下列条件：①为在银行开立存款账户的法人及其他组织；②与付款人具有真实的委托付款关系；③具有支付汇票金额的可靠资金来源。

银行承兑汇票的出票人必须具备下列条件：①在承兑银行开立存款账户的法人及其他组织；②与承兑银行具有真实的委托付款关系；③资信状况良好，具有支付汇票金额的可靠资金来源。

在银行开立存款账户的法人及其他组织之间具有真实的交易关系或债权债务关系的款项结算，才能使用商业汇票，但是个人不能使用商业汇票。

出票人不得签发无对价的商业汇票，用于骗取银行或其他票据当事人的资金。银行承兑汇票的出票人于汇票到期日未能足额交存票款时，承兑银行除凭票向持票人无条件付款外，对出票人尚未支付的汇票金额按照每天5‱计收利息。

### 议一议

个人能否采用商业汇票作为结算方式？

2. 商业汇票的记载事项

（1）商业汇票的绝对记载事项：①表明“商业承兑汇票”或“银行承兑汇票”的字样；②无条件支付的委托；③确定的金额；④付款人的名称；⑤收款人名称；⑥出票日期；⑦出票人签章。签发商业汇票必须记载上述事项，欠缺记载上述事项之一的，商业汇票无效。

（2）商业汇票的相对记载事项是商业汇票上应记载的内容，《票据法》规定，汇票上记载付款日期、付款地、出票地等事项的，应当清楚、明确。但是，相对记载事项未在汇票上记载的，并不影响汇票本身的效力，汇票仍然有效，未记载的事项可以通过法律的直接规定来推定：①汇票上未记载付款日期的，为见票即付；②汇票上未记载付款地的，付款人的营业场所、住所或者经常居住地为付款地；③汇票上未记载出票地的，出票人的营业场所、住所或者经常居住地为出票地。

此外，汇票上可以记载非法定记载事项，但这些事项不具有汇票上的效力。

3. 商业汇票出票的效力

出票是以创设票据权利为目的的票据行为，因此，出票人依照《票据法》完成出票行为后，即产生票据上的效力。这一效力表现为创设票据权利和引起票据债务的发生，这种权利与义务因汇票当事人的地位不同而不相同。

（1）对收款人的效力。收款人取得汇票后，即取得票据权利，一方面，就票据金额享有付款请求权；另一方面，在该请求权不能满足时，即享有追索权。同时，收款人享有依法转让票据的权利。

（2）对付款人的效力。出票行为是单方行为，付款人并不因此而有付款义务。只是基于出票人的付款委托使其具有承兑人的地位，在其对汇票进行承兑后，即成为汇票上的主债务人。

（3）对出票人的效力。出票人签发汇票后，即承担保证该汇票承兑和付款的责任。出票人在汇票得不到承兑或者付款时，应当向持票人清偿法律规定的金额和费用。也就是说，收款人在向付款人行使票据权利而得不到满足时，出票人必须就此承担票据责任。从法律上讲，该责任是一种担保责任，即担保汇票的承兑和付款。担保汇票的承兑是指汇票到期日前不获承兑时，收款人或持票人可以请求出票人偿还票据金额、利息和有关费用。担保汇票的付款是指汇票到期时，付款人虽已承兑但拒绝付款的，出票人必须承担清偿责任。

**（三）商业汇票的承兑**

承兑是指汇票的付款人承诺在到期日支付票面金额的行为。承兑是商业汇票特有的制度，本票和支票都没有承兑。汇票是一种出票人委托他人付款的委付证券，但是出票人的出票行为完成之后，由于其是一种单方法律行为，故对付款人并不因此而产生约束力，只有在付款人表示愿意向收款人或持票人支付汇票金额后，持票人才可于汇票到期日向付款人行使付款请求权，承兑就是这样一种明确付款人的付款责任，确定持票人票据权利的制度。商业承兑汇票可以由付款人签发并承兑，也可以由收款人签发交由付款人承兑。银行承兑汇票应由承兑银行开立存款账户的存款人签发。

**提示**

1. 只有商业汇票才有承兑问题。

2. 付款人在承兑前为付款人，在承兑后为承兑人

3. 商业承兑汇票可以由付款人签发并承兑，也可以由收款人签发交由付款人承兑。即收款人和付款人均可以签发商业汇票。

1. 承兑的程序

承兑的程序主要包括两个方面：一是提示承兑，二是承兑成立。

(1) 提示承兑。

提示承兑是指持票人向付款人出示汇票，并要求付款人承诺付款的行为。因汇票付款日期的形式不同，提示承兑的期限也有所不同。

① 定日付款或出票后定期付款的商业汇票，持票人应当在汇票到期日前向付款人提示承兑。上述两类汇票的提示承兑期限实际是指从出票人出票日起至汇票到期日止，在此期间，持票人应当向付款人提示承兑，否则，则丧失对其前手的追索权。

② 见票后定期付款的汇票，持票人应当自出票日起1个月内向付款人提示承兑。见票后定期付款汇票的付款日期，是以见票日为起算日期来确定的。汇票不经提示承兑，就无法确定见票日，也就无法确定付款日期，从而持票人便无法行使票据权利，因此，该种汇票属于必须提示承兑的汇票。汇票持票人未按照规定期限提示承兑的，持票人丧失对其前手的追索权。

③ 见票即付汇票无须提示承兑。这种汇票主要包括两种：一是汇票上明确记载有“见票即付”的汇票；二是汇票上没有记载付款日期，根据法律规定直接视为见票即付的汇票。

(2) 承兑成立。

① 承兑时间。付款人对向其提示承兑的汇票，应当自收到提示承兑的汇票之日起3日内承兑或者拒绝承兑。一般来说，如果付款人在3日内不作承兑与否表示的，则应视为拒绝承兑。持票人可请求其作出拒绝承兑证明，向其前手行使追索权。

② 接受承兑。付款人收到持票人提示承兑的汇票时，应当向持票人签发收到汇票的回单。回单上应当记明汇票提示的承兑日期并签章。这个手续办理完毕，则意味着接受承兑。

③ 承兑格式。付款人承兑汇票的，应当在汇票正面记载“承兑”字样和承兑日期并签章；见票后定期付款的汇票，应当在承兑时记载付款日期。汇票上未记载承兑日期的，以前述①规定期限的最后1日为承兑日期。这就要求，付款人办理承兑手续时，应在汇票上记载承兑的事项，包括承兑文句、承兑日期、承兑人签章。在这三个记载事项中，承兑文句和承兑人签章是绝对记载事项，缺一不可，否则承兑行为无效；而承兑日期属于相对记载事项，如欠缺不影响承兑行为效力，推定为以付款人3日的承兑考虑时间的最后1日为承兑日期。上列应记载事项必须记载于汇票的正面，而不能记载于汇票的背面或粘单上，当然更不能以口头形式或电报、传真等书面方式来表示。在实务中，上列应记载事项一般已全部印在正式的标准格式上，因而只需付款人填写即可。

④ 退回已承兑的汇票。付款人依承兑格式填写完毕应记载事项后，并不意味着承兑生效，只有当其将已承兑汇票退回持票人时才产生承兑的效力。

*2. 承兑的效力*

承兑生效后，即对付款人产生相应的效力。付款人承兑汇票后，应当承担到期付款的责任。这一到期付款的责任是一种绝对责任，主要表现在：①承兑人于汇票到期日必须向持票人无条件地支付汇票上的金额，否则其必须承担迟延付款责任；②承兑人必须对汇票上的一切权利人承担责任，该权利人包括付款请求权利人和追索权利人；③承兑人不得以其与出票人之间的资金关系来对抗持票人，拒绝支付汇票金额；④承兑人的票据责任不因持票人未在法定期限提示付款而解除。

*3. 承兑不得附有条件*

付款承兑商业汇票，不得附有条件；承兑附有条件的，视为拒绝承兑，持票人可请求其作出拒绝承兑的证明，向其前手行使追索权。

按照现行规定，承兑银行一般按银行承兑汇票票面金额0.5‰收取银行承兑汇票手续费，银行承兑汇票手续费不足10元的，按10元计收。对公客户“银行承兑汇票手续费”的服务收费价格标准为：按票面金额的0.05%~0.1%收取。电子银行承兑汇票承兑手续费，目前没有具体规定。

**【例2-18·多选题】**根据《支付结算办法》的规定，付款人承兑汇票后，应当承担到期付款的责任，这种责任具体表现为（　　）。

A. 承兑人于汇票到期日必须向持票人无条件地支付汇票上的金额，否则其必须承担延期付款责任

B. 承兑人必须对汇票上的一切权利人承担责任，该权利人包括付款请求权人和追索权人

C. 承兑人不得以其与出票人之间的资金关系来对抗持票人，拒绝支付汇票金额

D. 承兑人的票据责任不因持票人未在法定期限提示付款而解除

**『答案』**ABCD。

**（四）商业汇票的付款**

商业汇票的付款是指付款人依据票据文义支付票据金额，以消灭票据关系的行为。商业汇票的付款人为承兑人，其付款地为承兑人所在地。

商业汇票的付款期限，最长不得超过6个月。定日付款的汇票付款期限自出票日起计算，并在汇票上记载具体的到期日；出票后定期付款的汇票付款期限自出票日起按月计算；见票后定期付款的汇票付款期限自承兑或拒绝承兑日起按月计算，并在汇票上记载。

1. 付款的提示

付款提示是指持票人向付款人或承兑人出示票据，请求付款的行为。持票人只有在法定期限内付款提示的，才产生法律效力。

《票据法》规定，持票人应当按照下列法定期限提示付款：①见票即付的汇票，自出票日起1个月内向付款人提示付款；②定日付款、出票后定期付款或者见票后定期付款的汇票，自到期日起10日内向承兑人提示付款。

持票人应在提示付款期限内向开户银行委托收款或直接向付款人提示付款，持票人未按照前款规定期限提示付款的，在作出说明后，承兑人或者付款人仍应当继续对持票人承担付款责任。

2. 支付票款

支付票款是指持票人向付款人或承兑人进行付款提示后，付款人无条件地在当日按票据金额足额支付给持票人的行为。如果付款人或承兑人不能当日足额支付票款的，应承担迟延付款责任。

在支付票款的过程中，持票人必须向付款人履行一定的手续。持票人获得付款的，应当在汇票上签收，并将汇票交给付款人。持票人委托银行收款的，受委托的银行将代收的汇票金额转账收入持票人账户，视同签收。持票人委托的收款银行的责任，限于按照汇票上记载事项将汇票金额转入持票人账户。付款人及其代理付款人付款时，应当审查汇票背书的连续，并审查提示付款人的合法身份证明或者有效证件。付款人及其代理付款人以恶意或者有重大过失付款的，应当自行承担责任。对定日付款、出票后定期付款或者见票后定期付款的汇票，付款人在到期日前付款的，由付款人自行承担所产生的责任。汇票金额为外币的，按照付款日的市场汇价，以人民币支付。汇票当事人对汇票支付的货币种类另有约定的，从其约定。

3. 付款的效力

根据《票据法》规定，付款人依法足额付款后，全体汇票债务人的责任解除。但是，如

果付款人存在瑕疵，即未尽审查义务而对不符合法定形式的票据付款，或者存在恶意或重大过失而付款的，付款人的义务不能免除，其他债务人也不能免除责任。

**【例 2-19·多选题】**根据《支付结算办法》的规定，下列关于商业汇票提示承兑期限的表述中，符合法律规定的有(　　)。

A. 商业汇票提示承兑期限，为自汇票到期日起10日内

B. 定日付款的商业汇票，持票人应当在汇票到期日前提示承兑

C. 出票后定期付款的商业汇票，提示承兑期限为自出票日起1个月内

D. 见票后定期付款的商业汇票，持票人应当自出票日起1个月内提示承兑

**『答案』**BD。

**(五) 商业汇票的贴现**

1. 贴现的概念

贴现是指票据持票人在票据未到期前为获得现金向银行贴付一定利息而发生的票据转让行为。贴现按照交易方式，分为买断式和回购式。

2. 贴现的基本规定

(1) 贴现条件。商业汇票的持票人向银行办理贴现必须具备下列条件：票据未到期；票据未记载"不得转让"事项；在银行开立存款账户的企业法人以及其他组织；与出票人或者直接前手之间具有真实的商品交易关系。电子商业汇票贴现必须记载：贴出人名称、贴入人名称、贴现日期、贴现类型、贴现利率、实付金额、贴出人签章。

电子商业汇票回购式贴现赎回应作成背书，并记载原贴出人名称、原贴入人名称、赎回日期、赎回利率、赎回金额、原贴入人签章。

贴现人办理纸质票据贴现时，应当通过票据市场基础设施查询票据承兑信息，并在确认纸质票据必须记载事项与已登记承兑信息一致后，为贴现申请人办理贴现，贴现申请人无须提供合同、发票等资料；信息不存在或者纸质票据必须记载事项与已登记承兑信息不一致的，不得办理贴现。贴现人办理纸质票据贴现后，应当在票据上记载"已电子登记权属"字样，该票据不再以纸质形式进行背书转让、设立质押或者其他交易行为。贴现人应当对纸质票据妥善保管。已贴现票据应当通过票据市场基础设施办理背书转让、质押、保证、提示付款等票据业务。

贴现人可以按市场化原则选择商业银行对纸质票据进行保证增信。保证增信对纸质票据进行保管并为贴现人的偿讨责任进行先行偿付。

纸质票据贴现后，其保管人可以向承兑人发起付款确认。付款确认可以采用实物确认或者影像确认，两者具有同等效力。实物确认是指票据保管人将票据实物送达承兑人或者承兑人开户行，由承兑人在对票据真实性和背书连续性审查的基础上对到期付款责任进行确认。影像确认是指票据保管人将票据影像信息发送至承兑人或者承兑人开户行，由承兑人在对承兑信息和背书连续性审查的基础上对到期付款责任进行确认。承兑人要求实物确认的，银行承兑汇票保管人应当将票据送达承兑人，实物确认后，纸质票据由其承兑人在对承兑信息和背书连续性审查的基础上对到期付款责任进行确认。承兑人要求实物确认的，银行承兑汇票保管人应当将票据送达承兑人，实物确认后，纸质票据由其承兑人代票据权利人妥善保管；商业承兑汇票保管人应当将票据通过承兑人开户行送达承兑人进行实物确认，实物确认后，纸质票据由商业承兑汇票开户行代票据权利人妥善保管。承兑人收到票据影像确认请求或者票据实物后，应当在3个工作日内作出或者委托其开户行作出同意或者拒绝到期付款的应

答。拒绝到期付款的，应当说明理由。电子商业汇票一经承兑即同承兑人已进行付款确认。

承兑人或者承兑人开户行进行付款确认后，除挂失止付、公式催告等合法抗辩情形外，应当在持票人提示付款后付款。

（2）贴现利息的计算。贴现的期限从其贴现之日起至汇票到期日止。实付贴现金额按票面金额扣除贴现日志汇票到期前1日的利息计算。承兑人在异地的纸质商业汇票，贴现的期限以及贴现利息的计算应另加3日的划款日期。

（3）贴现的收款。贴现到期，贴现银行应向付款人收取票款。不获付款的，贴现银行应向其前手追索票款。贴现银行追索票款时可从申请人的存款账户直接收取票款。办理电子商业汇票贴现以及提示付款业务，可选择票款对付方式获同城票据交换、通存通兑、汇总等方式清算票据资金。

电子商业汇票当事人在办理回购式贴现业务时，应明确赎回开放日、赎回截止日。

**（六）票据交易**

票据交易包括转贴现、质押式回购和买断式回购等。

转帖现是指卖出方将未到期的已贴现票据向买入方转让的交易行为。

质押式回购是指正回购方在将票据出质给逆回购方融入资金的同时，双方约定在未来某一日期，由正回购方按约定金额向逆回购方返还资金、逆回购方向正回购方返还原出质票据的交易行为。

买断式回购是指正回购方将票据卖给逆回购方的同时，双方约定在未来某一日期，正回购方再以约定价格从逆回购方买回票据的交易行为。

**（七）商业汇票的背书**

商业汇票的背书是指以转让商业汇票的权利或者将一定的商业汇票权利授予他人行使为目的，按照法律规定在票据背面或粘单上记载有关事项并签章的票据行为。背书按照目的的不同分为转让背书和非转让背书。转让背书是以持票人将票据权利转让给他人为目的；非转让背书是将一定的票据权利受予他人行使。

1. 背书形式

背书是一种要式行为，因此必须符合法定的形式，即其必须作成背书并交付，才能有效成立。背书应记载的事项包括以下内容：

（1）背书签章和背书日期的记载。背书由背书人签章并记载背书日期。背书未记载日期的，视为在汇票到期日前背书。背书人签章属于绝对记载事项，如不记载，则背书行为无效。

（2）被背书人名称的记载。汇票以背书转让或者以背书将一定的汇票权利授予他人行使时，必须记载被背书人名称。如果背书人未记载被背书人名称即将票据交付他人的，持票人在票据被背书人栏内记载自己的名称与背书人记载具有同等法律效力。

（3）禁止背书的记载。出票人在汇票上记载“不得转让”字样的，汇票不得转让。如果收款人或持票人将出票人作禁止背书的汇票转让的，该转让不发生票据法上的效力，出票人和承兑人对受让人不承担票据责任。

背书人在汇票上记载“不得转让”字样，其后手再背书转让的，原背书人对后手的被背书人不承担保证责任。这是指背书人之后手将记载有禁止背书的汇票转让，原背书人对依次取得汇票的一切当事人，包括以后的被背书人、背书人、最后持票人等，将不承担票据责任，其只对直接的被背书人承担责任。

(4) 背书不得记载的内容。背书不得记载的内容有两项：一是背书不得附有条件。所谓附有条件的背书是指背书人在背书时，记载一定的条件，以限制或者影响背书效力。背书时附有条件的，所附条件不具有汇票上的效力，即不影响背书行为本身的效力；二是不能部分背书。所谓部分背书，是指背书人在背书时，将汇票金额的一部分或者汇票金额分别转让给两人以上的背书。

2. 背书连续

背书连续是指在票据转让中，转让汇票的背书人与受让汇票的被背书人在汇票上的签章依次前后衔接。如果背书不连续的，付款人可以拒绝向持票人付款，否则付款人自行承担责任。

背书连续主要是指背书形式上的连续，如果背书在实质上不连续，如有伪造签章等，付款人仍应对持票人付款。但是，如果付款人明知持票人不是真正的票据权利人，则不得向持票人付款，否则应自行承担责任。如果非经背书转让，而以其他合法方法取得汇票，如因税收、继承、赠与等方式取得票据的，只要取得票据的人依法举证，表明其合法取得票据的，证明其汇票权利，就能享有票据权利。

3. 法定禁止背书

法定禁止背书是指根据《票据法》的规定而禁止背书转让的情形。《票据法》规定，汇票被拒绝承兑、被拒绝付款或者超过付款提示期限的，不得背书转让；背书转让的，背书人应当承担汇票责任。

**(八) 商业汇票的保证**

票据保证是指票据债务人以外的第三人，以担保特定债务人履行票据债务为目的，而在票据上所为的一种附属票据行为。保证的作用在于加强持票人票据权利的实现，确保票据付款义务的履行，促进票据流通。

1. 保证的当事人

保证的当事人为保证人与被保证人。保证人是指票据债务人以外的，为票据债务的履行提供担保而参与票据关系中的第三人，已成为票据债务人的，不得再充当票据上的保证人。

2. 保证的格式

办理保证手续时，保证人必须在汇票或粘单上记载下列事项：①表明“保证”的字样。②保证人的名称和住所。③被保证人的名称。④保证日期。⑤保证人签章。其中，保证文句和保证人签章两项是绝对记载事项，被保证人的名称、保证日期和保证人的名称和住所是相对记载事项。未记载被保证人名称的，已承兑的汇票，承兑人为被保证人；未承兑的汇票，出票人为被保证人，未记载保证日期的，出票日期为保证日期。未记载保证人住所的，保证人的营业场所或者住所为保证人住所。

保证不得附有条件；附有条件的，不影响对汇票的保证责任。这表明，保证是无条件的，如果保证附有条件的，所附条件无效，保证本身仍然具有效力，保证人应向持票人承担保证责任。

3. 保证的效力

(1) 保证人的责任。《票据法》规定：“保证人对合法取得汇票的持票人所享有的汇票权利，承担保证责任。但是，被保证人的债务因汇票记载事项欠缺而无效的除外。”这表明，被保证的汇票，保证人应当与被保证人对持票人承担连带责任。汇票到期后得不到付款的，持票人有权向保证人请求付款，保证人应当足额付款。

（2）共同保证人的责任。共同保证是指保证人为两人以上的保证。《票据法》规定：“保证人为两人以上的，保证人之间承担连带责任。”根据这一规定，持票人可以不分先后向保证人中的一人或者数人或者全体就全部票据金额及有关费用行使票据权利，共同保证人不得拒绝。

（3）保证人的追索权。保证人清偿汇票债务后，可以行使持票人对被保证人及其前手的追索权。

## 四、银行汇票

### （一）银行汇票的概念和适用范围

银行汇票（见图2-6）是出票银行签发的，由其在见票时按照实际结算金额无条件支付给收款人或者持票人的票据。出票银行为银行汇票的付款人。

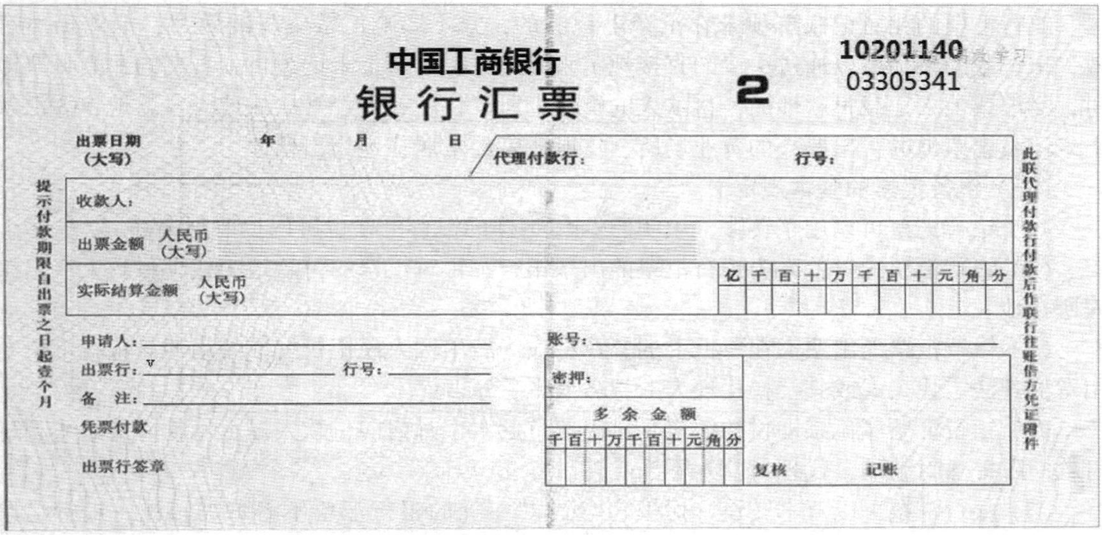
中国工商银行
银行汇票　2
10201140
03305341
出票日期（大写）　年　月　日
代理付款行：　行号：
提示付款期限自出票之日起壹个月
收款人：
出票金额　人民币（大写）
实际结算金额　人民币（大写）
亿 千 百 十 万 千 百 十 元 角 分
申请人：　账号：
出票行：　行号：
备　注：
凭票付款
出票行签章
密押：
多余金额
千 百 十 万 千 百 十 元 角 分
复核　记账
此联代理付款行付款后作联行往账借方凭证附件

图2-6　银行汇票

单位和个人在同城、异地或同一票据交换区域的各种款项结算，均可使用银行汇票。银行汇票可以用于转账，填明“现金”字样的银行汇票也可以用于支取现金。

在实践中，银行汇票一般由汇款人将款项交存当地银行，由银行签发给汇款人持往异地办理转账结算或支取现金。

银行汇票一式四联，第一联为卡片，在出票行支付票款时用作付出传票；第二联为银行汇票，与第三联解讫通知一并由汇款人自带，在兑付行兑付汇票后作为联行往来账的传票；第三联为解讫通知，在兑付行兑付后随报单寄签发行，由签发行做余款收入传票；第四联是多余款通知，并在签发行结清后交汇款人。

### （二）银行汇票的记载事项

1. 银行汇票的绝对记载事项

根据《支付结算办法》规定，签发银行汇票必须记载下列事项，如果欠缺记载，银行汇票无效：①表明“银行汇票”的字样；②无条件支付的承诺；③出票金额。在实践中，银行汇票记载的金额有汇票金额和实际结算金额。汇票金额是指出票时汇票上应该记载的确定金额；实际结算金额是指不超过汇票金额，而另外记载的具体结算的金额。汇票上记载有实际结算金额的，以实际结算金额为汇票金额。实际结算金额只能小于或等于汇票金额，未填明实际结算金额和多余金额或实际结算金额超过出票金额的，银行不予受理；④付款人名称；⑤收款人名称；⑥出票日期；⑦出票人签章。

提示

银行汇票的绝对记载事项共计七项内容，与本票和支票进行区分：本票的绝对记载事项无“付款人名称”；

支票的绝对记载事项无“收款人名称”。

2. 银行汇票的相对记载事项

银行汇票的相对记载事项未在汇票上记载的，并不影响汇票本身的效力，汇票仍然有效，未记载的事项可以通过法律的直接规定来推定。①汇票上未记载付款日期的，为见票即付；②汇票上未记载付款地的，付款人的营业场所、住所或者经常居住地为付款地；③汇票上未记载出票地的，出票人的营业场所、住所或者经常居住地为出票地。

**（三）银行汇票的基本规定**

（1）银行汇票可以用于转账，填明“现金”字样的银行汇票也可以提取现金。

（2）银行汇票的付款人为银行汇票的出票银行，银行汇票的付款地为代理付款人或出票人所在地。

（3）银行汇票的出票人在票据上的签章，应为经中国人民银行批准使用的该银行汇票专用章加其法定代表人或其授权代理人的签名或者盖章。

（4）银行汇票属见票即付的汇票，自出票日起 1 个月内向付款人提示付款。持票人超过付款期限提示付款的，代理付款人不予受理。

（5）银行汇票可以背书转让，但填写“现金”字样的银行汇票不得背书转让。银行汇票的背书转让以不超过出票金额的实际结算金额为准。未填写实际结算金额或实际结算金额超过出票金额的银行汇票不得背书转让。

（6）填写“现金”字样和代理付款人的银行汇票丧失，可以由失票人通知付款人或者代理付款人挂失止付。

（7）银行汇票丧失，失票人可以凭人民法院出具的其享有票据权利的证明，向出票银行请求付款或退款。

**（四）银行汇票申报和兑付的基本规定**

（1）申请人使用银行汇票，应向出票银行填写“银行汇票申请书”，填明收款人名称、汇票金额、申请人名称、申请日期等事项并签章，签章为其预留银行的签章。申请人和收款人均为个人，需要使用银行汇票向代理付款人支取现金的，申请人须在“银行汇票申请书”上填明代理付款人名称，在“汇票金额”栏先填写“现金”字样，后填写汇票金额。申请人或者收款人为单位的，不得在“银行汇票申请书”上填写“现金”字样。

（2）出票银行受理银行汇票申请书，收妥款项后签发银行汇票，并用压数机压印出票金额，将银行汇票和解讫通知一并交给申请人。签发转账银行汇票，不得填写代理付款人名称，但由中国人民银行代理兑付银行汇票的商业银行，向设有分支机构的地区签发转账银行汇票的除外。签发现金银行汇票，申请人和收款人必须均为个人，收妥申请人交存的现金后，在银行汇票“出票金额”栏先填写“现金”字样，后填写出票金额，并填写代理付款人名称。申请人或者收款人为单位的，银行不得为其签发现金银行汇票。

（3）申请人应将银行汇票和解讫通知一并交付给汇票上记明的收款人。

（4）收款人受理银行汇票时，应审查下列事项：①银行汇票和解讫通知是否齐全、汇票号码和记载的内容是否一致；②收款人是否确为本单位或本人；③银行汇票是否在提示付款期限内；④必须记载的事项是否齐全；⑤出票人签章是否符合规定，是否有压数机压印的出票金额，并与大写出票金额一致；⑥出票金额、出票日期、收款人名称是否更改，更改的其他记载事项是否由原记载人签章证明。

（5）收款人受理申请人交付的银行汇票时，应在出票金额以内，根据实际需要的款项办理结算，并将实际结算金额和多余金额准确、清晰地填入银行汇票和解讫通知的有关栏内。未填明实际结算金额和多余金额或实际结算金额超过出票金额的，银行不予受理。银行汇票的实际结算金额不得更改，更改实际结算金额的银行汇票无效。

（6）收款人可以将银行汇票背书转让给被背书人。银行汇票的背书转让以不超过出票金额的实际结算金额为准。未填写实际结算金额或实际结算金额超过出票金额的银行汇票不得背书转让。

（7）持票人向银行提示付款时，必须同时提交银行汇票和解讫通知，缺少任何一联，银行不予受理。

（8）在银行开立存款账户的持票人向开户银行提示付款时，应在汇票背书“持票人向银行提示付款签章”处签章，签章须与预留银行签章相同，并将银行汇票和解讫通知，进账单送交开户银行，银行审查无误后办理转账。

（9）未在银行开立存款账户的个人持票人，可以向选择的任何一家银行机构提示付款。提示付款时，应在汇票背面“持票人向银行提示付款签章”处签章，并填明本人身份证件名称、号码及发证机关，由其本人向银行提交身份证件及其复印件。银行审核无误后，将其身份证件复印件留存备查，并以持票人的姓名开立应解汇款及临时存款账户，该账户只付不收，付完清户，不计付利息。

转账支付的，应由原持票人向银行填制支款凭证，并由本人交验其身份证件办理支付款项。该账户的款项只能转入单位或个体工商户的存款账户，严禁转入储蓄和信用卡账户。

支取现金的，银行汇票上必须有出票银行按规定填明的“现金”字样才能办理。未填明“现金”字样，需要支取现金的，由银行按照国家现金管理规定审查支付。

持票人对填明“现金”字样的银行汇票，需要委托他人向银行提示付款的，应在银行汇票背面背书栏签章，记载“委托收款”字样、被委托人姓名和背书日期以及委托人身份证件名称、号码、发证机关。被委托人向银行提示付款时，也应在银行汇票背面“持票人向银行提示付款签章”处签章，记载证件名称、号码及发证机关，并同时向银行交验委托人和被委托人的身份证件及其复印件。

（10）银行汇票的实际结算金额少于出票金额的，其多余金额由出票银行退交申请人。

（11）持票人超过期限向代理付款银行提示付款不获付款的，须在票据权利时效内向出票银行作出说明，并提供本人身份证件或单位证明，持银行汇票和解讫通知向出票银行请求付款。

（12）申请人因银行汇票超过付款提示期限或其他原因要求退款时，应将银行汇票和解讫通知同时提交到出票银行。申请人为单位的，应出具该单位的证明；申请人为个人的，应出具该本人的身份证件。对于代理付款银行查询的该张银行汇票，应在汇票提示付款期满后方能办理退款。出票银行对于转账银行汇票的退款，只能转入原申请人账户；对于符合规定填明“现金”字样银行汇票的退款，才能退付现金。

申请人缺少解讫通知要求退款的，出票银行应于银行汇票提示付款期满 1 个月后办理。

(13) 银行汇票丧失，失票人可以凭人民法院出具的其享有票据权利的证明，向出票银行请求付款或退款。

**【例 2-20 · 单选题】**宏达汽车有限公司于 2013 年 3 月 12 日向飞驰股份公司购买一批汽车轮胎，委托其开户银行于当日签发一张价值 20 万元的银行汇票，飞驰股份公司收到银行汇票后应在(　　)前提示付款。

A. 2013 年 4 月 12 日　　B. 2013 年 5 月 12 日

C. 2013 年 3 月 22 日　　D. 2013 年 9 月 12 日

『**答案**』A。

## 五、银行本票

### (一) 银行本票的概念

银行本票是出票人签发的，承诺自己在见票时无条件支付确定的金额给收款人或者持票人的票据。本票是由出票人约定自己付款的一种自付证券，其基本当事人有两个，即出票人和收款人，在出票人之外不存在独立的付款人。在出票人完成出票行为后，即承担了到期日无条件支付票据金额的责任，不需要在到期日前进行承兑。因此，本票与汇票是不同的。

银行本票按照其金额是否固定可分为定额本票和不定额本票。定额银行本票面额为 1000 元、5000 元、1 万元和 5 万元。

### (二) 银行本票的适用范围

单位和个人在同一票据交换区域需要支付各项款项，均可以使用银行本票。银行本票可以用于转账，注明“现金”字样的银行本票可以用于支取现金。申请人或收款人为单位的，不得申请签发现金银行本票。

### (三) 银行本票的记载事项

(1) 签发银行本票必须记载下列事项：①表明“本票”的字样；②无条件支付的承诺；③确定的金额；④收款人名称；⑤出票日期；⑥出票人签章。欠缺记载上列六项内容之一的，银行本票无效。

(2) 银行本票的相对记载事项包括两项内容：①付款地。本票上未记载付款地的，出票人的营业场所为付款地；②出票地。本票上未记载出票地的，出票人的营业场所为出票地。

### (四) 银行本票的提示付款期限

本票的提示付款期限自出票日起最长不得超过 2 个月。持票人超过期限提示付款的，代理付款人不予受理。

**【例 2-21 · 多选题】**下列票据支付方式，单位和个人都能使用的是(　　)。

A. 支票　　B. 银行本票　　C. 商业汇票　　D. 银行汇票

『**答案**』ABD。

# 第五节　银行卡

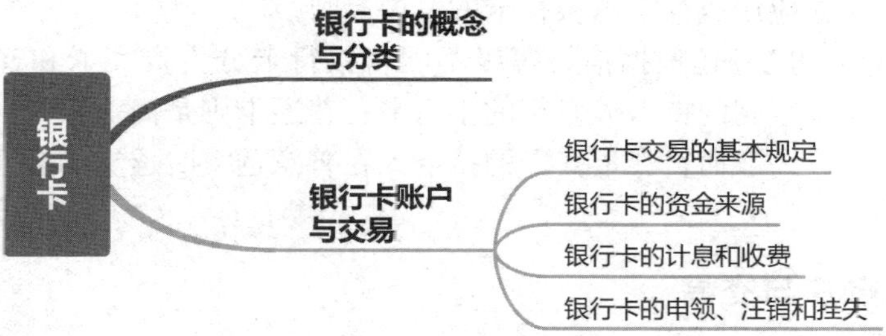


## 一、银行卡的概念与分类

### （一）银行卡的概念

银行卡是指经批准由商业银行(含邮政金融机构)向社会发行的，具有消费信用、转账结算、存取现金等全部或部分功能的信用支付工具。

### （二）银行卡的分类

1. 按照发行主体是否在境内分为境内卡和境外卡

境内卡是指由境内商业银行发行的，既可以在境内使用又可以在境外使用的银行卡；境外卡是指由境外设立的外资金融机构或外资非金融机构发行的，可以在境内使用的银行卡。

境内卡按照发行对象的不同又分为个人卡和单位卡。单位卡是指商业银行向企业、事业单位、学校、机关、团体、部队等单位发行的银行卡，其使用对象为单位；个人卡是指商业银行向个人，包括居住在城镇的工人、干部、教师、科技工作者、个体经济户以及其他成年的、有确定收入的居民发行的银行卡，其使用对象为个人。

2. 按照是否给予持卡人授信额度分为信用卡和借记卡

信用卡具有透支功能。信用卡按是否向发卡行交存备用金分为贷记卡和准贷记卡两类。贷记卡是指发卡银行向持卡人签发的，给予持卡人一定的信用额度，持卡人可在信用额度内先消费，后还款的信用卡；准贷记卡是指持卡人须先按发卡银行的要求交存一定金额的备用金，当备用金账户余额不足支付时，可以在发卡银行规定的信用额度内透支的信用卡。

借记卡是指持卡人先将款项存入卡内账户，然后进行消费的银行卡。借记卡不具备透支功能。借记卡按功能不同分为转账卡(含储蓄卡)、专用卡和储值卡。①转账卡。转账卡是实时扣账的借记卡，具有转账结算、存取现金和消费功能。②专用卡。专用卡是具有专门用途、在特定区域使用的借记卡，具有转账结算、存取现金功能。这里所指的专门用途是指在百货、餐饮、饭店、娱乐行业以外的用途。③储值卡。储值卡是发卡银行根据持卡人要求将其资金转至卡内储存，交易时直接从卡内扣款的预付钱包式借记卡。

3. 按照账户币种的不同分为人民币卡、外币卡、双币种卡

人民币卡是指存款、信用额度均为人民币，并且应当以人民币偿还的银行卡；外币卡是指存款、信用额度均为外币，并且应当以外币偿还的银行卡；双币卡是指存款、信用额度同时有人民币和外币两个账户的银行卡。

4. 按照信息载体的不同分为磁条卡和芯片卡

磁条卡是以液体磁性材料或磁条为信息载体，将液体磁性材料涂覆在卡片上(如存折)，或将宽约614mm的磁条压贴在卡片上(如常见的银联卡)；芯片卡容量大，其工作原理类似于微型计算机，能够同时具备多种功能。芯片卡又分为纯芯片卡和磁条芯片复合卡，现在正以其高安全性和多功能应用成为全球银行卡的发展趋势。

此外，《支付结算办法》还根据信誉等级不同将银行卡分为贵宾卡和普通卡。贵宾卡是指商业银行向信誉等级较高的持卡人发行的银行卡；普通卡则是商业银行向信誉等级次之的持卡人发行的银行卡。一般而言，贵宾卡的持卡人在善意透支时透支的金额大于普通卡持卡人的透支金额。

## 二、银行卡账户与交易

### （一）银行卡交易的基本规定

（1）单位人民币卡可办理商品交易和劳务供应款项的结算，但不得透支，不得用于10万元以上的商品交易和劳务供应款项的结算。单位卡不得支取现金。

（2）发卡银行对贷记卡的取现应当每笔进行授权，每卡每日累计取现不得超过限定额度。发卡银行应当对借记卡持卡人在自动柜员机(ATM机)取款设定交易上限，每卡每日累计提款不得超过2万元人民币。储值卡的面值或者卡内币值不得超过1000元人民币。

（3）发卡银行应当依照法律规定遵守信用卡业务风险控制指标：同一持卡人单笔透支发生额个人卡不得超过2万元(含等值外币)、单位卡不得超过5万元(含等值外币)。同一账户月透支余额个人卡不得超过5万元(含等值外币)，单位卡不得超过发卡银行对该单位综合授信额度的3%。无综合授信额度可参照的单位，其月透支余额不得超过10万元(含等值外币)。外币卡的透支额度不得超过持卡人的保证金(含储蓄存单质押金额)的80%。

（4）准贷记卡的透支期限最长为60天，贷记卡的首月最低还款额不得低于其当月透支余额的10%。

（5）发卡银行通过下列途径追偿透支款项和诈骗款项：扣减持卡人保证金；依法处理抵押物和质押物；向保证人追索透支款项；通过司法机关的诉讼程序进行追索。

### （二）银行卡的资金来源

单位卡账户的资金，一律从其基本存款账户转账存入，不得交存现金，不得将销货收入的款项存入其账户。单位外币卡账户的资金应从其单位的外汇账户转账存入，不得在境内存取外币现钞。

个人卡在使用过程中，需要向其账户续存资金的，只限于其持有的现金存入和工资性款项以及属于个人的劳务报酬收入转账存入。严禁将单位的款项存入个人卡账户。个人外币账户的资金以其个人持有的外币现钞存入或从其外汇账户(外钞账户)转账存入，该外汇账户及存款应符合国家外汇管理局的有关规定。严禁将单位的款项转入个人卡账户存储。

### （三）银行卡的计息和收费

1. 计息

银行卡的计息包括计收利息和计付利息。根据银行卡的种类不同，计息标准不尽相同。

（1）发卡银行对准贷记卡及借记卡(不含储值卡)账户内的存款，按照中国人民银行规定的同期同档次存款利率及计息办法计付利息。

（2）发卡银行对贷记卡账户的存款、储值卡(含IC卡的电子钱包)内的币值不计付利息。

(3) 贷记卡持卡人非现金交易享受如下优惠条件：①免息还款期待遇。银行记账日至发卡行规定的到期还款日之间为免息还款期。免息还款期最长为60天。持卡人在到期还款日前偿还所使用的全部银行款项即可享受免息还款期待遇，无须支付非现金交易的利息。②最低还款额待遇。持卡人在到期还款日前偿还所使用全部银行款项有困难的，可按发卡行规定的最低还款额还款。

但是，贷记卡持卡人选择最低还款额方式或超过发卡银行批准的信用额度用卡时，不再享受免息还款期待遇，应当支付未偿还部分自银行记账日起，按规定利率计算的透支利息。贷记卡持卡人支取现金、准贷记卡透支，不享受免息还款期和最低还款额待遇，应当支付现金交易额或透支额自银行记账日起，按规定利率计算的透支利息。

此外，发卡银行对贷记卡持卡人未偿还最低还款额和超信用额度信用卡的行为，应当分别按最低还款额未还部分、超过信用额度部分的5%收取滞纳金和超限费；贷记卡透支按月计收复利，准贷记卡透支按月计收单利，透支利率为日利率0.05%，并根据中国人民银行的此项利率调整而调整。

2. 收费

收费是指商业银行办理银行卡收单业务向商户收取结算手续费。银行卡收单业务是指签约商业银行向商户提供的本外币资金结算服务。

**(四) 银行卡的申领、注销和挂失**

1. 银行卡的申领

凡在中国境内金融机构开立基本存款账户的单位，可凭中国人民银行核发的开户许可证申领单位卡。单位卡可申领若干张，持卡人资格由申领单位法定代表人或其委托的代理人书面指定和注销。凡具有完全民事行为能力的公民，可凭本人有效身份证件及发卡银行规定的相关证明文件申领个人卡。个人卡的主卡持卡人，可为其配偶及年满18周岁的亲属申领附属卡，申领的附属卡最多不得超过2张，也有权要求注销其附属卡。

2. 银行卡的注销

持卡人在还清全部交易款项、透支本息和有关费用后，可申请办理销户。销户时，单位卡账户余额转入其基本存款账户，不得提取现金；个人卡账户可以转账结清，也可以提取现金。

有下列情形之一的，可申请办理销户：①信用卡有效期满45天后，持卡人不更换新卡的；②信用卡挂失满45天后，没有附属卡又不更换新卡的；③信用卡被列入止付名单，发卡银行已收回其信用卡45天的；④持卡人死亡，发卡银行已收回其信用卡45天的；⑤持卡人要求销户或担保人撤销担保，并已交回全部信用卡45天的；⑥信用卡账户两年(含)以上未发生交易的；⑦持卡人违反其他规定，发卡银行认为应该取消资格的。发卡银行办理销户，应当收回信用卡。有效信用卡无法收回的，应当对其止付。

3. 银行卡的挂失

银行卡丧失后，持卡人应立即持本人身份证件或其他有效证明，并按规定提供有关情况，向发卡银行或代办银行申请挂失。发卡银行或代办银行审核后办理挂失手续。若持卡人不及时办理挂失手续而造成损失的，则应自行承担该损失；若持卡人办理了挂失手续而因发卡银行或代办银行的原因给持卡人造成损失的，则应由发卡银行或代办银行承担该损失。

**【例2-22·多选题】**根据《支付结算办法》及有关规定，下列情形中，不得使用单位卡的有(　　)。

A. 支付8万元的货款　　B. 支付2万元的运输费

C. 支取3万元的现金　　D. 收取1万元的销货款

『答案』CD。

# 第六节　其他结算方式

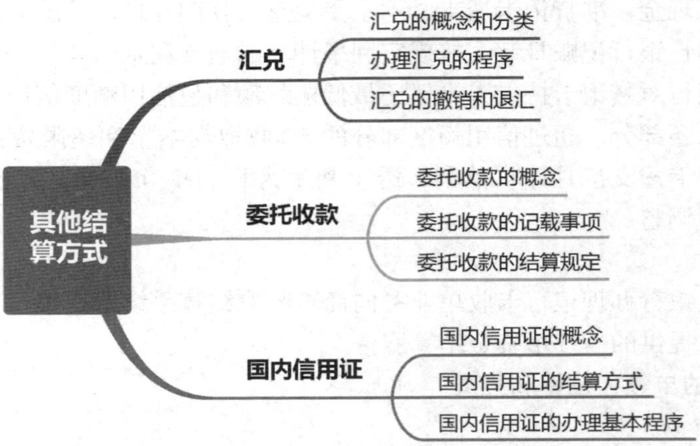


## 一、汇兑

### (一) 汇兑的概念和分类

汇兑是汇款人委托银行将其款项支付给收款人的结算方式。汇兑便于汇款人向异地的收款人主动付款，适用范围十分广泛。汇兑分为信汇和电汇两种方式，由汇款人选择使用。单位和个人各种款项的结算，均可使用汇兑结算方式。汇兑一般用于异地间的结算。

1. 电汇

电汇是汇款人将一定款项交存汇款银行，汇款银行通过电报或电传传给目的地的分行或代理行(汇入行)，指示汇入行向收款人支付一定金额的一种汇款方式。

2. 信汇

信汇是汇款人向银行提出申请，同时交存一定金额及手续费，汇出行将信汇委托书以邮寄方式寄给汇入行，授权汇入行向收款人解付一定金额的一种汇兑结算方式。

在这两种结算方式中，信汇费用较低，但速度相对较慢，而电汇具有速度快的优点，但汇款人要负担较高的电报电传费用，因而通常只在紧急情况下或者金额较大时适用。另外，为了确保电报的真实性，汇出行在电报上加注双方约定的密码；而信汇则不需加密码，签字即可。

### (二) 办理汇兑的程序

1. 签发汇兑凭证

汇兑凭证上必须记载下列事项：①标明“信汇”和“电汇”的字样；②无条件支付的委托；③确定的金额；④收款人名称；⑤汇款人名称；⑥汇入地点、汇入行名称；⑦汇出地点与汇出行名称；⑧委托日期；⑨汇款人签章。汇兑凭证上缺少上述任何一项记载，银行不予受理。汇兑凭证记载的汇款人与收款人名称，其在银行开立存款账户的，必须记载其账号，否则银行不予受理。委托日期是指汇款人向汇出银行提交汇兑凭证的当日。

汇款人和收款人均为个人，需要在汇入银行支取现金的，应在信汇、电汇凭证的汇款金额大写栏，先填写“现金”字样，后填写汇款金额。

汇兑凭证上记载收款人为个人的，收款人需要到汇入银行领取汇款，汇款人应在汇兑凭证上注明“留行待取”字样；留行待取的汇款，需要指定单位的收款人领取汇款的，应注明收款人的单位名称；信汇凭证收款人签章支取的，应在信汇凭证上预留其签章。如果汇款人确定不得转汇的，应在汇兑凭证备注栏注明“不得转汇”字样。

2. 银行受理

对汇款人签发的汇兑凭证，汇出银行经审核无误后，应及时向汇入银行办理汇款，并向汇款人签发汇款回单。汇款回单只能用作汇出银行受理汇款的依据，不能作为该笔汇款已转入收款人账户的证明。

3. 汇入处理

汇入银行接收汇出银行的汇兑凭证之后，应审查汇兑凭证上联行专用章与联行报单印章是否一致，无误后，根据收款人的不同情况进行审查并办理付款手续。

汇入银行对开立存款账户的收款人，应将汇给其的款项直接转入收款人账户，并向其发出收款通知。收账通知是银行将款项确已收入收款人账户的凭据。

未在银行开立存款账户的收款人，凭信汇、电汇的取款通知向汇入银行支取款项，并须交验其本人身份证件，在信汇、电汇凭证上注明证件名称、号码及发证机关，在“收款人签章”处签章。银行审核无误后，以收款人的姓名开立应解汇款及临时存款账户，该账户只付不收，付完清户，不计利息。

收款人需要委托他人向汇入银行支取款项的，应在取款通知上签章，注明本人身份证件的名称、号码、发证机关和“代理”字样以及代理人姓名。代理人代理取款时，也应在取款通知上签章，注明其身份证件的名称、号码及发证机关，并同时交验代理人和被代理人的身份证件。

收款人转账支付的，应由原收款人向银行填制支款凭证，并由本人交验其身份证件办理支付款项。但该账户的款项只能转入单位或个体工商户的存款账户，严禁转入储蓄卡和银行卡账户。转汇的，应由原收款人向银行填制信、电汇凭证，并由本人交验其身份证件。转汇的收款人必须是原收款人。原汇入银行必须在信汇、电汇凭证上加盖“转汇”戳记。

支取现金的，信汇、电汇凭证上必须有按规定填明的“现金”字样，才能办理。未填明现金字样，需要支取现金的，由汇入银行按照国家现金管理规定审查支付。

**（三）汇兑的撤销和退汇**

1. 汇兑的撤销

汇款人可以对汇出银行尚未汇出的款项申请撤销。申请撤销时，应出具正式函件或本人身份证件及原信汇、电汇回单，汇出银行查明确未汇出款项的，收回原信汇、电汇回单后，办理撤销手续。但转汇银行不得受理汇款人或汇出银行对汇款的撤销。

2. 汇兑的退汇

汇款人可以对汇出银行已经汇出的款项申请退汇。转汇银行不得受理汇款人或汇出银行对汇款的撤销或退汇。

对在汇入银行开立存款账户的收款人，由汇款人与收款人自行联系退汇；对未在汇入银行开立存款账户的收款人，汇款人应出具正式函件或本人身份证件及原信汇、电汇回单，由汇出银行通知汇入银行，并经汇入银行核实汇款确未支付后，将款项汇回汇出银行，由汇出银行办理退汇。

汇入银行对于收款人拒绝接受的汇款，应即办理退汇。汇入银行对于向收款人发出的取款通知，经过 2 个月无法交付的汇款，应主动办理退汇。

**【例 2-23 · 多选题】**汇兑的退汇是指汇票人申请退回汇票的行为，下列情形中能办理退汇的有（　　）。

A. 汇票尚未汇出银行　　B. 汇票已汇出银行

C. 收款人拒绝接受的汇票　　D. 经过 2 个月无法交付的汇款

『**答案**』BCD。

**【例 2-24 · 单选题】**采用汇兑结算方式需要支取现金的，必须符合的条件是（　　）。

A. 汇款人和收款人均为个人

B. 只需汇款人为个人

C. 只需收款人为个人

D. 汇款人为单位，收款人可以为单位或个人

『**答案**』A。

## 二、委托收款

### （一）委托收款的概念和适用范围

委托收款是收款人委托银行向付款人收取款项的结算方式。

委托收款结算款项的划回方式，分邮寄和电报两种，由收款人自行选用。邮寄是以邮寄方式由收款人开户银行向付款人开户银行转送委托收款凭证、提供收款依据的方式；电报划回则是以电报方式由收款人开户银行向付款人开户银行转送委托收款凭证，提供收款依据的方式。

单位和个人凭已承兑商业汇票、债券、存单等付款人债务证明办理款项的结算，均可以使用委托收款结算方式。委托收款在同城、异地均可以使用。

### （二）委托收款的记载事项

签发委托收款凭证必须记载下列事项：①表明“委托收款”的字样；②确定的金额；③付款人名称；④收款人名称；⑤委托收款凭据名称及附寄单证张数；⑥委托日期；⑦收款人签章。凡欠缺记载上列事项之一，银行不予受理。

此外，如果委托收款以银行以外的单位为付款人的，委托收款凭证必须记载付款人开户银行名称；以银行以外的单位或在银行开立存款账户的个人为收款人的，委托收款凭证必须记载收款人开户银行名称；以未在银行开立存款账户的个人为收款人的，委托收款凭证必须记载被委托银行名称。欠缺上述记载的，银行不予受理。

### （三）委托收款的结算规定

1. 委托收款办理方法

银行接到寄来的委托收款凭证及债务证明，审查无误后办理付款。

（1）以银行为付款人的，银行应在当日将款项主动支付给收款人；

（2）以单位为付款人的，银行通知付款人后，付款人应于接到通知的当日书面通知银行付款。如果付款人未在接到通知日的次日起 3 日内通知银行付款的，视同付款人同意付款，

银行应于付款人接到通知日的次日起第 4 日上午开始营业时，将款项划给收款人。

银行在办理划拨时，付款人存款账户不足的，应通过被委托银行向收款人发出未付款项通知书。如果债务证明留存付款人开户银行的，应将其债务证明连同未付款项通知书邮寄被委托银行转交收款人。

2. 委托收款的注意事项

（1）付款人审查有关债务证明后，对收款人委托收取的款项需要拒绝付款的，有权提出拒绝付款。以银行为付款人的，应自收到委托收款及债务证明的次日起 3 日内出具拒绝证明连同有关债务证明、凭证寄给被委托银行，转交收款人；以单位为付款人的，应在付款人接到通知日的次日起 3 日内出具拒绝证明，持有债务证明的，应将其送交开户银行。银行将拒绝证明、债务证明和有关凭证一并寄给被委托银行，转交收款人。

（2）收款人收取公用事业费，必须具有收付双方事先签订的经济合同，由付款人向开户银行授权，并经开户银行同意，报经中国人民银行当地分支行批准，可以使用同城特约委托收款。

**【例 2-25 · 多选题】**根据《支付结算办法》的规定，当事人签发委托收款凭证时，下列选项中，属于必须记载的事项有（　　）。

A. 确定的金额　　B. 委托收款凭据名称及附寄单证张数

C. 收款人名称和收款人签章　　D. 收款日期

『**答案**』ABC。

## 三、托收承付

### （一）托收承付的概念

托收承付是根据购销合同由收款人发货后委托银行向异地付款人收取款项，由付款人向银行承认付款的结算方式。

使用托收承付结算方式的收款单位和付款单位，必须是国有企业、供销合作社以及经营管理较好，并经开户银行审查同意的城乡集体所有制工业企业。

办理托收承付结算的款项，必须是商品交易，以及因商品交易而产生的劳务供应的款项。代销、寄销、赊销商品的款项，不得办理托收承付结算。

托收承付结算每笔的金额起点为 1 万元，新华书店系统每笔的金额起点为 1000 元。

### （二）托收承付的结算规定

签发托收承付凭证必须记载下列事项：①表明“托收承付”的字样；②确定的金额；③付款人名称及账号；④收款人名称及账号；⑤付款人开户银行名称；⑥收款人开户银行名称；⑦托收附寄单证张数或册数；⑧合同名称、号码；⑨委托日期；⑩收款人签章。托收承付凭证上欠缺记载上列事项之一的，银行不予受理。

收付双方使用托收承付结算必须签有符合《合同法》规定的购销合同，并在合同上订明使用异地托收承付结算方式及结算款项的划回方法，结算款项的划回方法分为邮寄和电报，由收款人选用。

### （三）托收承付的办理方法

1. 托收

收款人按照签订的购销合同发货后，应将托收凭证并附发运凭证或其他符合托收承付结算的有关证明和交易单证送交银行。

2. 承付

付款人开户银行收到托收凭证及其附件后，应当及时通知付款人。验单付款的承付期为3天，从付款人开户银行发出承付通知的次日算起(承付期内遇法定休假日顺延)。验货付款的承付期为10天，从运输部门向付款人发出提货通知的次日算起，付款人在承付期内，未向银行表示拒绝付款的，银行即视作承付，在承付期满的次日上午将款项划给收款人。

收付双方办理托收承付结算，必须重合同、守信用。收款人对同一付款人发货托收累计3次收不回货款的，收款人开户银行应暂停收款人向该付款人办理托收；付款人累计3次提出无理拒付的，付款人开户银行应暂停其向外办理托收。

3. 逾期付款

付款人在承付期满日银行营业终了时，如无足够资金支付，其不足部分，即为逾期未付款项，按逾期付款处理。延期付款部分要按一定比例支付给收款方赔偿金。待付款方账户内有款项支付时，由付款方开户银行将欠款及赔偿金一并划转给收款人。

4. 拒绝付款

对以下情况，付款人在承付期内可向银行提出全部或部分拒绝付款：①没有签订购销合同或购销合同未定明托收承付结算方式的款项；②未经双方事先达成协议，收款人提前交货，付款人不再需要该货物的款项；③未按合同规定的到货地址发货的款项；④代销、寄销、赊销商品的款项；⑤验单付款，发现所列货物的品种、规格、数量、价格与合同规定不符的款项；⑥验货付款，经查验货物与合同规定的发货清单不符的款项；⑦货款已经支付或者计算有错误的款项。

拒绝付款应填写“拒绝承付理由书”送交开户银行审查并办理拒付手续。

5. 托收承付使用中需注意的问题

(1) 付款人不得在承付款中，抵扣其他款项或以前托收的货款。

(2) 付款人逾期付款，付款人开户银行将对付款人予以处罚。

(3) 付款人在承付期可以向银行提出全部拒付和部分拒付，但必须填写“拒付理由书”并签章，注明拒付理由。

(4) 收款人对被无理由拒付的托收款项，在收到退回的结算凭证及其所附单证后，需要委托银行重新办理托收。经开户银行审查，确属无理由拒绝付款，可以重办托收。重办托收时，应当填写四联“重办托收理由书”，将其中三联连同购销合同、有关证据和退回的原托收凭证及交易单证一并送交银行。

**【例2-26·多选题】**托收承付结算适用于(　　)之间的结算。

A. 国有企业

B. 供销合作社

C. 经营管理较好，并经开户银行审查同意的城乡集体所有制工业企业

D. 中外合资企业

**『答案』**ABC。

**【例2-27·单选题】**根据《支付结算办法》的规定，有金额起点限制的结算方式是(　　)。

A. 汇兑　　B. 托收承付　　C. 商业汇票　　D. 银行汇票

**『答案』**B。

## 四、国内信用证

### （一）国内信用证的概念

国内信用证(简称"信用证")是适用于国内贸易的一种支付结算方式，是开证银行依照申请人(购货方)的申请向受益人(销货方)开出的有一定金额、在一定期限内凭信用证规定的单据支付款项的书面承诺。信用证的付款期限最长不超过1年。

我国信用证为不可撤销、不可转让的跟单信用证。不可撤销信用证，是指信用证开具后，在有效期内，非经信用证各有关当事人(即开证银行、开证申请人和受益人)的同意，开证银行不得修改或撤销信用证；不可转让信用证，是指受益人不能将信用证的权利转让给他人。

### （二）国内信用证的结算方式

国内信用证结算方式只适用于国内企业之间商品交易产生的货款结算，并且只能用于转账结算，不得支取现金。

### （三）国内信用证的办理基本程序

1. 开证

(1) 开证申请。

开证申请人使用信用证时，应委托其开户银行办理开证业务。开证申请人申请办理开证业务时，应当填具开证申请书，信用证申请人承诺书并提交有关购销合同。

(2) 受理开证。

开证银行根据申请人提交的开证申请书、信用证申请人承诺书及购销合同决定是否受理开证业务。开证银行决定受理开证业务时，应向申请人收取不低于开证金额20%的保证金，并可根据申请人的资信情况要求其提供抵押、质押或由其他金融机构出具保函。

信用证基本条款包括：开证行名称及地址；开证日期；信用证编号；不可撤销、不可转让信用证；开证申请人名称及地址；受益人名称及地址(受益人为有权收取信用证款项的人，一般为购销合同的供方)；通知行名称(通知行为受开证行委托向受益人通知信用证的银行)；信用证有效期及有效地点(信用证有效期为受益人向银行提交单据的最迟期限，最长不得超过6个月；信用证的有效地点为信用证指定的单据提交地点，即议付行或开证行所在地)；交单期(交单期为提交运输单据的信用证所注明的货物装运后必须交单的特定日期)；信用证金额；付款方式(即期付款、延期付款或议付)；运输条款；货物描述(包括货物名称、数量、价格等)；单据条款(必须注明据以付款或议付的单据，至少包括发票、运输单据或货物收据)；其他条款；开证行保证文句。

2. 通知

通知银行收到信用证审核无误后，应填制信用证通知书，连同信用证交付受益人

3. 议付

议付是指信用证指定的议付行在单证相符条件下，扣除议付利息后向受益人给付对价的行为。议付行必须是开证行指定的受益人开户行。议付仅限于延期付款信用证。受益人可以在交单期或信用证有效期内向议付行提示单据、信用证正本及信用证通知书，并填制信用证议付/委托收款申请书和议付凭证，请求议付。

议付行审核受益人提示的单据后，同意议付的，办理议付。实付议付金额按议付金额扣除议付日至信用证付款到期日前一日的利息计算，议付利率比照贴现利率。拒绝议付的，应及时作出书面拒绝议付通知，注明拒绝议付的理由，并通知受益人。议付行可以根据受益人

的要求不做议付，仅为其办理委托收款。

议付行议付后，应将单据寄开证行索偿资金。议付行议付信用证后，对受益人具有追索权。到期不获付款的，议付行可从受益人账户收取议付金额。

4. 付款

受益人在交单期或信用证有效期内向开证行交单收款，应向开户银行填制委托收款凭证和信用证议付/委托收款申请书，并出具单据和信用证正本。开户银行收到凭证和单证并审查齐全后，应及时为其向开证行办理交单和收款。

开证银行对议付行寄交的凭证、单据等审核无误后，对即期付款信用证，从申请人账户收取款项支付给受益人；对延期付款信用证，应向议付行或受益人发出到期付款确认书，并于到期日从申请人账户收取款项支付给议付行或受益人。

申请人交存的保证金和其存款账户余额不足支付的，开证行仍应在规定的付款时间内进行付款。对不足支付的部分作逾期贷款处理。对申请人提供抵押、质押、保函等担保，按《国担保法》是有关规定索偿。

### 课后思考

甲工厂某采购人员持由该厂开户银行签发的、不能用于支取现金的银行本票，前往乙公司购置一批价值10万元的物资。由于该采购人保管不慎，在途中将其装有银行本票的提包丢失。随后，甲工厂根据该采购人员的报告，将银行本票遗失情况通知该银行本票的付款银行，要求挂失止付。但该银行对上述情况进行审查后拒绝办理挂失止付时。试问：

(1) 该银行拒绝挂失止付是否正确，为什么？

答：该银行拒绝挂失止付是正确的。根据《支付结算办法》的规定，填明“现金”字样的银行本票丧失，可以由失票人通知付款人或者代理付款人挂失止付，而未填明“现金”字样的银行本票丧失不得挂失止付。

(2) 甲工厂在被银行拒绝挂失止付后，可以采取哪些措施维护自己的权益？

答：甲工厂可以采取公示催告的措施维护其权益，即可以向银行本票支付地的基层人民法院提出公示催告申请，请求人民法院向该银行本票的付款银行发出立即停止付款的通知，并以公告方式通知不确定的利害关系人限期申报权利，逾期未申报者，则权利失效，而由法院通过除权判决宣告所丧失的银行本票无效。

## 第七节　网上支付

网上支付是电子支付的一种形式，它是指电子交易的当事人，包括消费者、商户、银行或者支付机构，使用电子支付手段通过信息网络进行的货币支付或资金流转。网上支付的主要方式有网上银行和第三方支付两种。

### 一、网上银行

#### （一）网上银行的概念

网上银行(Internet bank or E-bank)，也称网络银行，简称网银，就是银行在互联网上设

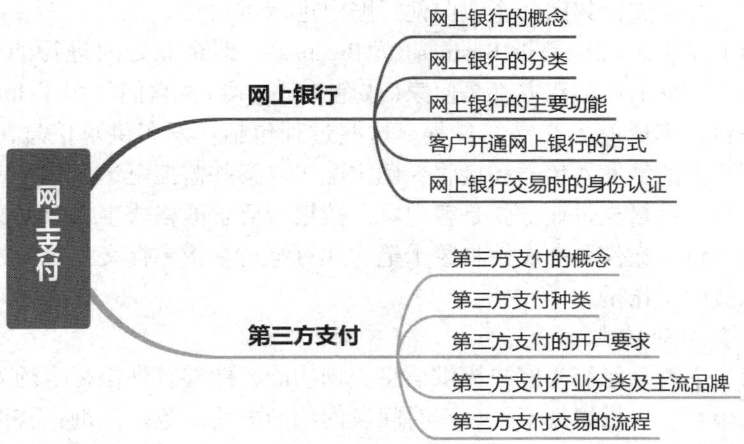


立虚拟银行柜台，使传统银行服务不再通过物理的银行分支机构来实现，而是借助于网络与信息技术手段在互联网上实现。

与传统银行业务相比，网上银行大大降低了银行经营成本，能有效提高银行盈利能力；网上银行业务打破了传统银行业务的地域、时间限制，这既有利于吸引和保留优质客户，又能主动扩大客户群，同时可以向客户提供多种类、个性化服务，开辟新的利润来源。

**（二）网上银行的分类**

1. 按经营模式分为单纯网上银行和分支型网上银行

（1）单纯网上银行是完全依赖于互联网的虚拟的电子银行，它没有实际的物理柜台，一般只有一个办公地址，没有分支机构，也没有营业网点，采用互联网等高科技服务手段与客户建立密切的联系，为客户提供全方位的金融服务。

（2）分支型网上银行是指现有的传统银行利用互联网开展传统的银行业务，即传统银行利用互联网作为新的服务手段为客户提供在线服务，实际上是传统银行服务在互联网上的延伸。

2. 按主要服务对象分为企业网上银行和个人网上银行

（1）企业网上银行主要服务于企事业单位，企事业单位可以通过企业网络银行实时了解财务状况，及时调度资金，轻松处理工资发放和大批量的网络支付业务。

（2）个人网上银行主要服务于个人，个人可以通过个人网络银行实时查询、转账，进行网络支付和付款。

**（三）网上银行的主要功能**

目前，网上银行利用 Internet 和 HTML 技术，能够为客户提供综合、统一、安全、实时的银行服务，包括提供对私、对公的全方位银行业务，还可以为客户提供跨国的支付与清算等其他贸易和非贸易的银行业务服务。

1. 企业网上银行的功能

（1）账户信息查询。账户信息查询业务能够为企业客户提供账户信息的网上在线查询、网上下载和电子邮件发送账务信息等服务，包括账户余额查询、账户明细查询、资产负债查询、贷款账户查询、网上交易查询等。

（2）支付指令。支付指令是按客户的要求，请求进行资金转账的指令或报文信息。支付指令业务能够提供集团、企业内部各分支机构之间的账务往来，同时也能够提供集团、企业之间的账务往来，并且支持集团、企业向他行账户进行付款。

(3) B2B 网上支付。B2B 是指 Business to Business，即企业之间进行的电子商务活动，是指进行电子商务交易的供需双方都是商家(或企业、公司)，它们使用了 Internet 的技术或各种商务网络平台，完成商务交易的过程。这些过程包括：发布供求信息，订货及确认订货，支付过程及票据的签发、传送和接收，确定配送方案并监控配送过程等。

(4) 批量支付。批量支付业务就是客户可以按银行要求的格式生成数据文件，通过网上银行界面提交批量付款文件，一次性将数十笔、几百笔付款指令提交到银行处理，从而大大减轻客户财务人员的工作量。

2. 个人网上银行的功能

(1) 账户信息查询。系统为客户提供信息查询功能，能够查询银行卡的人民币余额，活期和定期一本通余额；提供银行卡在一定时间段内的历史明细数据查询；查询信用卡进行网上支付后的支付记录等。

(2) 人民币转账业务。转账作为一种银行结算方式，应用范围非常广泛，同城与异地、个人账户与单位账户之间、个人账户与个人账户之间均可以进行人民币转账结算。系统在转账功能上严格控制了单笔和当日转账最大限额，使客户的资金安全有一定的保障。

(3) 银证转账业务。所谓银证转账是指将客户在银行开立的个人结算存款账户(或借记卡)与证券公司的资金账户建立对应关系，将资金在银行和证券公司之间划转，为客户存取款提供便利。

(4) 外汇买卖业务。个人外汇买卖又称“外汇宝”，是指银行参照国际外汇市场汇率，为境内居民将一种外汇直接兑换成另外一种外汇的业务，也就是个人客户在银行进行的可自由兑换外汇(或外币)间的交易。

(5) 账户管理业务。系统提供客户对本人网上银行各种权限功能、账户信息的管理以及账户的挂失。

(6) B2C 网上支付，Business to Consumer 的缩写，即商业机构对消费的电子商务，指的是企业与消费者之间进行的在线式零售商业活动(包括网上购物和网上拍卖等)。

**【例题 2-28 · 多选题】**根据支付结算法律制度的规定，企业网上银行子系统主要业务功能包括(　　)。

A. 账户信息查询　　B. 支付指令　　C. 批量支付　　D. 账户管理业务

**『答案』**ABC。

**(四) 客户开通网上银行的方式**

客户开通网上银行有两种方式：客户前往银行柜台办理；或者客户先网上自助申请，后到柜台签约。

**提 示**

客户开户时，必须出具身份证或有关证件，并遵守有关实名制规定。

**(五) 网上银行交易时的身份认证**

网上银行交易时的身份认证条件包括：密码、文件数字证书、动态口令卡、动态手机口令、移动口令牌、移动数字证书。

【**例题 2-29 · 多选题**】小王从银行申请开通了网上银行，在进行网上交易时可以作为身份认证的方式有(　　)。

A. 密码　　B. 动态手机口令　　C. 身份证　　D. 移动口令牌

『**答案**』ABD。

【**例题 2-30 · 判断题**】企业之间进行的电子商务活动能够为客户提供网上 B2B 支付平台。(　　)

『**答案**』√。

## 二、第三方支付

### (一) 第三方支付的概念

第三方支付是指经过中国人民银行批准从事第三方支付业务的非银行支付机构，借助通信、计算机和信息安全技术，采用与各大银行签约的方式，在用户与银行支付结算系统间建立连接的电子支付模式(其中，通过手机端进行的，称为移动支付)。其本质上是一种新型的支付手段，是互联网技术与传统金融支付的有机结合。

第三方支付的特点在于独立于商户和银行，为客户提供支付结算服务，具有方便快捷、安全可靠的优势。

### (二) 第三方支付种类

1. 线上支付

线上支付是指通过互联网实现的用户和商户之间、商户和商户之间的在线货币支付、资金清算、查询统计等过程。包括网上支付和移动支付中的远程支付。

2. 线下支付

线下支付是指通过非线上支付方式进行的支付行为，包括 POS 机刷卡支付、拉卡拉等自助终端支付、电话支付、手机近端支付、电视支付等方式。

【**例题 2-31 · 单选题**】下列情形中，属于线上支付的是(　　)。

A. 张某在机场购物，使用手机近端支付购物款

B. 程某在超市购物，使用公交一卡通支付购物款

C. 郭某在商场购物，通过 POS 机刷卡支付购物款

D. 王某网上购物，通过支付宝支付货款

『**答案**』D。

### (三) 第三方支付的开户要求

非银行支付机构(以下简称“支付机构”)为个人开立支付账户的，同一个人在同一家支付机构开立一个此类账户。支付机构为单位开立支付账户，应当参照相关规定，要求单位提供相关证明文件，并自主或者委托合作机构以面对面方式核实客户身份，或者以非面对面方式通过至少 3 个合法安全的外部渠道对单位基本信息进行多重交叉验证。支付机构在为单位和个人开立支付账户时，应当与单位和个人签订协议，约定支付账户与支付账户、支付账户与银行账户之间的日累计转账限额和笔数，超出限额和笔数的，不得再办理转账业务。

### (四) 第三方支付行业分类及主流品牌

目前第三方支付机构主要有两类模式：一是立足于企业端的金融型支付企业，如银联商务、快钱、易宝支付、汇付天下、拉卡拉这些都仅仅为用户提供支付和支付系统解决方案，侧重行业需求和开拓行业应用。二是立足于个人消费者端的互联网支付企业，如以在线支付

为主的支付宝、财付通。

目前，在国内支付市场互联网转接交易中规模较大的第三方支付品牌有支付宝、微信支付、银联商务、银联在线、云闪付等。

**（五）第三方支付交易的过程**

第三方平台结算支付模式的资金划拨是在平台内部进行的，此时划拨的是虚拟的资金。真正的实体资金还需要实际支付层来完成。

**【例题 2-32 · 单选题】**消费者在超市购物，消费总金额 500 元，通过支付宝扫码方式使用建设银行信用卡结账。根据支付结算法律制度的规定，下列说法正确的是（　　）。

A. 支付宝属于银行卡清算机构　　B. 支付宝属于第三方支付机构

C. 支付宝属于网上银行　　D. 消费者应支付收单结算手续费 1.9 元

『**答案**』B。

# 第三章　税收法律制度

## 考纲要求

**（一）识记内容**

1. 税收的作用和分类。
2. 税法的构成要素。
3. 税务登记的种类和要求。
4. 税款征收的方式。

**（二）理解内容**

1. 发票开具的一般要求。
2. 纳税申报的方式。
3. 税款征收的方式。
4. 违反税务管理当事人的法律责任。

## 案例导入

高某，自由职业，2019 年开了一家书店并取得了个体工商户营业执照，其 2019 年的收入有：(1) 书店的销售收入 50000 元；(2) 被电视台娱乐节目聘为顾问，取得顾问费 8000 元；(3) 在某高校中文系兼课，课酬为 32000 元；(4) 与某高校 2 位老师出版一本书，获得稿费 12000 元。

当年高某按照税务机关核定的税率缴纳了书店收入的所有税费。年底税务机关在核查中发现高某 2019 年取得的顾问费、课酬、稿费均未缴纳个人所得税，为此税务机关依法下达追缴通知，要求高某如实申报当年的个人所得税，并按期缴纳。

请问：1. 税务机关的做法是否正确？依据是什么？

2. 高某应补缴多少个人所得税？

# 第一节　税 收 概 述

## 一、税收的概念与分类

### （一）税收概念与作用

1. 税收的概念

税收是国家为了满足一般的社会共同需要，为了实现其职能，凭借政治的权力，按照法

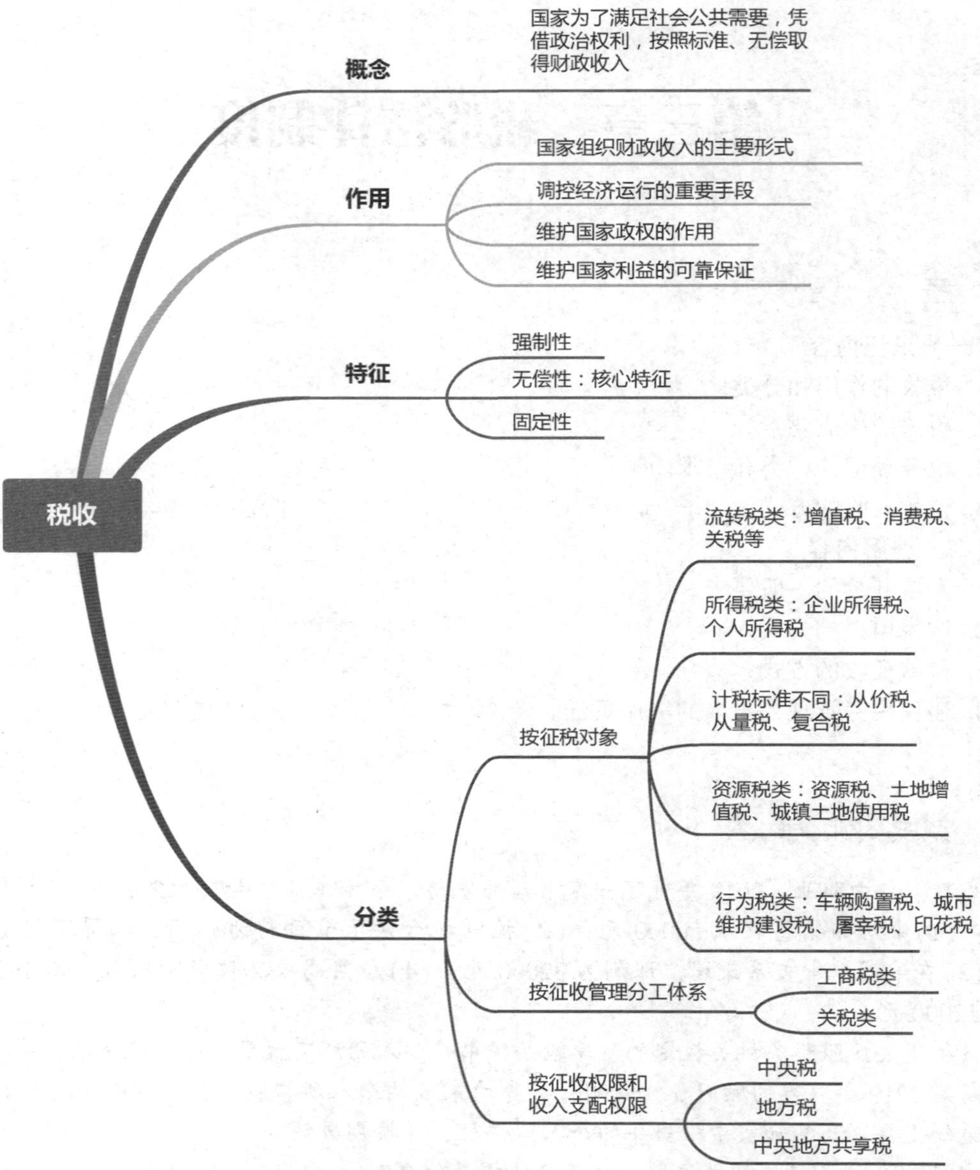


定的标准，强制地、无偿地取得财政收入的一种特定的分配形式。它体现了国家与纳税人在征税、纳税的利益分配上的一种待定分配关系。国家取得财政收入的方法有很多种，如税收、发行货币、发行国债、收费、罚没等，而税收则是国家（政府）公共财政最主要的收入形式和来源，由政府征收，取自于民、用之于民。

2. 税收的作用

税收的作用是税收职能在一定经济条件下的外在表现。在不同的历史阶段，税收发挥着不同的作用。在现阶段，税收的作用主要表现在以下几个方面：

（1）税收是国家组织财政收入的主要形式和工具。

由于税收具有强制性、无偿性和固定性，因而能保证其收入的稳定；

税收是按年、按季、按月征收，均匀入库，有利于财力调度，满足日常财政支出；

税收的源泉十分广泛，多税种、多税目、多层次、全方位的课税制度，能从多方面筹集财政收入。

（2）税收是国家调控经济运行的重要手段。经济决定税收，税收反作用于经济。

（3）税收具有维护国家政权的作用。国家政权是税收产生和存在的必要条件，而国家政权的存在又依赖于税收的存在。没有税收，国家机器就不可能有效运转。

（4）税收是国际经济交往中维护国家利益的可靠保证。在国际交往中，任何国家对本国境内从事生产、经营的外国企业或个人都拥有税收管辖权，这是国家权益的具体体现。

**（二）税收的特征**

税收与其他财政收入形式相比，具有强制性、无偿性和固定性的特征，习惯上称为税收的“三性”。

（1）强制性。强制性指的是国家以社会管理者身份，凭借政治权利，通过颁布法律或政令来进行强制征收。

（2）无偿性。无偿性指的是国家征税后不需要直接偿还，也不需对纳税人支付任何报酬或代价，国家凭借政治权利，将社会集团和社会成员的一部分收入归国家所有。但无偿性是针对个体而言的，整体上是具有返还性的，“取自于民、用之于民”。它是税收最本质特征。

（3）固定性。固定性指的是按照国家法定的标准征收，即征税对象、税目、税率、纳税义务人、计算纳税办法和期限等都是税法预先规定了的，有一个比较稳定的适用期限，是国家的一种固定的连续性收入。

## 课后思考

1. 国有企业上缴国家的税收和利润是国家财政收入来源，为什么前者是更可靠的财政收入形式？

2. 税收和国债收入、罚没收入都是行政收入的形式，它们有哪些相同点和不同点？

**（三）税收的分类**

1. 按征税对象的性质不同，可分为流转税类、所得税类、财产税类、资源税类和行为税类五种类型

（1）流转税类。流转税是指以货物或劳务的流转额为征税对象的一类税收。流转税是我国的主体税种。

我国现行税制中属于流转税的主要有：增值税、消费税、关税等。

（2）所得税类。所得税也称收益税，是指以纳税人的各种所得额为课税对象的一类税收。我国的企业所得税、个人所得税属于此类。

（3）财产税类。财产税是以纳税人所拥有或支配的特定财产为征税对象的一类税收。包括对财产的直接征收和对财产转移的征收。开征这类税收除为国家取得财政收入外，对提高财产的利用效果、限制财产的不必要的占有量有一定作用。我国的房产税、契税、车船税、遗产税等属于此类。

（4）资源税类。资源税是以自然资源和某些社会资源作为征税对象的一类税收。征收这类税有两个目的：一是为了取得资源消耗的补偿基金，保护国有资源的合理开发利用；二是为了调节资源级差收入，以利于企业在平等的基础上开展竞争。我国现行的资源税、城镇土地使用税等属于此类。

(5) 行为税类。也称特定目的税，是指国家为了实现特定目的，以纳税人的某些特定行为为征税对象的一类税。如车辆购置税、土地增值税、城市维护建设税、屠宰税等属于此类税。

2. 按征收管理的分工体系不同，可分为工商税类、关税类

(1) 工商税类。工商税是由税务机关负责征收管理，对一切从事工商业经营的单位和个人，就其销售收入和经营业务收入征收的一类税。工商税收的征收范围较广，既涉及社会再生产的各个环节，也涉及生产、流通、分配、消费的各个领域，是筹集国家财政收入，调节宏观经济最主要的税收工具。具体包括：增值税、消费税、资源税、企业所得税、个人所得税、城市维护建设税、房产税、车船税、土地增值税、城镇土地使用税、印花税、车辆购置税等。

出口产品退税(增值税、消费税)由税务机关负责办理

(2) 关税类。由海关负责征收管理。包括：

① 关税是国家授权海关对出入关境的货物和物品为征税对象的一类税收，主要指的是进出口关税、入境旅客行李物品和个人邮寄物品征收的进口税等，

② 船舶吨税。

进口环节增值税、消费税由海关代征。

3. 按照税收征收权限和收入支配权限分类，可分为中央税、地方税和中央地方共享税

(1) 中央税。中央税是由一国中央政府征收、管理和支配的一类税收，又称国家税。收入较大，征收范围广泛。如：消费税(含进口环节由海关代征的部分)、关税、海关代征的进口环节增值税、车辆购置税等。

(2) 地方税。地方税是由地方政府征收、管理和支配的一类税收。地方税一般征收较稳定，并与地方经济利益关系密切。地方税主要包括城镇土地使用税、耕地占用税、土地增值税、房产税、车船税、契税等。

(3) 中央地方共享税。中央与地方共享税是指税收收入由中央和地方政府按比例分享的税收。如增值税、资源税、企业所得税、个人所得税、城市维护建设税、证券交易印花税等。

4. 按照计税标准不同，可分为从价税、从量税和复合税

(1) 从价税。从价税是指以征税对象的价格为计税依据，按一定比例计征的一类税。从价税一般实行比例税率和累进税率，其应纳税额随商品价格的变化而变化，能充分体现合理负担的税收政策，因而大部分税种均采用这一计税方法，如我国现行的增值税、企业所得税、个人所得税、房产税等税种。

(2) 从量税。从量税是以课税对象的数量(重量、面积、件数)为依据，按固定税额计征的一类税。从量税一般采用定额税率，不受征税对象价格变动的影响，税负水平较为固定，具有计算简便的优点。如我国现行的车船使用税、城镇土地使用税、消费税中的啤酒和黄酒、成品油等。

(3) 复合税。复合税是指对征税对象采用从价和从量相结合的计税方法征收的一种税。复合税的主要优点就是可以广辟税源，便于发挥各个税种特定的经济调节作用。如我国消费税中对卷烟、白酒等征收的消费税就采用复合税

**【例 3-1 · 多选题】**以下是流转税与所得税的区别，说法正确的有(　　)。

A. 计税依据不同：流转税的计税依据是流转额；所得税的计税依据是所得额

B. 受成本影响不同：流转税只与商品销售收入有关，不受成本高低影响；所得税直接受成本规模影响

C. 流转税一般都转嫁给了消费者，所得税一般不能直接转嫁
D. 流转税一般是价内税，对物价影响较大，所得税由于税负不能转嫁，所以其税收增减变动对物价不会产生直接的影响

『答案』：ABCD。

**【例题 3-2 · 多选题】**根据我国税法规定，我国的增值税属于（　　）。

A. 流转税　　B. 工商税　　C. 中央税　　D. 从价税

『答案』：ABD。

## 课后思考

1. 税收如何分类？
2. 增值税按不同的分类依据，可属于哪种税？

# 第二节　税法的要素

## 一、税法及其构成要素

### （一）税法的概念

1. 税法的概念

税法，即税收法律制度，是国家权力机关和行政机关制定的用以调整税收关系法律规范的总称，是国家法律的重要组成部分。它是以宪法为依据，调整国家与社会成员在征纳税上的权利与义务关系，维护社会经济秩序、保障国家利益和纳税人合法权益的法律规范，是国家税务机关及一切纳税单位和个人依法征税和纳税的行为规则。

2. 税收法律关系

税收法律关系体现为国家征税与纳税人纳税的利益分配关系。在总体上税收法律关系与其他法律关系一样也是由主体、客体和内容三个方面构成。

（1）主体，是指税收法律关系中享有权利和承担义务的当事人。在我国税收法律关系中，主体一方是代表国家行使征税职责的国家税务机关，包括国家各级税务机关和海关；另一方是履行纳税义务的人，包括法人、自然人和其他组织。对这种权利主体的确定，我国采取属地兼属人原则，即在华的外国企业、组织、外籍人、无国籍人等凡在中国境内有所得来源的，都是我国税收法律关系的主体。

（2）客体，是指主体的权利、义务所共同指向的对象，即征税对象，包括物和行为。

（3）内容，是指主体所享受的权利和所承担的义务，这是税收法律关系中最实质的东西，也是税法的灵魂。

3. 税法与税收的关系

税收作为一种经济活动，属于经济基础范畴；而税法则是一种法律制度，属于上层建筑范畴。另外，税收与税法密不可分，税收活动必须严格依照税法的规定进行，税法是税收的法律依据和法律保障。国家和社会对税收收入与税收活动的客观需要，决定了与税收相对应的税法的存在，税收是税法所确定的具体内容的体现。

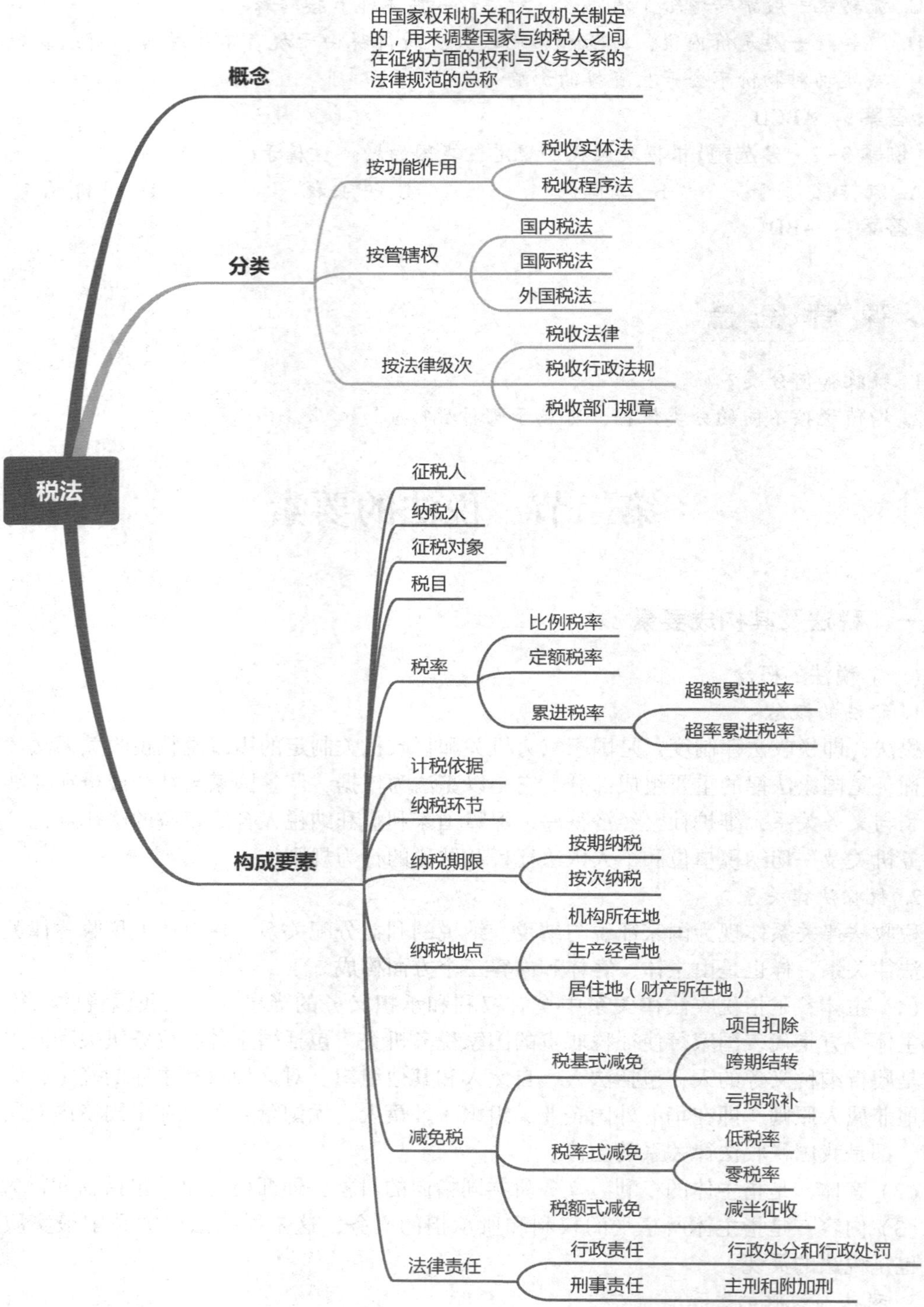


**（二）税法的分类**

税法内容多、范围广，对其作科学的分类不仅有利于征纳双方正确掌握并且贯彻实施税法，而且对研究税法和进一步完善税法也十分必要。根据不同的标准可以将税法划分为不同的类别，以下按立法的职能作用、权限划分、法律级次等不同来进行分类。

1. 按税法的职能作用不同，可分为税收实体法和税收程序法

（1）税收实体法。税收实体法是规定税收法律关系主体的实体权利、义务的法律规范总称，具体规定了各种税种的征收对象、征收范围、税目、税率等。如：《企业所得税法》《个人所得税法》等。

（2）税收程序法。税收程序法指的是税务管理方面的法律规范，包括税收管理法、纳税程序法、发票管理法、税务机关组织法、税务争议处理法等。如：《中华人民共和国税收征收管理法》《中华人民共和国海关法》等。

2. 按照主权国家行使税收管辖权不同，可分为国内税法、国际税法、外国税法

（1）国内税法。国内税法是指一国在其税收管辖权范围内，调整国家与纳税人之间权利义务关系的法律规范的总称。包括由国家立法机关和经由授权或依法律规定的国家行政机关制定的法律、法规和规范性文件。如：《中华人民共和国税收征收管理法》《中华人民共和国企业所得税法》等。

（2）国际税法。国际税法是指调整在国家与国际社会协调相关税收的过程中产生的国家涉外税收征纳关系和国家间税收分配关系的法律规范的总称。包括双边或多边国家间的税收协定、条约和国际惯例。如：《中华人民共和国政府和日本国政府关于对所得避免双重征税和防止偷漏税的协定》。

（3）外国税法。外国税法是指其他国家（非本国）制定的关于税务的法律规范制度的总称。如：德国的《税收通则》、法国的《税收程序法》等。

3. 按税法法律级次不同，可分为税收法律、税收行政法规、税收行政规章和税收规范性文件

（1）税收法律。是指拥有税收立法权的国家机关依照法律规定的程序在其职权范围内制定颁布的调整税收关系的法律规范的总称。由全国人民代表大会及其常务委员会制定，如《企业所得税法》《个人所得税法》《税收征收管理法》等。

（2）税收行政法规。是指国家最高行政机关即国务院根据宪法和法律制定的一种调整税收关系的规范性文件。由国务院制定的有关税收方面的行政法规和规范性文件，如《中华人民共和国消费税暂行条例》。

（3）税收规章和税收规范性文件。由国务院财税主管部门（财政部、国家税务总局、海关总署和国务院关税税则委员会）根据法律和国务院行政法规或者规范性文件的要求，在本部门权限范围内发布的有关税收事项的规章和规范性文件。包括命令、通知、公告、通告、批复、意见、函等文件形式。如：《中华人民共和国车船税暂行条例实施细则》为税收规章；《增值税专用发票使用规定》为税收规范性文件。

### 课后思考

某县政府针对本县有较多人员到外省市务工的实际情况，为了加强个人所得税的管理，增加本县财政收入，作出规定："每个外出务工人员每年须缴纳个人所得税240元，凡不缴纳或少缴者，不予签发下一年的外出务工证明。"试问：该县政府的规定是属于哪一层次的法律规范性文件？是否具有法律效力？为什么？

**（三）税法的构成要素**

税法的构成要素，又称课税要素，是指各种单行税法具有的共同的基本要素的总称。一

般包括征税人、纳税义务人、征税对象、税目、税率、计税依据、纳税环节、纳税期限、纳税地点、减免税和法律责任等项目。通俗地讲就是税法应当具备的必要因素和内容。

其中，纳税义务人、征税对象、税率是构成税法的三个最基本的要素。

1. 征税人——“征税”主体

征税人是代表国家行使税收征管职权的各级税务机关和其他征收机关。包括各级税务机关、财政机关和海关。

我国税务机关分为国家税务局和地方税务局两大系统。国家税务局主要负责征收中央税、中央与地方共享税；地方税务局主要负责征收地方税。海关是国家的进出关境监督管理机关，是代表国家在进出关境环节实施监督管理的机关，负责征收关税。

2. 纳税义务人——“纳税”主体

纳税义务人也称纳税人，是指依法直接负有纳税义务的法人、自然人及其他组织。每一种税都有它的纳税人，同一种税可以有不同的纳税人，某一纳税人也可以成为几种税的纳税人。

与纳税人相联系的另一个概念是扣缴义务人。扣缴义务人是税法规定的，在其经营活动中负有代扣税款并向国库缴纳义务的单位。扣缴义务人必须依法代扣税款，并在规定期限缴入国库。

**提示**

什么是负税人？

负税人，是指实际或最终承担税款的单位和个人。在同一税种中，纳税人与负税人可以是一致的，也可以是不一致的。如果纳税人能够通过一定的途径把税款转嫁或转移出去，纳税人就不再是负税人；否则，纳税人同时也是负税人。

3. 征税对象——征税客体

征税对象又称课税对象或纳税对象，就是对什么征税，是税收法律关系中权利义务共同所指的对象，即对什么征税。征税对象是一个抽象的概念，它包括物或行为，它是区别不同类型税种的主要标志。我国现行税收法律、法规都有自己特定的征税对象，不同的征税对象构成不同的税种。比如：企业所得税的征税对象就是应税所得；增值税的征税对象就是货物或者应税行为在生产和流通过程中的增值额。

4. 税目

税目是各个税种所规定的具体征税项目，简单来说，就是纳税对象的具体化。制定税目的目的有两个：①明确征税的具体范围；②制定不同的税率。制定税目的基本方法一般包括：

列举法——具体列举征税对象（消费税）；

概括法——按照商品大类或行业设计税目（增值税）。

5. 税率

税率是指应纳税额与征税对象之间的数量关系或比例关系，它是计算税额的尺度。税率是税法的核心要素，税率的高低，直接关系到国家收入的多少和纳税义务人的负担轻重。我国现行的税率主要有：

（1）比例税率：是指对同一征税对象，不分数额大小、数量多少，均按相同比例征收的税率。我国的增值税、城市维护建设税、企业所得税等采用的是比例税率。如增值税税率一般为13%。比例税率在适用中又可分为三种具体形式：

① 单一比例税率，是指对同一征税对象的所有纳税人都适用同一比例税率。

② 差别比例税率，是指对同一征税对象的不同纳税人适用不同的比例征税。根据我国现行税法，差别比例税率又可因行业、地区和产品不同进行分类。

③ 幅度比例税率，是指对同一征税对象，税法只规定最低税率和最高税率，各地区在该幅度内确定具体的使用税率。

（2）定额税率：定额税率是税率的一种特殊形式。它不是按照课税对象规定征收比例，而是按照征税对象的计量单位规定固定税额，所以又称为固定税额。采用定额税率的有车船税、城镇土地使用税等。

（3）累进税率：根据征税对象数额的大小，规定不同等级的税率。即征税对象数额越大，税率越高；数额越小，税率越低。一般多在收益课税中使用，我国现行税法体系采用的累进税率形式有：超额累进税率、超率累进税率两种。

① 超额累进税率：即把征税对象按数额大小划分为若干等级，每个等级规定一个的税率，税率依次提高，每一纳税人的征税对象依所属等级同时适用几个税率分别计算，将计算结果相加后得出应纳税款。目前采用这种税率的是：个人所得税中工资薪金所得、个体工商户生产经营所得、企事业单位承租承包经营所得。

② 超率累进税率：指以征税对象数额的相对率划分若干等级，按等级规定相应的递增税率，对每个等级分别计算税额。目前采用这种税率的是：土地增值税（增值额与扣除项目金额的比例划分若干等级）。

6. 计税依据

计税依据也称计税标准、税基，是指计算应纳税额的依据或标准，即根据什么来计算纳税人应缴纳的税额。计税依据可以分为从价计征、从量计征、复合计征三种类型。

**提示**

计税依据与征税对象虽然同样反映征税客体，但两者解决的问题不同。征税对象规定对什么征税，计税依据则在确定征税对象之后解决如何计量的问题。

（1）从价计征。计税金额是以征税对象的自然数量与单位价格的乘积为计税依据，主要包括收入额、收益额、财产额、资金额等。

应纳税额=计税金额×适用税率

（2）从量计征。即以征税对象的自然实物量为计税依据，按税法规定的计量标准（数量、重量、面积等）计算计征的税种。计税数量因征税对象不同，所包含的内容也不同，如中国的资源税，对原油以实际产量为计税依据，税法规定的计量标准为“吨”；对天然气以实际销售数量为计税依据，税法规定的计量标准是“千立方米”。

应纳税额=计税数量×单位适用税额

（3）复合计征。复合计征是实行从量定额和从价定率相结合计算应纳税额。如：消费税中的卷烟、白酒等实行复合计征，其计税依据为销售额和销售数量。

$$应纳税额=计税金额\times适用税率+计税数量\times单位适用税额$$

7. 纳税环节

纳税环节是指税法规定的征税对象从生产到消费的流转过程中应当缴纳税款的环节。如流转税在生产和流通环节纳税，所得税在分配环节纳税等。按照某种税征税环节的多少，可以将税种分为两类，即一次课征制和多次课征制。

一次课征制是指同一税种在商品流转的全过程中只选择某一环节课征的制度。如对金银珠宝首饰在零售环节征收消费税。

多次课征制是指同一税种在商品流转全过程中选择两个或两个以上环节课征的制度。如在商品的生产、批发、零售环节均征收增值税。

8. 纳税期限

纳税期限指纳税人在发生纳税义务后应依法缴纳税款的期限。包括纳税义务发生时间、纳税期限和缴库期限。规定纳税期限是为了及时保证国家财政收入的实现，也是税收强制性和固定性的体现。税法中，根据不同的情况规定不同的纳税期限，纳税人必须在规定的纳税期限内缴纳税款。纳税期限可以分为两种：

一是按期纳税。如增值税的纳税期限根据纳税人的生产和经营情况与应纳税额的大小分别核定为 1 天、3 天、5 天、10 天、15 天、1 个月、1 个季度为一期，逐期计算缴纳。

二是按次纳税。如进口商品应纳的增值税，是在纳税人发生纳税义务后，按次计算缴纳。

9. 纳税地点

纳税地点是指纳税人(包括代征、代扣、代缴义务人)依据税法规定向征税机关申报纳税的具体地点。通常，在税法上规定的纳税地点主要是机构所在地、经济活动发生地、财产所在地、报关地等。如销售房地产，其增值税纳税地点为房地产所在地。

10. 减免税

减免税是指国家对某些纳税人和征税对象给予鼓励和照顾的一种特殊规定。主要包括三个方面的内容：

(1) 减税和免税。主要是对某些纳税人和征税对象采取减少征税或者免予征税的特殊规定。减税是指从应征税额中减征部分税款；免税是指对按规定应征收的税款全部免除。

减税和免税具体又分为两种情况：税法直接规定的减免税优惠；依法给予一定期限内的减免税优惠，期满后仍按规定纳税。

(2) 起征点。起征点是指对征税对象达到一定数额才开始征税的界限。征税对象的数额没有达到规定数额的不征税，达到规定数额的，就其全部数额征税。

(3) 免征额。免征额是指对征税对象总额中免予征税的数额。即将纳税对象中的一部分给予减免，只就减免后的剩余部分计征税款。如《个人所得税法》规定了免征额制度，对工资、薪金所得，以每月收入额减除费用 5000 元后的余额为应纳税所得额。

11. 法律责任

法律责任是指对违反国家税法规定的行为人采取的处罚措施。一般包括违法行为和因违法而应承担的法律责任两部分内容。违法行为是指违反税法规定的行为，包括作为和不作为。因违反税法而承担的法律责任包括行政责任和刑事责任。

**【例 3-3 · 单选题】**下列税法构成要素中，衡量纳税义务人税收负担轻重与否的重要标志的是(　　)。

A. 计税依据　　　　B. 税率　　　　C. 减税免税　　　　D. 征税对象

『答案』B。

【例题 3-4・多选题】下列各项中属于税法基本要素的有(　　)。

A. 征税人　　　　B. 纳税义务人　　　　C. 征税对象　　　　D. 计税依据

『答案』BCD。

【例题 3-5・判断题】根据税法规定，起征点是指对征税对象总额中免予征税的数额。即将纳税对象中的一部分给予减免，只就减除后的剩余部分计征税款。(　　)

『答案』×。起征点是指对征税对象达到一定数额才开始征税的界限。征税对象的数额没有达到规定数额的不征税，达到规定数额的，就其全部数额征税。

### 课后思考

1. 中等职业技术学校的在校生是不是纳税人？
2. 比例税率与定额税率有何异同？
3. 起征点与免征额有什么区别？

# 第三节　税收征收管理

## 一、税务登记

税务登记是税务机关依据税法规定，对纳税人的生产、经营活动进行登记管理的一项法定制度，也是纳税人依法履行纳税义务的法定手续。税务登记是整个税收征收管理的起点。税务登记的作用在于掌握纳税人的基本情况和税源分布情况；税务登记是税收法律关系成立的证明和依据。

税务登记种类包括：开业登记，变更登记，停业、复业登记，注销登记，外出经营报验登记，纳税人税种登记，扣缴税款登记等。

### （一）开业登记

1. 开业登记的概念

开业登记是指从事生产经营的纳税人，经国家行政管理部门批准开业后，办理的纳税登记。

2. 开业登记的对象

根据有关规定，开业登记的纳税人分为以下两类：

（1）领取营业执照从事生产、经营活动的纳税人。包括：企业，企业在外地设立的分支机构和从事生产经营的场所，个体工商户，从事生产经营的机关团体、部队、学校和其他事业单位。

（2）其他纳税人。对不从事生产经营活动，但依法负有纳税义务的单位和个人，除国家机关、临时取得应税收入或发生应税行为(无固定经营场所的流动性农村小商贩)以及只缴纳个人所得税、车船税个人外，也应该按规定向税务机关办理税务登记。

此外，依法负有代扣代缴或者代收代缴税款的扣缴义务人，也应该依法办理扣缴税款登

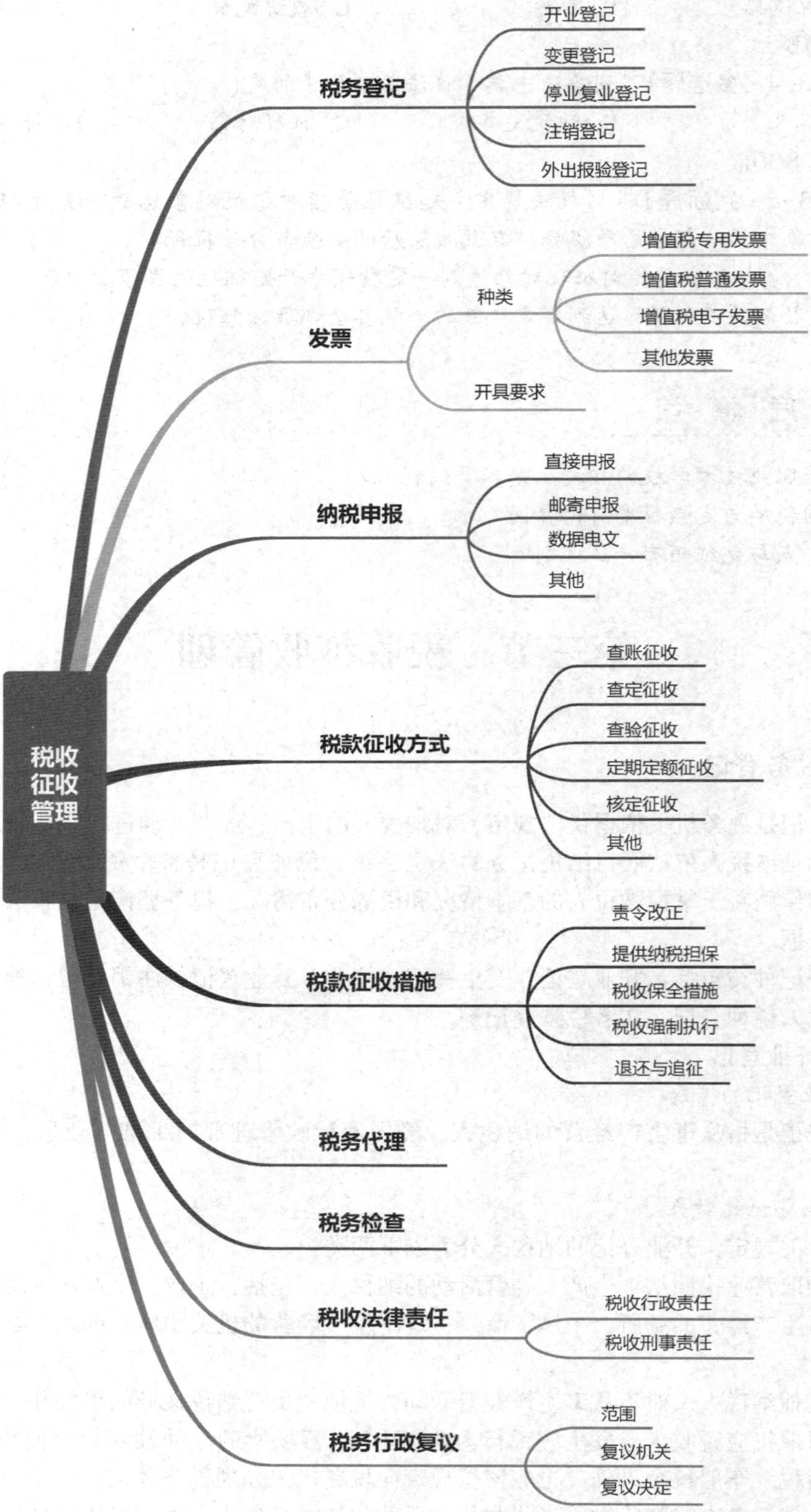
税收征收管理
税务登记
开业登记
变更登记
停业复业登记
注销登记
外出报验登记
发票
种类
增值税专用发票
增值税普通发票
增值税电子发票
其他发票
开具要求
纳税申报
直接申报
邮寄申报
数据电文
其他
税款征收方式
查账征收
查定征收
查验征收
定期定额征收
核定征收
其他
税款征收措施
责令改正
提供纳税担保
税收保全措施
税收强制执行
退还与追征
税务代理
税务检查
税收法律责任
税收行政责任
税收刑事责任
税务行政复议
范围
复议机关
复议决定

记；其他纳税人和扣缴税款义务人办理税务登记的具体对象范围由国务院另行规定。

3. 开业登记的时间和地点

(1) 从事生产、经营的纳税人，应当自领取营业执照之日起 30 日内，向生产、经营地或者纳税义务发生地的主管税务机关申报办理税务登记，如实填写税务登记表，并按照税务机关的要求提供有关证件、资料。

(2) 除上述以外的其他纳税人，应当自纳税义务发生之日起 30 日内，持有关证件向所在地主管税务机关申报办理税务登记。以下几种情况应比照开业登记办理：

① 扣缴义务人应当自扣缴义务发生之日起 30 日内，向所在地的主管税务机关申报办理扣缴税款登记，领取扣缴税款登记证件；税务机关对已办理税务登记的扣缴义务人，可以只在其税务登记证件上登记扣缴税款事项，不再发给扣缴税款登记证件。

② 跨地区的非独立核算分支机构应当自设立之日起 30 日内，向所在地税务机关办理注册税务登记。

③ 从事生产、经营的纳税人到外县(市)临时从事生产、经营活动的，在同一地连续 12 个月内累计超过 180 天的，应当自期满之日起 30 日内，向生产、经营所在地税务机关申报办理税务登记，税务机关核发临时税务登记证及副本。

4. 开业登记的申请材料与审核

纳税人在申报办理税务登记时，应当根据不同情况向税务机关如实提供以下证件和资料：

(1) 工商营业执照或其他核准执业证件及复印件；

(2) 有关合同、章程、协议书及复印件；

(3) 组织机构统一代码证书及复印件；

(4) 法人代表(负责人)或业主居民身份证、护照或者其他证明身份的合法证件及复印件；

(5) 主管税务机关要求报送的其他资料。

税务机关应当自收到税务登记申报之日起 30 日内审核完毕，对于符合规定的纳税人予以登记，发给税务登记证及其副本，并分税种填制税种登记表，确定纳税人所适用的税种、税目、税率、报缴税款的期限、征收方式和缴库方式等，逐户建立档案。对于不符合规定的不予登记，但应在 30 日内予以答复。

5. 税务登记证

税务登记证由国家税务总局统一式样标准，由省级税务机关统一印制。

税务登记证件不得转借、涂改、损毁、买卖或者伪造。税务机关对税务登记证实行定期验证和换证制度。纳税人应当将税务登记证正本在其生产、经营或者办公场所内明显易见的地方公开悬挂，接受税务机关检查。纳税人遗失税务登记证件的，应当在 15 日内书面报告主管税务机关，并登报声明作废。

6. 税务登记证使用

纳税人在开立银行账户申请减免税；申请办理延期申报、延期缴纳领购发票；申请开具外出经营活动税收管理证明；办理停业、歇业；其他有关税务事项时需要使用税务登记证。

**【例 3-6 · 多选题】**下列选项中需要办理税务登记的是(　　)。

A. 从事生产经营的机关团体

B. 个体工商户

C. 企业在外地设立的分支机构和从事生产、经营的场所

D. 国家机关

『**答案**』：ABC。

【**例 3-7 · 单选题**】从事生产、经营的纳税人应当自领取营业执照之日起(　　)日内，持有关证件向税务机关申报办理税务登记。

A. 30　　B. 15　　C. 20　　D. 10

『**答案**』：A。

【**例 3-8 · 单选题**】企业向税务机关办理税务登记时需要提供的资料有(　　)。

A. 营业执照　　B. 法定代表人的身份证

C. 企业章程　　D. 企业财务报表

『**答案**』：ABC。

## 课后思考

1. 对从事生产、经营的外地纳税人要办理税务登记吗？

2. 临时取得应税收入或发生应税行为的只缴纳个人所得税、车船使用税的个人是否也要办理登记手续？

### （二）变更登记

1. 概念

变更税务登记是指纳税人在办理税务登记后，因登记内容发生变化时需要对原有登记内容进行更改，应当向原税务机关申报办理变更税务登记。变更税务登记的主要目的在于及时掌握纳税人的生产经营情况，减少税款的流失。

2. 适用范围

纳税人办理税务登记后，如发生下列情形之一，应当办理变更税务登记：发生改变名称、改变法定代表人、改变经济性质或经济类型、改变住所和经营地点(不涉及主管税务机关变动的)、改变生产经营和经营方式、增减注册资金(资本)、改变隶属关系、改变生产经营期限、改变或增减银行账号、改变生产经营权属以及改变其他税务登记内容的。

3. 变更税务登记的申请

（1）纳税人已在工商行政管理机关办理变更登记的，应当自工商行政管理机关变更登记之日起 30 日内，向原税务登记机关如实提供下列有关证件、资料，申报办理变更税务登记：

① 工商登记变更表及工商营业执照；

② 纳税人变更登记内容的有关证明文件；

③ 税务机关发放的原税务登记证件；

④ 其他有关资料。

（2）纳税人按照规定不需要在工商行政管理机关办理变更登记，或者其变更登记的内容与工商登记内容无关的，应当自税务登记内容实际发生变化之日起 30 日内，或者自有关机关批准或者宣布变更之日起 30 日内，持下列有关证件到原税务登记机关申报办理变更税务登记：

① 纳税人变更登记内容的有关证明文件；

② 税务机关发放的原税务登记证件；

③ 其他有关资料。

【例 3-9 · 单选题】纳税人发生的下列情形中，不应办理变更税务登记的有(　　)。

A. 更换法定代表人

B. 改变银行账号

C. 由国有企业改制为股份制

D. 经营地址迁移需要改变原税务机关的

『答案』D。

纳税人提交有关变更登记的证件、资料齐全的，应如实填写税务登记变更表，符合规定的，税务机关应“当日”办理，不符合规定的，税务机关应通知其补正。税务登记表和税务登记证中的内容都发生变更：重新核发税务登记证件；税务登记表的内容发生变更而税务登记证中的内容未发生变更：不重新核发税务登记证件。

**(三) 停业、复业登记**

纳税人暂停和恢复生产经营活动应当办理停业、复业登记。

1. 停业登记

实行定期定额征收方式纳税人，其在营业执照核准的经营期限内需要停业的，应当在停业前向税务机关申报办理停业登记。纳税人的停业期限不得超过一年。

2. 复业登记

纳税人应当于恢复生产经营之前，向税务机关申报办理复业登记，如实填写《停、复业报告书》，领回并启用税务登记证件、发票领购簿及其停业前领购的发票。

纳税人停业期满不能及时恢复生产经营的，应当在停业期满前向税务机关提出延长停业登记申请，并如实填写《停、复业报告书》。纳税人停业期满未按期复业又不申请延长停业的，税务机关应当视为已恢复营业，实施正常的税收征收管理。

纳税人在停业期间发生纳税义务的，应当按照税收法律、行政法规的规定申报缴纳税款。

## 课后思考

某税务所在 2019 年 8 月 11 日，某区国税局稽查人员在对某加油站进行日常纳税检查时发现，该加油站于 8 月 8 日由原经营地福兴大街 55 号，搬迁到马路对面福兴大街 98 号经营。由于加油站的经营地址中只是门牌号稍有不同，该加油站的财务人员就将税务登记证件中的地址 55 号直接改为 98 号。分析该加油站的财务人员的做法是否正确。

**(四) 注销税务登记**

1. 概念

注销税务登记是指纳税人由于法定的原因终止履行纳税义务时，向原税务机关申请办理的取消税务登记的手续。办理注销税务登记后，该当事人不再接受原税务机关管理。

2. 适用范围

(1) 纳税人因经营期限届满而自动解散；

(2) 企业由于改组、分级、合并等原因而被撤销；

(3) 企业资不抵债而破产；

(4) 纳税人住所、经营地址迁移而涉及改变原主管税务机关的；

(5) 纳税人被工商行政管理部门吊销营业执照；

(6) 以及纳税人依法终止履行纳税义务的其他情形。

3. 注销登记的申请

(1) 纳税人发生解散、破产、撤销以及其他情形，依法终止履行纳税义务的，应当在向工商行政管理机关或者其他机关办理注销登记前，持有关证件向原税务登记机关申报办理注销税务登记。

(2) 按照规定不需要在工商行政管理机关或者其他机关办理注销登记的，应当自有关机关批准或者宣告终止之日起15日内，持有关证件向原税务登记机关申报办理注销税务登记。

(3) 纳税人被工商机关吊销营业执照或者被其他机关予以撤销登记的，应当自营业执照吊销或者被撤销登记之日起15日内，向原税务登记机关申报办理注销税务登记。

(4) 纳税人因住所、经营地点变动，涉及改变税务登记机关的，应当在向工商行政管理机关或者其他机关申请办理变更或者注销登记前，或者住所、经营地点变动前，向原税务登记机关申报办理注销税务登记，并在30日内向迁达地的税务机关申报办理税务登记。如遇纳税人已经或正在享受税收优惠待遇的，迁出地税务机关应当在迁移通知书上注明。

纳税人办理注销税务登记前，应当向税务机关提交相关证明文件和资料，结清应纳税款、多退(免)税款、滞纳金和罚款，缴销发票、税务登记证件和其他税务证件，经税务机关核准后，办理注销税务登记手续。

**(五) 外出经营报验登记**

纳税人跨省(自治区、直辖市和计划单列市)临时从事生产经营活动的，不再开具《外出经营活动税收管理证明》，改向机构所在地的税务机关填报《跨区域涉税事项报告表》。纳税人在省(自治区、直辖市和计划单列市)内跨县(市)临时从事生产经营活动的，是否实施跨区域涉税事项报验管理由各省(自治区、直辖市和计划单列市)税务机关自行确定；

取消跨区域涉税事项报验管理的固定有效期。税务机关不再按照180天设置报验管理的固定有效期，改按跨区域经营合同执行期限作为有效期限。合同延期的，纳税人可向经营地或机构所在地的税务机关办理报验管理有效期限延期手续。

**(六) 纳税人税种登记**

纳税人在办理开业或变更税务登记的同时应当申请填报税种登记，由税务机关根据其生产、经营范围及拥有的财产等情况，确定纳税人所适用的税种、税目、税率、报缴税款期限、征收方式和缴库方式等。税务机关依据《纳税人税种登记表》所填写的项目，自受理之日起3日内进行税种登记。

**(七) 扣缴义务人扣缴税款登记**

1. 扣缴义务人的概念

扣缴义务人包括代扣代缴税款义务人和代收代缴税款义务人。

(1) 代扣代缴是指按照税法规定，负有扣缴税款的法定义务人，负责对纳税人应纳的税款进行代扣代缴。即由支付人在向纳税人支付款项时，从所列支的款项中依法直接扣收税款并代为缴入国库。

(2) 代收代缴是指按照税法规定，负有收缴税款的法定义务人，负责对纳税人应纳的税款进行代收代缴。即由与纳税人有经济业务往来的单位和个人在向纳税人收取款项时依法收取税款，并代为缴入国库。

2. 登记申报所需的资料

纳税人应根据《扣缴义务人登记表》《税务登记证》(副本)原件(已办理税务登记的)、组织机构代码证书(未办理税务登记的)、受托加工应税消费品的相关协议、合同原件及复印件(发生本项代扣代缴义务的)。

3. 扣缴纳税款登记范围及时限要求

(1) 已办理税务登记的扣缴义务人应当自扣缴义务发生之日起30日内，向税务登记地税务机关申报办理扣缴税款登记。税务机关在其税务登记证件上登记扣缴税款事项，税务机关不再发给扣缴税款登记证件。

(2) 根据税收法律、行政法规的规定可不办理税务登记的扣缴义务人，应当自扣缴义务发生之日起30日内，向机构所在地税务机关申报办理扣缴税款登记，税务机关核发扣缴税款登记证件。

**【例3-10·单选题】**纳税人到外县(市)从事生产经营活动的，应当向(　　)税务机关报验登记，接受税务管理。

A. 所在地　　B. 注册地　　C. 营业地　　D. 主管地

**『答案』**C。

### 课后思考

陈某在武汉市汉阳区设立了个人独资企业，其住所为其经营地点。后根据经营情况，陈某将企业搬至武昌区。分析陈某应办理何种税务登记。

## 二、发票开具与管理

发票是指在购销商品、提供劳务或接受劳务、服务以及从事其他经营活动，所提供给对方的收付款的凭证。它是确定经营收支行为发生的法定凭证，是会计核算的原始凭证，也是税务稽查的重要依据。

税务机关是发票主管机关，管理和监督发票的印制、领购、开具、取得、保管、缴销。

**(一) 发票的种类和适用范围**

全国范围内统一式样的发票，由国家税务总局确定，如增值税发票。

在省、自治区、直辖市范围内统一式样的发票，由省级税务机关确定。

1. 增值税专用发票

包括增值税专用发票和机动车销售统一发票。

(1) 印制。

增值税专用发票由国家税务总局(国务院税务主管部门)指定的企业印制。

(2) 使用。

增值税专用发票限于增值税一般纳税人领购使用；增值税小规模纳税人一般不得领购使用，要用时可以到税务机关代开增值税专用发票或自愿到使用增值税发票管理系统自行开具；但销售其取得的不动产，需要开具增值税专用发票的，应当按照有关规定向税务机关申请代开。

一般纳税人如有下列法定情形出现也不得领购使用：

① 会计核算不健全；

② 不能向税务机关准确提供有关增值税计税资料者；

③ 有违规使用增值税专用发票的行为，经税务机关责令限期改正而仍未改正者；

④ 销售的货物全部属于免税项目者。

（3）联次。

三联：记账联、抵扣联、发票联。

1100191140

**增值税专用发票**

№ 08444486　1100191140　08444486

此联不作报销、扣税凭证使用

机器编号：982888812388　　开票日期：

| 购买方 | 名　　称：<br>纳税人识别号：<br>地 址、电 话：<br>开户行及账号： | 密码区 | -078863%2#07>-9#9325*33%0*21<br>#537-7*2974%2>#8#09-0-45#9>8<br>%0528>7139096151#16195-9531<br>9#%4796-8#-40342499*15675O#8 |
|---|---|---|---|

| 货物或应税劳务、服务名称 | 规格型号 | 单位 | 数 量 | 单 价 | 金 额 | 税率 | 税 额 |
|---|---|---|---|---|---|---|---|
| 合　　计 | | | | | | | |
| 价税合计（大写） | ⊗ | | | | （小写） | | |

| 销售方 | 名　　称：<br>纳税人识别号：<br>地 址、电 话：<br>开户行及账号： | 备注 | 校验码 52118 02817 08248 65199 |
|---|---|---|---|

收款人：　　复核：　　开票人：　　销售方：（章）

第一联：记账联　销售方记账凭证

税总函〔202X〕××号×××公司

1100191140

**增值税专用发票**

№ 63261274　1100191140　63261274

抵扣联

机器编号：982888812388　　开票日期：

| 购买方 | 名　　称：<br>纳税人识别号：<br>地 址、电 话：<br>开户行及账号： | 密码区 | 31%3435301788*4%307875>46*79<br>267294197#%0%786#*181%-3901<br>0%31-5#**81177>499799##70588<br>*00*36856355*4-1-6*297-1#021 |
|---|---|---|---|

| 货物或应税劳务、服务名称 | 规格型号 | 单位 | 数 量 | 单 价 | 金 额 | 税率 | 税 额 |
|---|---|---|---|---|---|---|---|
| 合　　计 | | | | | | | |
| 价税合计（大写） | ⊗ | | | | （小写） | | |

| 销售方 | 名　　称：<br>纳税人识别号：<br>地 址、电 话：<br>开户行及账号： | 备注 | 校验码 52118 02817 08248 65199 |
|---|---|---|---|

收款人：　　复核：　　开票人：　　销售方：（章）

第二联：抵扣联　购买方扣税凭证

税总函〔202X〕××号×××公司

1100191140

**增值税专用发票**

№ 80034085　1100191140　80034085

发票联

机器编号：982888812388　　开票日期：

| 购买方 | 名　　称：<br>纳税人识别号：<br>地 址、电 话：<br>开户行及账号： | 密码区 | 24299930763*17>8--48334<5>79<br>19#8#>-6*27383-52>#13-581602<br>0+>63%9#6-#7001256484962-189<br>-4658#52-91%7%4-83#1557>>#21 |
|---|---|---|---|

| 货物或应税劳务、服务名称 | 规格型号 | 单位 | 数 量 | 单 价 | 金 额 | 税率 | 税 额 |
|---|---|---|---|---|---|---|---|
| 合　　计 | | | | | | | |
| 价税合计（大写） | ⊗ | | | | （小写） | | |

| 销售方 | 名　　称：<br>纳税人识别号：<br>地 址、电 话：<br>开户行及账号： | 备注 | 校验码 52118 02817 08248 65199 |
|---|---|---|---|

收款人：　　复核：　　开票人：　　销售方：（章）

第三联：发票联　购买方记账凭证

税总函〔202X〕××号×××公司

2. 普通发票

包括行业发票和专用发票。前者适用于某个行业和经营业务，如商业零售统一发票、商业批发统一发票、工业企业产品销售统一发票等；后者仅适用于某一经营项目，如广告费用结算发票、商品房销售发票等。

(1) 印制：

普通发票省级税务机关指定的企业统一印制。

(2) 使用：

增值税小规模纳税人发生应税行为，使用普通发票，增值税一般纳税人在不能开具专用发票的情况下也可使用普通发票。

(3) 联次：

基本联次一般有 2 联，即记账联和发票联。

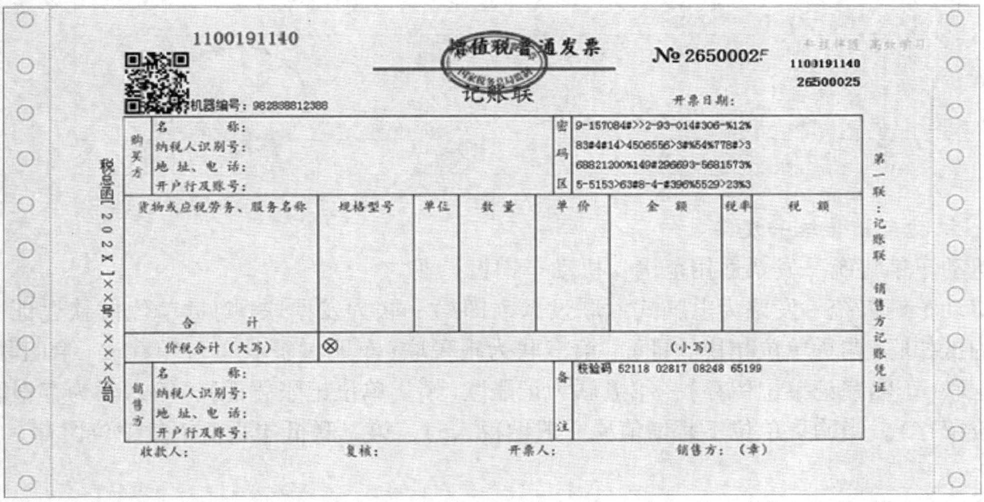


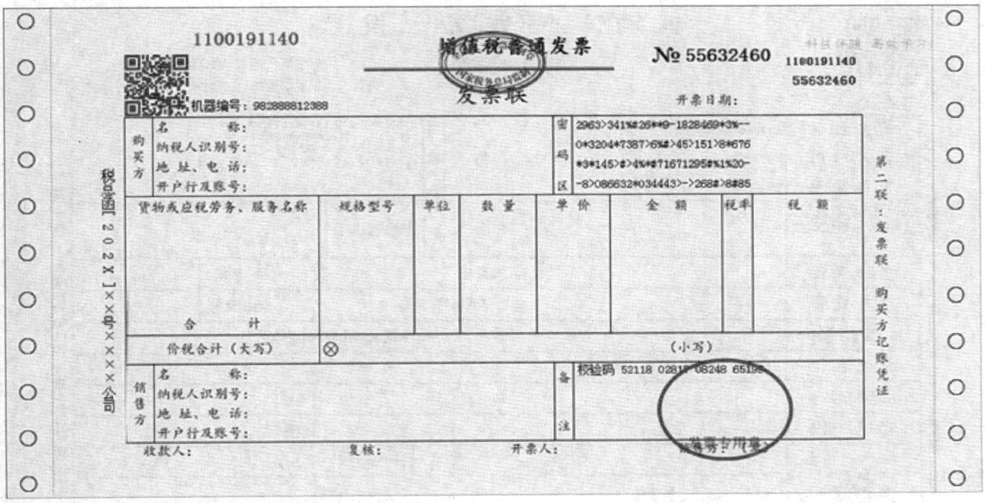


3. 增值税电子普通发票

增值税电子普通发票(简称电子发票)是指通过增值税发票系统升级版开具、上传，通过电子发票服务平台查询、下载的电子增值税普通发票，是在原有加密防伪措施上，使用数字证书进行签章后供购买方下载使用。

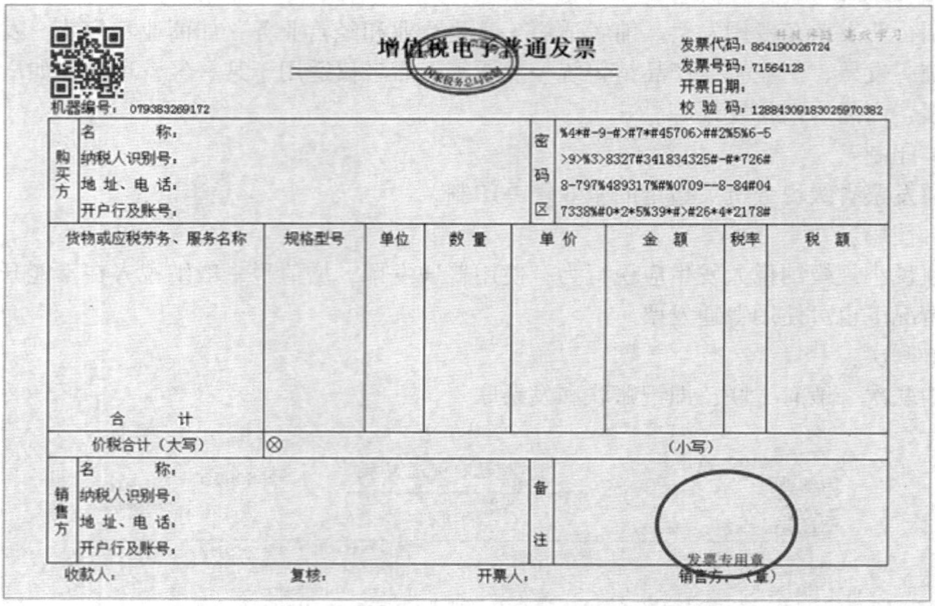

增值税电子普通发票

机器编号：079383269172

发票代码：864190026724
发票号码：71564128
开票日期：
校验码：12884309183025970382

| | | | | |
|---|---|---|---|---|
| 购买方 | 名称：<br>纳税人识别号：<br>地址、电话：<br>开户行及账号： | 密码区 | %4*#-9-#>#7*#45706>##2%5%6-5<br>>9>%3>8327#341834325#-#*726#<br>8-797%489317%#%0709--8-84#04<br>7338%#0*2*5%39*#>#26*4*2178# | |

| 货物或应税劳务、服务名称 | 规格型号 | 单位 | 数量 | 单价 | 金额 | 税率 | 税额 |
|---|---|---|---|---|---|---|---|
| 合计 | | | | | | | |
| 价税合计（大写） | ⊗ | | | | （小写） | | |

| | | | |
|---|---|---|---|
| 销售方 | 名称：<br>纳税人识别号：<br>地址、电话：<br>开户行及账号： | 备注 | 发票专用章 |

收款人： 复核： 开票人： 销售方：（章）

4. 机动车销售统一发票

机动车销售统一发票适用范围：机动车销售行业。

机动车销售统一发票为电脑式六联发票。即第一联为发票联（购货单位付款凭证），第二联为抵扣联（购货单位扣税凭证），第三联为报税联（车购税征收单位留存），第四联为注册登记联（车辆登记单位留存），第五联为记账联（销货单位记账凭证），第六联为存根联（销货单位留存）。当购货单位不是增值税一般纳税人时，第二联抵扣联由销货单位留存。

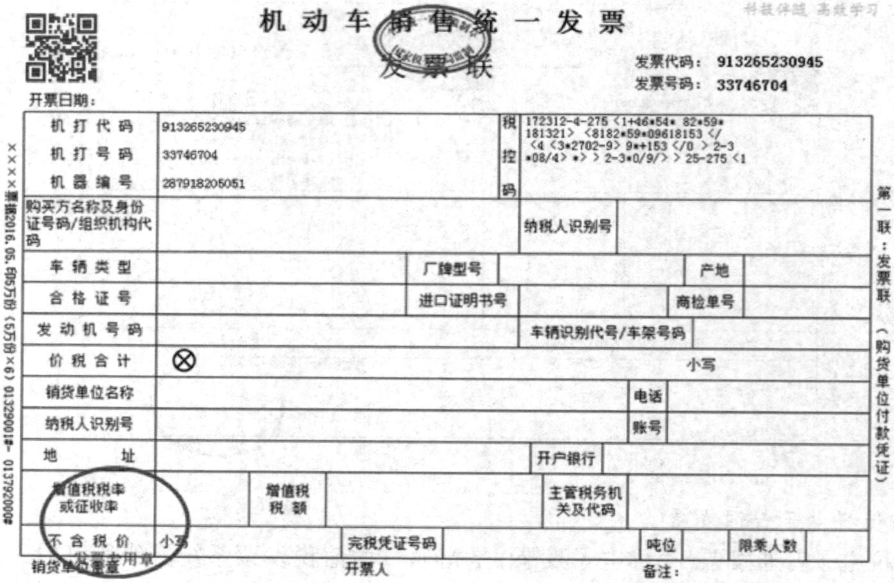

科技伴随 高效学习

机动车销售统一发票

发票联

发票代码：913265230945
发票号码：33746704

开票日期：

| | | | | | | |
|---|---|---|---|---|---|---|
| 机打代码 | 913265230945 | 税控码 | 172312-4-275 <1+46*54* 82*59*<br>181321> <8182*59*09618153 </<br><4 <3*2702-9> 9*+153 </0 > 2-3<br>*08/4> *> > 2-3*0/9/> > 25-275 <1 | | | |
| 机打号码 | 33746704 | | | | | |
| 机器编号 | 287918205051 | | | | | |
| 购买方名称及身份证号码/组织机构代码 | | 纳税人识别号 | | | | |
| 车辆类型 | | 厂牌型号 | | 产地 | | |
| 合格证号 | | 进口证明书号 | | 商检单号 | | |
| 发动机号码 | | 车辆识别代号/车架号码 | | | | |
| 价税合计 | ⊗ | | | 小写 | | |
| 销货单位名称 | | | | 电话 | | |
| 纳税人识别号 | | | | 账号 | | |
| 地址 | | 开户银行 | | | | |
| 增值税税率或征收率 | | 增值税税额 | | 主管税务机关及代码 | | |
| 不含税价 | 小写 | 完税凭证号码 | | 吨位 | | 限乘人数 |

销货单位盖章 发票专用章 开票人 备注：

第一联：发票联（购货单位付款凭证）

××××票据2016.05.印05万份（5万份×6）01329001#～01379200#

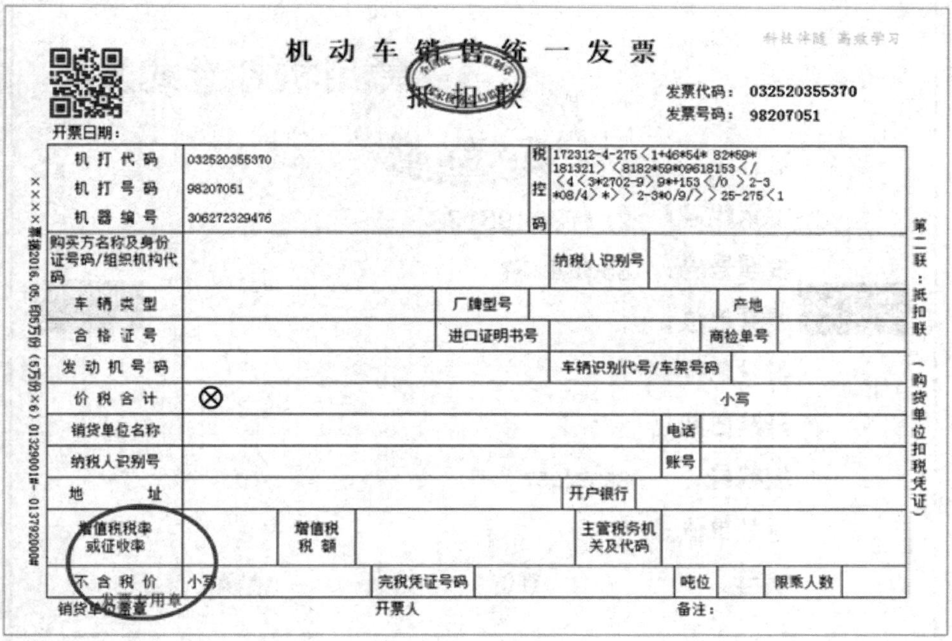
机动车销售统一发票
科技伴随 高效学习
抵扣联
发票代码：032520355370
发票号码：98207051
开票日期：

| | | | |
|---|---|---|---|
| 机打代码 | 032520355370 | 税控码 | 172312-4-275<1+46*54* 82*59* 181321> <8182*59*09618153</ <4<3*2702-9>9**153</0 >2-3 *08/4>*>> 2-3*0/9/>> 25-275<1 |
| 机打号码 | 98207051 | | |
| 机器编号 | 306272329476 | | |

购买方名称及身份证号码/组织机构代码　纳税人识别号
车辆类型　厂牌型号　产地
合格证号　进口证明书号　商检单号
发动机号码　车辆识别代号/车架号码
价税合计　⊗　小写
销货单位名称　电话
纳税人识别号　账号
地址　开户银行
增值税税率或征收率　增值税税额　主管税务机关及代码
不含税价　小写　完税凭证号码　吨位　限乘人数
销货单位盖章　开票人　备注：
第二联：抵扣联（购货单位扣税凭证）

5. 其他发票

(1) 通用机打发票：主要适用于餐饮业、娱乐业不达起征点的小规模纳税人。

(2) 通用手工发票(百元版)：主要适用于个体工商户(不达起征点的小规模纳税人)。

(3) 通用定额发票。

(4) 过路(过桥)费发票、客运发票。

(5) 二手车销售统一发票。

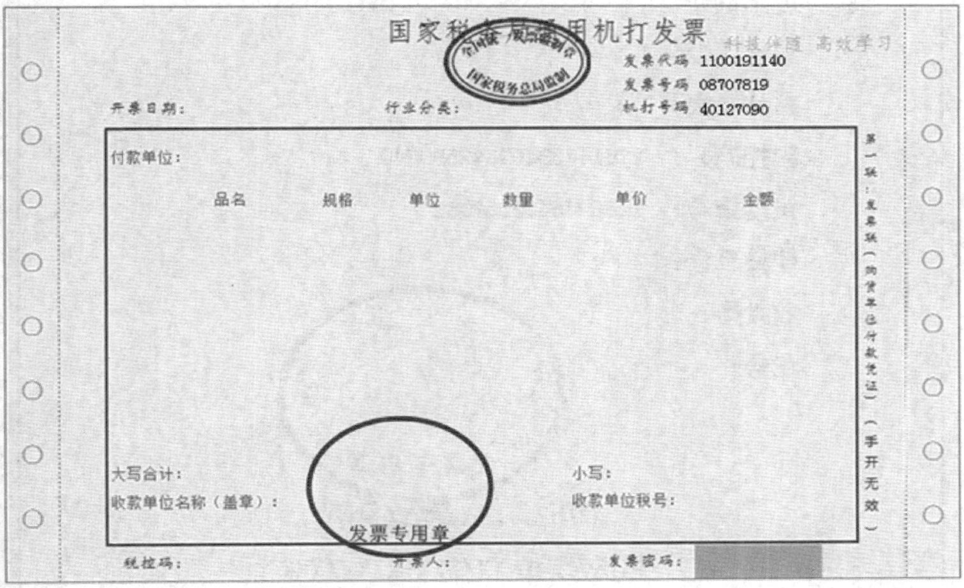
国家税务局通用机打发票
科技伴随 高效学习
发票代码 1100191140
发票号码 08707819
机打号码 40127090
开票日期：　行业分类：
付款单位：
品名　规格　单位　数量　单价　金额
大写合计：　小写：
收款单位名称（盖章）：　收款单位税号：
发票专用章
税控码：　开票人：　发票密码：
第一联：发票联（购货单位付款凭证）（手开无效）

通用机打卷式发票

全国统一发票监制章

发票联

发票代码：217780493138

发票号码：85384257

[redacted] 收款单位： [redacted]

付款单位(个人)

开票日期：

发票号：85384257

付款单位：

项目　　单价　　数量　　金额

除付款单位外手填无效

备注：

原总合计：　　折让：

合计（小写）：

合计（大写）：

税控码：27614438409342599749

机器编号：1265945422357062

收款单位：

收款员：

税号：

企业名称

税号

发票专用章

X印总厂XXXX年XX月印

起讫号码XXXXXXXX-XXXXXXXX

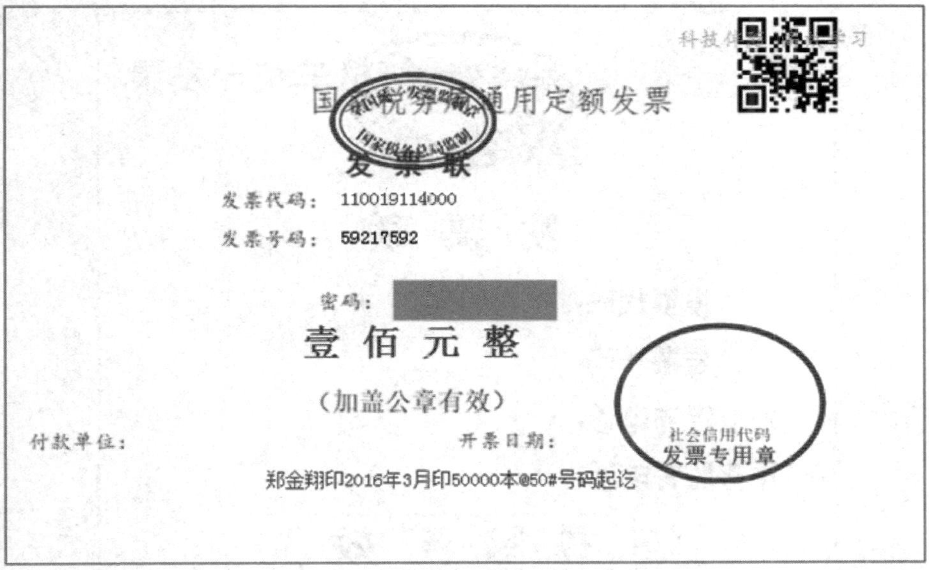
科技伴随 高效学习
国家税务总局通用定额发票
全国统一发票监制章
国家税务总局监制
发票联
发票代码： 110019114000
发票号码： 59217592
密码：
壹佰元整
（加盖公章有效）
付款单位：
开票日期：
社会信用代码
发票专用章
郑金翔印2016年3月印50000本@50#号码起讫

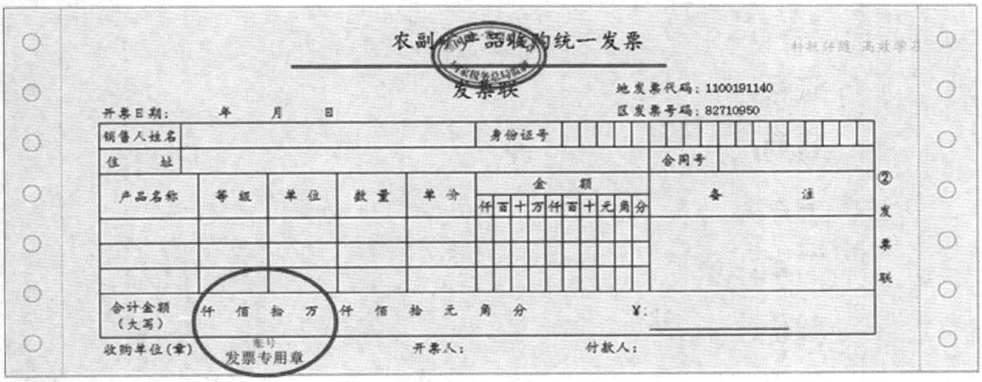
农副产品收购统一发票
科技伴随 高效学习
发票联
地发票代码：1100191140
区发票号码：82710950
开票日期： 年 月 日
销售人姓名
身份证号
住 址
合同号
产品名称
等级
单位
数量
单价
金额
仟 百 十 万 仟 百 十 元 角 分
备 注
②发票联
合计金额（大写） 仟 佰 拾 万 仟 佰 拾 元 角 分 ￥：
收购单位（章）
账号
发票专用章
开票人：
付款人：

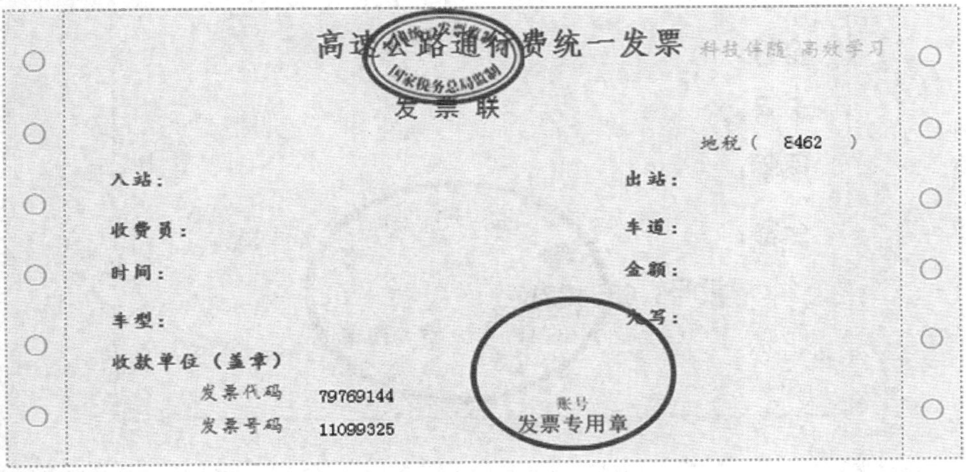
高速公路通行费统一发票
科技伴随 高效学习
国家税务总局监制
发票联
地税（ 8462 ）
入站：
出站：
收费员：
车道：
时间：
金额：
车型：
大写：
收款单位（盖章）
发票代码 79769144
发票号码 11099325
账号
发票专用章

客运出租车统一发票

TAXI RECEIPT

**发 票 联**

发票代码：

发票号码：

发票查询电话：

服务监督电话：

**书 写 无 效**

车号：

证号：

日期：　　　年　　　月　　　日

上车：

下车：

单价：

里程：

等候：

金额：

卡号：

原额：

余额：

批号：63342217

交通运输委员会

出租汽车发票专用章

**（二）开具发票的要求**

（1）单位和个人应在发生经营业务、确认营业收入时，才能开具发票。

（2）开具发票，应按号码顺序填开，“全部联次一次性”复写或打印，并在“发票联和抵扣联”加盖单位“发票专用章”。

（3）填写发票应当使用中文。民族自治地区可以同时使用当地通用的一种民族文字；外商投资企业和外资企业可以同时使用一种外国文字。

（4）使用电子计算机开具发票必须报主管税务机关批准，并使用税务机关统一监制的机打发票。

（5）发票开票时限和地点应符合规定。

（6）任何单位和个人不得有下列虚开发票行为：

① 为他人、为自己开具与实际业务情况不符的发票；

② 让他人为自己开具与实际经营业务不符的发票；

③ 介绍他人开具与实际经营业务不符的发票。

（7）任何单位和个人不得转借、转让、代开发票，未经批准不得拆本使用发票，不得自行扩大发票的使用范围。

（8）发票限于领购单位和个人在本省、自治区、直辖市内开具。

任何单位和个人未经批准，不得跨规定的使用区域携带、邮寄、运输空白发票。

禁止携带、邮寄或者运输空白发票出入境。

（9）开具发票的单位和个人应当按照税务机关的规定存放和保管发票，不得擅自销毁。已开具的发票存根联和发票登记簿，应当保存5年。保存期满，报经税务机关查验后销毁。

（10）发票丢失，应于丢失(发现丢失)当日书面报告主管税务机关，并在报刊和电视等传播媒介上公告声明作废。

**（三）发票的检查**

税务机关在发票管理中有权进行下列检查：

（1）检查印制、领购、开具、取得、保管和缴销发票的情况；

（2）调出发票查验；

（3）查阅、复制与发票有关的凭证、资料；

（4）向当事各方询问与发票有关原问题和情况；

（5）在查处发票案件时，对与案件有关的情况和资料，可以记录、录音、录像、照相和复制。

印制、使用发票的单位和个人，必须接受税务机关依法检查，如实反映情况，提供有关资料，不得拒绝、隐瞒。税务人员进行检查时，应当出示税务检查证。

税务机关需要将已开具的发票调出查验时，应当向被查验的单位和个人开具发票换票证。发票换票证与所调出查验的发票有同等的效力。被调出查验发票的单位和个人不得拒绝接受。税务机关需要将空白发票调出查验时，应当开具收据；经查无问题时，应当及时返还。

**【例3-11·单选题】**不符合发票开具要求的是(　　)。

A. 开具发票时应按顺序填开，填写项目齐全，内容真实，字迹清楚

B. 填写发票应当使用中文

C. 可以拆本使用发票

D. 开具发票时限、地点应符合规定

『答案』C。

【例 3-12 · 多选题】下列有关发票的表述中，符合《发票管理办法》规定的有(　　)。

A. 经营业务已经发生，营业收入已经确认时，才能开具发票

B. 开具发票应按编号顺序填开，内容真实、全部联次一次性复写或打印

C. 经单位负责人同意，可以代其他单位开具发票

D. 开具的发票存根联应当保存 5 年

『答案』ABD。

## 课后思考

1. 下列票据单证是否合法？取得不合法发票将造成什么后果？

(1) 白条及使用收款纸张直接制作的支付款凭证。

(2) 伪造的假发票、假作废发票。

2. 国家为什么要对增值税专用发票实施严格管理？

## 三、纳税申报

纳税申报，是指纳税人、扣缴义务人按照税法规定的期限和内容向税务机关提交有关纳税事项书面报告的法律行为，是纳税人履行纳税义务、承担法律责任的主要依据，是税务机关税收管理信息的主要来源和税务管理的一项重要制度。

纳税人办理纳税申报主要采取方式有：

1. 直接申报，即上门申报

纳税人直接到税务机关办理纳税申报。这是主要的纳税申报方式。

2. 邮寄申报

邮寄申报是指经税务机关批准，纳税人、扣缴义务人使用统一规定的纳税申报特快专递专用信封，通过邮政部门办理交寄手续，并向邮政部门索取收据作为申报凭据的方式。

邮寄申报以寄出地的邮政局邮戳日期为实际申报日期，凡实行查账征收方式的纳税人，经主管税务机关批准，可以采用邮寄纳税申报的办法。邮寄申报的邮件内容包括纳税申报表、财务会计报表以及税务机关要求纳税人报送的其他纳税资料。

3. 数据电文

数据电文申报是指经税务机关确定的电话语音、电子数据交换和网络传输等电子方式。如目前纳税人的网上申报就是数据电文申报的一种形式。

采用数据电文形式进行纳税申报的，是以纳税人将申报数据发送到税务机关特定系统，该数据电文进入特定系统的时间，视为申报时间。

4. 简易申报

简易申报是指实行定期定额征收的纳税人，经税务机关批准，通过以缴纳税款凭证代替申报或简并征期的一种申报方式。这种申报方式是以纳税人便利纳税为原则设置的。

以缴纳税款凭证代替申报就是由实行定期定额征收方式的纳税人在税务机关规定的期限内按照法律、行政法规规定缴清应纳税款，税务机关可以视同申报，当期(纳税期)可以不办理申报手续。

简并征期是将实行定期定额征收方式的纳税人经批准，可以采取将纳税期限合并为按季、半年或一年的方式缴纳税款。

5. 其他方式

其他方式是指纳税人、扣缴义务人采用直接办理、邮寄办理、数据电文办理以外的方法向税务机关办理纳税申报或者报送代扣代缴、代收代缴报告表。如纳税人、扣缴义务人可以委托注册税务师等有税务代理资质的中介机构或者他人代理申报纳税或报送代扣代缴、代收代缴报告表。

**【例 3-13·多选题】**纳税人在进行纳税申报时，可以采用(　　)。

A. 直接申报　　B. 邮寄申报

C. 口头申报　　D. 数据电文申报

**『答案』**ABD。

**【例 3-14·单选题】**邮寄申报纳税的申报日期是(　　)。

A. 填表日期　　B. 寄出的邮戳日期

C. 收寄的邮戳日期　　D. 税务机关收到日期

**『答案』**B。

**【例 3-15·判断题】**纳税人享受减税、免税待遇的，在减税、免税期间内可以不办理纳税申报。(　　)

**『答案』**×。

### 课后思考

1. 在纳税期限内没有应纳税款的纳税人，需要办理纳税申报吗？

2. 纳税申报表的主要内容有哪些？

## 四、税款征收

### (一) 税款征收方式

税款征收是税务机关依照税收法律、法规的规定，将纳税人应当缴纳的税款组织入库的一系列活动的总称。税款征收是税收征收管理的中心环节，是全部税收征收管理工作的目的和归宿。

税款征收的方式是指税务机关根据各税种的不同特点和纳税人的具体情况而确定计算、征收税款的形式和方法，包括确定征收方式和缴纳方式。税款征收方式主要包括：查账征收、查定征收、查验征收、定期定额征收、核定征收、代扣代缴、代收代缴、委托代征税款、其他。

1. 查账征收

查账征收是指纳税人先自行计算缴纳，税务机关再按照纳税人报送的纳税申报表、财务会计报表和其他有关资料，查账征收税款的征收方式。这种征收方式一般适用于财务会计制度健全、能够如实核算和提供生产经营情况、正确计算应纳税款和如实履行纳税义务的纳税人。

2. 查定征收

查定征收是指税务机关根据纳税人的从业人员、生产设备、采用原材料等因素，对其生产的应税产品查实核定产量、销售额并据以征收税款的方式。这种征收方式适用于生产经营规模较小、产品零星、税源分散、会计账册不健全，但是能够控制原材料或进销货的小型厂矿和作坊。

3. 查验征收

查验征收是指税务机关对纳税人的应税商品，通过查验数量，按市场一般销售单价计算其销售收入并据以征税的方式。这种征收方式一般适用于经营品种比较单一，生产经营地点时间和商品来源不固定的纳税人。

4. 定期定额征收

定期定额征收是指税务机关通过典型调查，对小型个体工商户在一定经营地点、一定经营时期、一定经营范围内的应纳税经营额(包括经营数量)或所得额(简称定额)进行核定，并以此为计税依据，确定其应纳税额。这种征收方式适用于经主管税务机关认定和县以上税务机关批准的生产经营规模小，达不到有关的设置账簿标准，难以查账征收，不能准确计算计税依据的个体工商户(包括个人独资企业，简称定期定额户)。

5. 核定征收

核定征收是由税务机关根据纳税人情况，在正常生产经营条件下，对其生产的应税产品查实核定产量和销售额，然后依照税法规定的税率征收税款的征收方式。主要适用于纳税人的会计账簿不健全，资料残缺难以查账，或者因其他原因难以准确确定纳税人应纳税额的情形。

(1) 核定征收的情形。

① 依照法律、行政法规的规定可以不设置账簿的；

② 依照法律、行政法规的规定应当设置但未设置账簿的；

③ 擅自销毁账簿或者拒不提供纳税资料的；

④ 虽设置账簿，但账目混乱，或者成本资料、收入凭证、费用凭证残缺不全，难以查账的；

⑤ 发生纳税义务，未按照规定的期限办理“纳税申报”，经税务机关责令限期申报，逾期仍不申报的；

⑥ 纳税人申报的计税依据明显偏低，又无正当理由的。

(2) 核定方法。

① 参照当地同类行业或者类似行业中经营规模和收入水平相近的纳税人的税负水平核定；

② 按照营业收入或者成本加合理的费用和利润的方法核定；

③ 按照耗用的原材料、燃料、动力等推算或者测算核定；

④ 按照其他合理方法核定。

当其中一种方法不足以正确核定应纳税额时，可以同时采用两种以上的方法核定。

6. 代扣代缴

代扣代缴是指依照税法规定，负有扣缴税款义务的法定义务人，在向纳税人支付款项时，从所支付的款项中直接扣收税款的一种税款征收方式。代扣代缴的目的是对零星分散、不易控制的税源实行源泉控制，如个人所得税。

7. 代收代缴

代收代缴，是指负有收缴税款义务的法定义务人，对纳税人应纳的税款进行代收代缴的一种税款征收方式。即由与纳税人有经济业务往来的单位和个人向纳税人收取款项时，依照税收的规定收取税款。这种方式一般适用于税收网络覆盖不到或很难控制的领域，如受托加工应缴消费税的消费品，由受托方代收代缴的消费税。

8. 委托代征税款

委托征收是指受托单位按照税务机关核发的代征证书的要求，以税务机关的名义向纳税人征收零散税款的一种税款征收方式。这种方式的适当使用有利于控制税源，方便征纳双方，降低征收成本。

9. 其他方式

除上述之外，还有自核自缴等方式。自核自缴也称“三自纳税”，是指纳税人按照税务机关的要求，在规定的缴款期限内，根据其财务会计情况，依照税法规定，自行计算税款，自行填写纳税缴款书，自行向开户银行缴纳税款，税务机关对纳税单位进行定期或不定期检查的一种税款征收方式。

## 课后思考

1. 税款征收的方式主要有哪些？

2. 代扣代缴与代收代缴有何区别？

**（二）税款征收措施**

税款征收方式是征税的方法，税款征收措施是保证税款及时足额入库的手段。

1. 责令缴纳

税务机关有根据认为从事生产、经营的纳税人有逃避纳税义务行为，可在规定的纳税期限之前责令其限期缴纳应纳税款。

2. 责令提供纳税担保

税务机关责令纳税人缴纳税款，在限期内发现纳税人有明显的转移、隐匿其应纳税的商品、货物以及其他财产或者应纳税收入的迹象，责成纳税人提供纳税担保。

3. 税收保全与税收强制执行

| | | |
|---|---|---|
| 保全 | 批准 | 经县以上税务局(分局)局长批准 |
| | 前提 | 税务机关责令具有税法规定情形的纳税人提供纳税担保而纳税人拒绝或不能提供担保 |
| | 具体措施 | (1)书面通知银行冻结相当于应纳税款的存款(陷阱：冻结全部资金)<br>(2)扣押、查封相当于应纳税款的商品、货物或者其他财产(陷阱：全部财产) |
| | 解除 | 自收到税款或者银行转回的完税凭证之日起1日内 |
| 强制执行 | 前提 | 从事生产经营的纳税人、扣缴义务人未按照规定的期限缴纳或者解缴税款，纳税担保人未按照规定的期限缴纳所担保的税款，由税务机关责令限期缴纳，逾期仍未缴纳 |
| | 具体措施 | (1)书面通知银行从存款中扣缴税款<br>(2)依法拍卖或者变卖相当于应纳税款的商品、货物或者其他财产，以拍卖或者变卖所得抵缴税款<br>【注意】滞纳金同时强制执行 |
| 不适用的财产 | 个人及其所扶养家属维持生活必需的住房和用品，单价5000元以下的其他生活用品 | |

【**例3-16·单选题**】ABC公司是一家在我国境内上市的公司，税务机关应当对其采取的

税款征收方式为(　　)。

A. 查账征收　　B. 查定征收　　C. 查验征收　　D. 定期定额征收

『答案』A。

**【例 3-17·单选题】**某单位为负有扣缴税款的法定义务人，在支付职工工资时，按个人所得税法规定，对超过法定扣除额的工资部分，应(　　)个人所得税。

A. 代收代缴　　B. 代扣代缴　　C. 委托代征　　D. 自报核缴

『答案』B。

**【例 3-18·单选题】**我国税务机关根据纳税人的生产经营状况对小型无账证的个体工商户可以采取(　　)征收税款。

A. 查定征收方式　　B. 查验征收方式

C. 委托代征方式　　D. 定期定额征收方式

『答案』D。

**【例 3-19·判断题】**根据《税收征管法》的规定，税收强制执行措施仅适用从事生产经营的纳税人。(　　)

『答案』×。

**【例 3-20·单选题】**税务机关有根据认为从事生产经营的纳税人有逃避纳税义务行为时税务机关不正确的做法是(　　)。

A. 在规定的纳税期之前，责令纳税人限期缴纳应税税款

B. 在限期内发现纳税人有明显的转移其应纳税的商品货物迹象的，税务机关可以责成纳税人提供纳税担保

C. 纳税人如不能提供纳税担保，经县以上税务局局长批准可以采取税收保全措施

D. 纳税人如不能提供纳税担保，税务机关可以采取强制执行措施

『答案』D。

**课后思考**

税收强制执行措施与税收保全措施有何不同?

## 五、税务代理

税务代理，指代理人接受纳税主体(纳税人、扣缴义务人)的委托，在法定的代理范围内依法代其办理相关税务事宜的行为。

### (一) 税务代理的特点

1. 自愿性

税务代理的选择一般有单向选择和双向选择，无论哪种选择都是建立在双方自愿的基础上的。也就是说，税务代理人实施税务代理行为，应当以纳税人、扣缴义务人自愿委托和资源选择为前提。

2. 公正性

税务代理机构不是税务行政机关，而是征纳双方的中介机构，因而只能站在公正的立场上，客观地评价代理人的经济行为；同时代理人必须在法律范围内为被代理人办理税收事宜，独立、公正地执行业务。既维护国家利益，又保护委托人的合法权益。

3. 有偿性

税务代理公司是社会中介机构，他不是国家行政机关的附属机构，因此，同其他企事业单位一样要自负盈亏，有偿服务，通过代理取得收入并抵补费用，获得利润。

4. 独立性

税务代理公司与国家行政机关、纳税人或扣缴义务人等没有行政隶属关系，既不受税务行政部门的干预，又不受纳税人、扣缴义务人所左右，独立代办税务相关事宜。

5. 确定性

税务代理公司的税务代理范围，是以法律、行政法规和行政规章的形式确定的。因此，税务代理公司不会超越规定的内容从事税务代理活动。

**（二）税务代理的法定业务范围**

税务代理的范围指的是按照国家有关法律的规定，允许税务代理人从事的业务内容，包括纳税人、扣缴义务人所委托的各项涉税事宜。《税务代理试行办法》规定，税务代理人可以接受纳税人、扣缴义务人的委托从事下列范围内的业务代理：

（1）办理税务登记、变更税务登记和注销税务登记；

（2）办理除增值税专用发票以外的其他发票领购手续；

（3）办理纳税申报和扣缴税款报告；

（4）办理缴纳税款和申请退税；

（5）制作涉税文书；

（6）审查纳税情况；

（7）建账建制，办理账务；

（8）开展税务咨询、受聘税务顾问；

（9）申请税务行政复议或税务行政诉讼等。

税务代理人是指具有进行税务代理的相关知识、经验和能力，具有税务代理资格，经国家税务总局及省、自治区、直辖市国家税务局批准，从事税务代理的专门人员及其工作机构。从事税务代理的专门人员称为税务师，税务师必须加入税务代理机构才能从事税务代理业务。税务代理人不能代理应由税务机关行使的行政职权，税务机关按照法律、行政法规规定委托其代理的除外。

**【例 3-21・多选题】**下列关于税务代理的说法正确的是（　　）。

A. 代理关系是建立在代理双方自愿的前提下的

B. 在代理过程中，代理人应实现被代理人的全部意愿

C. 客观公正地开展代理活动是税务代理的一项重要原则

D. 税务代理业是一个独立的社会中介服务行业

『**答案**』ACD。

## 课后思考

什么是税务代理？税务代理的主要业务范围有哪些？

## 六、税务检查

税务检查是税务机关根据税收法律、行政法规的规定，对纳税人、扣缴义务人履行纳税

义务、扣缴义务及其他有关税务事项进行审查、核实、监督活动的总称。它是税收征收管理工作的一项重要内容，是确保国家财政收入和税收法律法规贯彻落实的重要手段。

1. 税务机关有权进行下列税务检查

（1）检查纳税人、扣缴义务人有关的凭证、账簿、报表等有关会计资料。

（2）到纳税人的生产、经营场所和货物存放地检查纳税人应纳税的商品、货物或其他财产，检查扣缴义务人与代扣代缴、代收代缴税款有关的经营情况。

（3）责成纳税人、扣缴义务人提供与纳税、代扣代缴、代收代缴税款有关的文件、证明材料和有关资料

（4）询问纳税人、扣缴义务人与纳税有关的问题和情况

（5）到车站、码头、机场、邮政企业及分支机构检查纳税人托运、邮寄应纳税商品、货物或其他财产的有关单据、凭证和有关资料。

（6）经县级以上税务局（分局）批准，指定专人负责，凭全国统一格式的检查存款账户许可证，查询从事生产、经营的纳税人、扣缴义务人在银行或其他金融机构的存款账户，并有责任为被检查人保守秘密。税务机关在调查税收违法案件时，经设区的市、自治区以上税务局（分局）批准，可以查询案件涉嫌人员的储蓄存款。税务机关查询所获得的资料，不得用于税收以外的用途。

税务机关依法对纳税人进行税务检查时，发现纳税人有逃避纳税义务的行为，并有明显转移、隐匿其应纳税的商品、货物、其他财产或者应纳税收入迹象的，可以按照批准权限采取税收保全措施或者强制执行措施。

税务机关采取税收保全措施的期限一般不得超过6个月；重大案件需要延长的，应当报国家税务总局批准。

2. 被检查人的义务

（1）纳税人、扣缴义务人必须接受税务机关依法进行的税务检查，如实反映情况，提供有关资料，不得拒绝、隐瞒。

（2）税务机关依法进行税务检查，向有关单位和个人调查纳税人、扣缴义务人和其他当事人与纳税或代扣代缴、代收代缴有关情况时，有关单位和个人有义务向税务机关如实提供有关资料及证明材料。

**【例3-22·单选题】**《税收征收管理法》规定，税务机关可以采取的税收保全措施适用于（　　）。

A. 从事生产经营的纳税人　　B. 扣缴义务人

C. 纳税担保人　　D. 纳税人

『**答案**』A。

## 七、税收法律责任

税收法律责任，是指税收法律关系的主体因违反税收法律规范所应承担的法律后果。税收法律责任可分为行政责任和刑事责任。

### （一）税收行政责任

税收行政责任是指从事生产经营的纳税人和其他税务当事人违反税收征收管理秩序，尚未构成犯罪，依法应当承担的行政法律责任。涉及税务领域的具体行政处罚主要有：

1. 责令限期改正

主要适用于情节轻微或尚未构成实际危害后果的违法行为，是一种较轻的处罚形式，既可以起到教育的作用，又具有一定的处罚作用。

2. 罚款

是对违反税收法律法规、不履行法定义务的当事人的一种经济上的处罚，是税务行政处罚中应用最广的一种。其中，加收滞纳金是一种特殊形式的罚款。根据《税收征管法》的规定，纳税人未按照规定期限缴纳税款的，扣缴义务人未按照规定期限解缴税款的，税务机关除责令限期缴纳外，从滞纳税款之日起，按日加收滞纳税款万分之五的滞纳金。

3. 没收非法所得财产

是对行政管理相对一方当事人的财产权予以剥夺的处罚。具体有两种情况：一是对违法方当事人非法所得的财物进行没收；二是对虽系违法者所有，但用于非法活动的财产进行没收。

4. 收缴未使用发票和暂停供应发票

5. 停止出口退税权

**（二）税收刑事责任**

税收刑事责任是违反税收法和刑法规定，情节严重，构成犯罪的行为人应当承担的法律责任。根据我国《刑法》规定，刑罚分为主刑和附加刑。主刑分为管制、拘役、有期徒刑、无期徒刑和死刑。附加刑分为罚金、剥夺政治权利、没收财产。对犯罪的外国人，可驱逐出境。

### 课后思考

1. 税务行政处罚与刑罚的区别是什么？

2. 如果税务人员和税务机关在税收征管过程中违法，要不要承担法律责任？

## 八、税务行政复议

税务行政复议是指当事人（纳税人、扣缴义务人、纳税担保人及其他税务当事人）对税务机关及其工作人员做出的税务具体行政行为不服，依法向上一级税务机关（复议机关）提出申请，复议机关对具体行政行为的合法性、合理性作出裁决行政司法活动。实行税务行政复议制度的目的是维护和监督税务机关依法行使税收执法权，防止和纠正违法或者不当的税务具体行政行为，保护纳税人和其他当事人的合法权益。

**（一）税务行政复议范围**

行政复议机关受理申请人对税务机关下列具体行政行为不服提出的行政复议申请：

（1）征税行为，包括确认纳税主体、征税对象、征税范围、减税、免税、退税、抵扣税款、适用税率、计税依据、纳税环节、纳税期限、纳税地点和税款征收方式等具体行政行为，征收税款、加收滞纳金，扣缴义务人、受税务机关委托的单位和个人做出的代扣代缴、代收代缴、代征行为等。

（2）行政许可、行政审批行为。

（3）发票管理行为，包括发售、收缴、代开发票等。

（4）税收保全措施、强制执行措施。

(5) 行政处罚行为：
① 罚款；
② 没收财物和违法所得；
③ 停止出口退税权。
(6) 不依法履行下列职责的行为：
① 颁发税务登记；
② 开具、出具完税凭证、外出经营活动税收管理证明；
③ 行政赔偿；
④ 行政奖励；
⑤ 其他不依法履行职责的行为。
(7) 资格认定行为。
(8) 不依法确认纳税担保行为。
(9) 政府信息公开工作中的具体行政行为。
(10) 纳税信用等级评定行为。
(11) 通知出入境管理机关阻止出境行为。
(12) 其他具体行政行为。

**(二) 税务行政复议管辖**

(1) 对各级国家税务局的具体行政行为不服的，向其上一级国家税务局申请行政复议。

(2) 对各级地方税务局的具体行政行为不服的，可以选择向其上一级地方税务局或者该税务局的本级人民政府申请行政复议。省、自治区、直辖市人民代表大会及其常务委员会、人民政府对地方税务局的行政复议管辖另有规定的，从其规定。

(3) 对国家税务总局的具体行政行为不服的，向国家税务总局申请行政复议。对行政复议决定不服，申请人可以向人民法院提起行政诉讼，也可以向国务院申请裁决。国务院的裁决为最终裁决。

**(三) 税务行政复议申请**

(1) 申请人对前述“征税行为”不服的，应当先向行政复议机关申请行政复议；对行政复议决定不服的，可以再向人民法院提起行政诉讼。申请人按规定申请行政复议的，必须依照税务机关根据法律、法规确定的税额、期限，先行缴纳或者解缴税款和滞纳金，或者提供相应的担保，才可以按照规定提出行政复议申请。

(2) 申请人对“征税行为”以外的其他具体行政行为不服，可以申请行政复议，也可以直接向人民法院提起行政诉讼。

(3) 申请人对税务机关作出逾期不缴纳罚款加处罚款的决定不服的，应当先缴纳罚款和加处罚款，再申请行政复议。

**(四) 复议申请的处理**

1. 不予受理

对不符合法定条件的复议申请，税务机关必须在收到行政复议申请之日起 5 个工作日内，制作《不予受理复议裁决书》，书面告知理由和诉权，送送申请人。

2. 受理

对符合法定条件的复议申请，税务机关必须在收到行政复议申请之日起 5 个工作日内，制作《受理复议通知书》，书面告知申请人自收到申请之日起受理复议。

**（五）税务行政复议决定**

税务行政复议机关应当自受理申请之日起 60 日内作出行政复议决定。一般可按照下列规定作出行政复议决定：

（1）维持决定；

（2）期限履行决定；

（3）撤销、变更或者确认的决定；

（4）责令赔偿的决定。

行政复议决定书一经送达，即发生法律效力。

**【例 3-23 · 多选题】**根据税收征收管理法律制度的规定，税务机关作出的下列行政行为中，纳税人不服时可以选择申请税务行政复议或者直接提起行政诉讼的有(　　)。

A. 加收滞纳金　　B. 罚款

C. 不予颁发税务登记　　D. 征收税款

**『答案』**：BC。

**【例 3-24 · 单选题】**某企业对甲省乙市国税部门给予其行政处罚的决定不服，申请行政复议。下列各项中，应当受理该企业行政复议申请的机关是(　　)。

A. 乙市国税部门　　B. 乙市人民政府

C. 甲省国税部门　　D. 甲省人民政府

**『答案』**：C。

**【例 3-25 · 多选题】**人民法院对受理的税务行政案件，经过调查、收集证据、开庭审理之后，可以作出的判决有(　　)。

A. 维持判决　　B. 撤销判决　　C. 履行判决　　D. 变更判决

**『答案』**：ABCD。

## 课后思考

如果纳税人对税务机关的具体行政处罚不服的，应如何处理？

## 本章小节

税收是国家为了满足一般的社会共同需要，为了实现其职能，凭借政治的权力，按照法定的标准，强制地、无偿地取得财政收入的一种特定的分配形式。根据征税对象不同，可以把我国现行的税种分为流转税类、所得税类、财税税类、资源税类和行为税类。税收征收管理是税务机关对纳税人依法征收税款和进行税务监督管理的总称。《税收征管法》是基本的法律文件。

# 第四章　主要税种

## 考纲要求

### 一、识记内容

1. 增值税征税范围和增值税的纳税人。
2. 消费税的概念和计税方法。
3. 个人所得税的概念和个人所得税的纳税义务人。
4. 个人所得税的应税项目和税率。
5. 企业所得税的概念和征税对象。
6. 企业所得税的计税依据。

### 二、理解内容：

1. 增值税纳税人划分。
2. 个人所得税纳税人的划分。

### 三、运用内容

1. 增值税的简单计算。
2. 企业所得税的简单计算。
3. 个人所得税的简单计算。

## 第一节　增值税

### 一、增值税的概念与分类

1. 增值税的概念

增值税是对销售商品或劳务(含应税行为)的流转过程中的实现增值额作为计税依据而征收的一种流转税。增值税是我国现阶段税收收入规模最大的税种。

增值税实行价外税，由消费者负担，有增值才征税，没增值不征税。

2. 增值税的分类

按照外购固定资产所含税金扣除方式的不同，增值税可以分为：

(1) 生产型增值税：是以纳税人的销售收入(或劳务收入)减去用于生产、经营的外购原料、燃料、动力等物质资料价值后的余额作为法定的增值额，但对于外购的固定资产价值

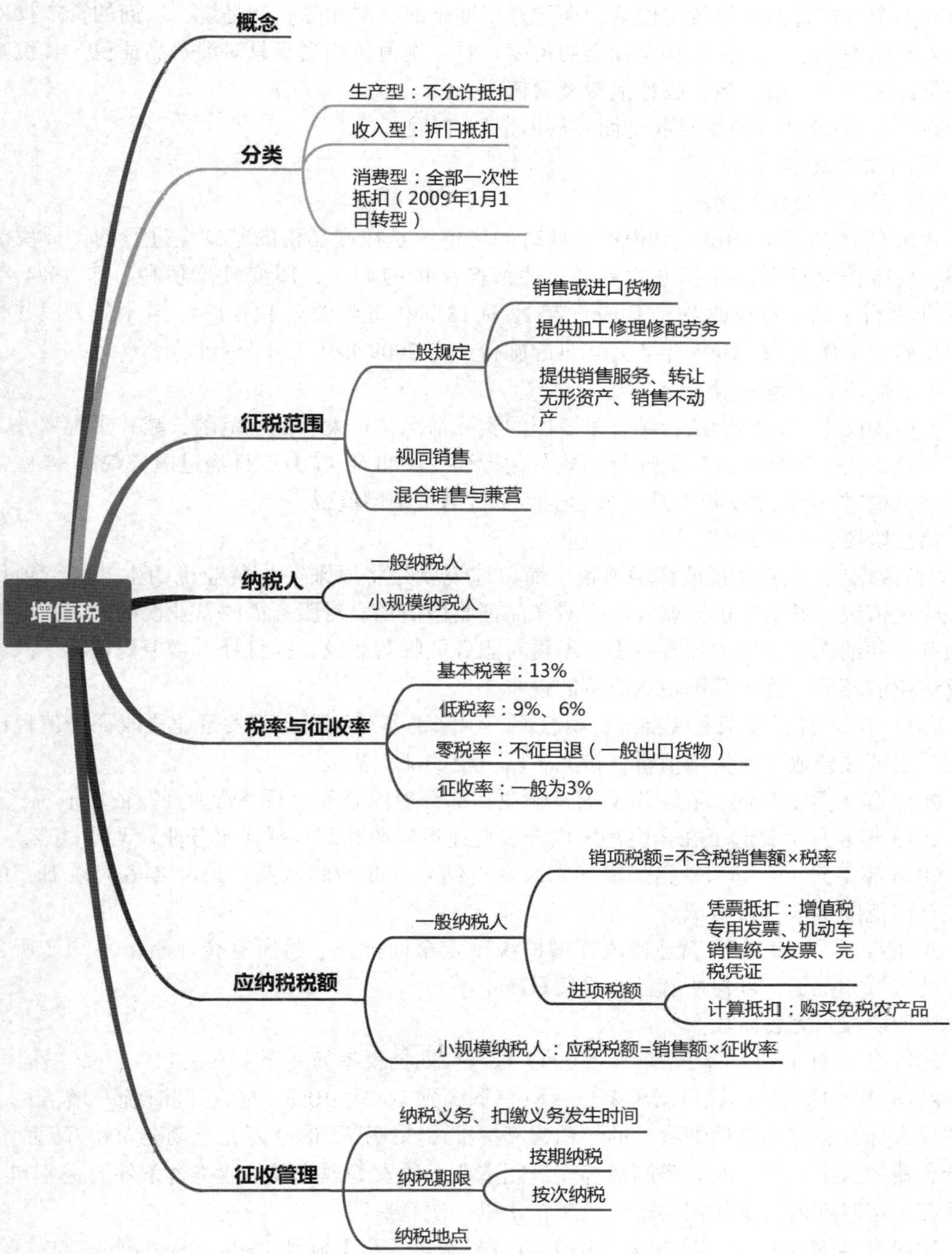


中所含的税款不允许扣除。该类型增值税的征税对象大体上相当于国民生产总值，因此称为生产型增值税。我国 2009 年 1 月 1 日前实行的是生产型增值税。

（2）收入型增值税：指在征收增值税时，对于纳税人购置用于生产、经营用的固定资产，允许将已提折旧的价值额予以扣除，未提折旧部分不得计入扣除项目金额。该类型增值税的征税对象大体上相当于国民收入，因此称为收入型增值税。

（3）消费型增值税：指在征收增值税时，允许纳税人将购置物质资料的价值和用于生产经营的固定资产价值中所含的税款，在购置当期全部一次扣除。就是说，厂商的资本投入品不算入产品增加值，这样，从全社会的角度来看，增值税相当于只对消费品征税，其税基总值与全部消费品总值一致，故称消费型增值税。

我国从 2009 年 1 月 1 日起全面实行消费型增值税。

3. 增值税改革

第一阶段：过渡性阶段。

我国自 1979 年开始试行增值税，此时的增值税是在产品税的基础上进行的，征税范围较窄，税率档次较多，计算方式复杂，残留产品税的痕迹，属变性增值税。于 1984 年和 1993 年进行了两次重要改革，于 1993 年 12 月 13 日国务院颁布了第 134 号《中华人民共和国增值税暂行条例》，自 1994 年 4 月 4 日起施行，自 2009 年 1 月 1 日起废止。

第二阶段：规范阶段。

参照国际上通常的做法，结合了我国的实际情况，扩大了征税范围，减并了税率，又规范了计算方法，开始进入国际通行的规范化行列。2008 年 11 月 5 日经过国务院第 34 次常务会议修订通过，自 2009 年 1 月 1 日起全面实行消费型增值税。

第三阶段："营改增"。

"营改增"，即营业税改征增值税，简单地说就是将原来征收营业税的生产经营项目改为征收增值税。通俗来讲，就是改变对产品征收增值税、对服务征收营业税的方式，将产品和服务一并纳入增值税的征收范围，不再对服务征收营业税，并且降低增值税税率。减少了重复纳税的环节，这是我国税制改革的进步。

2011 年 11 月，经国务院批准，财政部、国家税务总局联合下发营业税改征增值税试点方案。由征收营业税改为增值税，扩大了增值税的征税范围。

2012 年 1 月 1 日起，在上海交通运输业和部分现代服务业开展营业税改征增值税试点。

2013 年 8 月 1 日起，在全国范围内开展交通运输业和部分现代服务业营改增试点。

2014 年 1 月 1 日起，铁路运输和邮政业也纳入营改增的试点。2014 年 6 月 1 日，电信业在全国范围实施营改增试点。

2016 年 5 月 1 日起，营业税改征增值税试点全面推开。将所有企业新增不动产所含增值税纳入抵扣范围，确保所有行业税负只减不增。

第四阶段：完善阶段。

2017 年 7 月 1 日，将 17%、13%、11%、6%四档税率简并至 17%、11%、6%三档。

2018 年 5 月 1 日起施行新税率，将税率下调到 16%、10%、6%；同时统一增值税小规模纳税人标准，将小规模纳税人的年销售额标准由 50 万元和 80 万元上调至 500 万元；退还部分企业的留抵税额，对装备制造等先进制造业、研发等现代服务业符合条件的企业和电网企业在一定时期内未抵扣完的进项税额，予以一次性退还。

2019 年 4 月 1 日起，将 16%、10%、6%税率进一步下调到 13%、9%、6%三档。

2021 年 3 月 5 实施阶段性大规模减税降费，将小规模纳税人增值税起征点从月销售额 10 万元提高到 15 万元。增值税如果按季度申报，一个季度 45 万元销售额均免征增值税，一年可以免征 180 万元。

**【例 4-1 · 单选题】**我国增值税现在实行的是(　　)。

A. 生产型增值税　　B. 收入型增值税

C. 消费型增值税　　D. 积累型增值税

『答案』C。

## 二、增值税的纳税人和扣缴义务人

1. 纳税人

根据《增值税暂行条例》的规定，在中国境内销售、进口货物或者提供加工、修理、修配劳务以及销售服务、无形资产、不动产(以下称应税行为)的单位和个人，为增值税纳税人，单位，是指企业、行政单位、事业单位、军事单位、社会团体及其他单位。个人，是指个体工商户和其他个人。

2. 纳税人的分类

按照经营规模的大小和会计核算健全与否等标准，增值税纳税人可分为一般纳税人和小规模纳税人。

(1) 一般纳税人。

一般纳税人，是指年应征增值税销售额(以下称年应税销售额)超过财政部和国家税务总局规定标准(即年应税销售额大于500万元)的企业和企业性单位。一般纳税人的特点是增值税进项税额可以抵扣销项税额。

年应税销售额，是指纳税人在连续不超过12个月的经营期内累计应征增值税销售额，包括减免税销售额以及按规定允许从销售额中差额扣除的部分。如果该销售额为含税的，应按照适用税率(征收率)换算为不含税的销售额。

一般纳税人实行登记制，除另有规定外，应当向税务机关办理登记手续。

下列纳税人不办理一般纳税人登记：

① 年应税销售额超过规定标准(除人体工商户以外)的其他个人

② 按照政策规定，选择按照小规模纳税人纳税的；

下列情形纳税人可选择：

① 年应税销售额超过规定标准但不经常发生应税行为的单位和个体工商户可选择按照小规模纳税人纳税。

② 年应税销售额未超过规定标准的纳税人，会计核算健全，能够提供准确税务资料的，可以向主管税务机关办理一般纳税人资格登记，成为一般纳税人。

除国家税务总局另有规定外，一经认定为一般纳税人后，不得转为小规模纳税人。

(2) 小规模纳税人。

小规模纳税人是指年销售额在规定标准以下(2018年5月1日调整为500万元人民币及以下，含500万元)，并且会计核算不健全，不能按规定报送有关税务资料的增值税纳税人。

小规模纳税人实行按销售额和征收率计算应纳税额的简易办法，并不得抵扣进项税额。

应纳税额计算公式为：应纳税额=销售额×征收率。

小规模纳税人增值税征收率为3%，财政部和国家税务总局另有规定的除外。

(3) 一般纳税人和小规模纳税人的主要区别。

| 项目 | 一般纳税人 | 小规模纳税人 |
|---|---|---|
| 年销售标准 | >500万元以上 | ≤500万元 |
| 税率 | 13%、9%、6%、0几档税率 | 3%征收率 |

续表

| 项目 | 一般纳税人 | 小规模纳税人 |
| --- | --- | --- |
| 专用发票使用 | 按规定领用增值税专用发票(财政部、国家税务局另有规定除外) | 可自愿使用增值税发票管理系统自行开具(但销售其取得的不动产，需要开具增值税专用发票的，应当按照有关规定到主管国税机关申请代开) |
| 账务处理 | 按价款部分计入成本，税款部分计入"应交税费——应交增值税(进项税额)"账户 | 按全额计入成本 |
| 应交税金计算 | 应纳税额=当期销项税额-当期进项税额 | 应纳税额=销售额×征收率 |
| 纳税申报表 | 1张主表　8张附表 | 1张主表　2张附表 |

注意事项：

增值税小规模纳税人偶然发生的转让不动产的销售额，不计入应税行业年销售额。

3、增值税的扣缴义务人

中华人民共和国境外(以下简称境外)的单位或者个人在境内发生应税行为，在境内未设有经营机构的，以其境内代理人为扣缴义务人；在境内没有代理人的，以购买方为增值税扣缴义务人。

## 三、增值税的征税范围

1. 征税范围的基本规定

(1) 销售或者进口的货物。货物是指有形动产，包括电力、热力、气体在内。销售货物即是有偿转让货物的所有权。

(2) 提供的加工、修理修配劳务。是指有偿提供加工、修理修配劳务，但单位或个体经营者聘用的员工为本单位或雇主提供加工、修理修配劳务，不包括在内。

(3) 销售服务、无形资产或者不动产。是指有偿提供服务、有偿转让无形资产或者不动产，属于非经营活动的情形除外。

① 销售服务，是指提供交通运输服务、邮政服务、电信服务、建筑服务、金融服务、现代服务、生活服务。

A. 交通运输服务。是指使用运输工具将货物或者旅客送达目的地，使其空间位置得到转移的业务活动。包括陆路运输服务、水路运输服务、航空运输服务和管道运输服务。与交通运输密切相关的装卸搬运费按"现代服务业—物流辅助服务"征收增值税。

B. 邮政服务。是指中国邮政集团公司及其所属邮政行业提供邮件寄递、邮政汇兑机要通信和邮政代理等邮政基本服务的业务活动。包括邮政普通服务、邮政特殊服务和其他邮政服务。邮政储蓄业务按照金融、保险业税目征收增值税。与邮政业相关的速递物流服务不属于此范围，应按"现代服务业—物流辅助服务"征收增值税。

C. 电信服务。

a. 基础电信服务。是指利用固网、移动网、卫星、互联网，提供语音通话服务的业务活动，以及出租或者出售带宽、波长等网络元素的业务活动。

b. 增值电信服务。是指利用固网、移动网、卫星、互联网、有线电视网络，提供短信和彩信服务、电子数据和信息的传输及应用服务、互联网接入服务等业务活动。

以积分兑换形式赠送的电信业服务，不征收增值税。

D. 建筑服务。是指各类建筑物、构筑物及其附属设施的建造、修缮、装饰，线路、管道、设备、设施等的安装以及其他工程作业的业务活动。包括工程服务、安装服务、修缮服务、装饰服务和其他建筑服务。

E. 金融服务。是指经营金融保险的业务活动。包括贷款服务、直接收费金融服务、保险服务和金融商品转让。

F. 现代服务。是指围绕制造业、文化产业、现代物流产业等提供技术性、知识性服务的业务活动。包括研发和技术服务、信息技术服务、文化创意服务、物流辅助服务、租赁服务、签证咨询服务、广播影视服务、商务辅助服务和其他现代服务。

② 销售无形资产，是指转让无形资产所有权或者使用权的业务活动。无形资产，是指不具实物形态，但能带来经济利益的资产，包括技术(包括专利技术和非专利技术)、商标、著作权、商誉、自然资源使用权和其他权益性无形资产。

自然资源使用权，包括土地使用权、海域使用权、探矿权、采矿权、取水权和其他自然资源使用权。其他权益性无形资产，包括基础设施资产经营权、公共事业特许权、配额、经营权(包括特许经营权、连锁经营权、其他经营权)、经销权、分销权、代理权、会员权、席位权、网络游戏虚拟道具、域名、名称权、肖像权、冠名权、转会费等。

③ 销售不动产，是指转让不动产所有权的业务活动。不动产，是指不能移动或者移动后会引起性质、形状改变的财产，包括建筑物、构筑物等。

建筑物，包括住宅、商业营业用房、办公楼等可供居住、工作或者进行其他活动的建造物。构筑物，包括道路、桥梁、隧道、水坝等建造物。转让建筑物有限产权或者永久使用权的，转让在建的建筑物或者构筑物所有权的，以及在转让建筑物或者构筑物时一并转让其所占土地的使用权的，按照销售不动产缴纳增值税。

2. 征收范围的其他规定

(1) 视同销售货物。单位或个体经营者的下列行为，视同销售货物：

① 将货物交付其他单位或者个人代销；

② 销售代销货物；

③ 设有两个以上机构并实行统一核算的纳税人，将货物从一个机构移送其他机构用于销售，但相关机构设在同一县(市)的除外；

④ 将自产、委托加工的货物用于非增值税应税项目；

⑤ 将自产、委托加工的货物用于集体福利或个人消费；

⑥ 将自产、委托加工或购进的货物作为投资，提供给其他单位或个体工商户；

⑦ 将自产、委托加工或购进的货物分配给股东或投资者；

⑧ 将自产、委托加工或购进的货物无偿赠送其他单位或个人。

上述第⑤项所称"集体福利或个人消费"是指企业内部设置的供职工使用的食堂、浴室、理发室、宿舍、幼儿园等福利设施及设备、物品等，或者以福利、奖励、津贴等形式发放给职工个人的物品。

(2) 视同销售服务、无形资产或者不动产。单位或个体经营者的下列行为，视同销售服务、无形资产或者不动产：

① 单位或者个体工商户向其他单位或者个人无偿提供服务，但用于公益事业或者以社会公众为对象的除外。

② 单位或者个人向其他单位或者个人无偿转让无形资产或者不动产，但用于公益事业

或者以社会公众为对象的除外。

③ 财政部和国家税务总局规定的其他情形。

（3）混合销售。混合销售是指一项销售行为既涉及服务又涉及货物。从事货物的生产、批发或者零售的单位和个体工商户的混合销售行为，按照销售货物缴纳增值税；其他单位和个体工商户的混合销售行为，按照销售服务缴纳增值税。

（4）兼营。纳税人兼营销售货物、劳务、服务、无形资产或者不动产，适用不同税率或者征收率的，应当分别核算适用不同税率或者征收率的销售额；未分别核算的，从高适用税率。

（5）非营业活动的界定

增值税征税范围不包括非营业活动中提供的应税行为。非营业活动是指：

① 非企业性单位按照法律和行政法规的规定，为履行国家行政管理和公共服务职能收取政府性基金或者行政事业性收费的活动。

② 单位或者个体工商户聘用的员工为本单位或者雇主提供取得工资的服务。

③ 单位或者个体工商户为聘用的员工提供服务。

④ 财政部和国家税务总局规定的其他情形。

（6）在境内销售服务、无形资产或者不动产，是指应税行为提供方或者接受方在境内。下列情形不属于在境内销售服务或者无形资产：

① 境外单位或者个人向境内单位或者个人销售完全在境外发生的服务。

② 境外单位或者个人向境内单位或者个人销售完全在境外使用的无形资产。

③ 境外单位或者个人向境内单位或者个人出租完全在境外使用的有形动产。

④ 财政部和国家税务总局规定的其他情形。

3. 不征收增值税的项目

（1）根据国家指令无偿提供的铁路运输服务、航空运输服务，属于《试点实施办法》第十四条规定的用于公益事业的服务。

（2）存款利息。

（3）被保险人获得的保险赔付。

（4）房地产主管部门或者其指定机构、公积金管理中心、开发企业以及物业管理单位代收的住宅专项维修资金。

（5）在资产重组过程中，通过合并、分立、出售、置换等方式，将全部或者部分实物资产以及与其相关联的债权、负债和劳动力一并转让给其他单位和个人，其中涉及的不动产、土地使用权转让行为。

**纳税人的税收优惠**

1. 2019. 1. 1～2021. 12. 31，小规模纳税人发生增值税应税销售行为，合计月销售额未超过 15 万元（以 1 个季度为 1 个纳税期的，季度销售额未超过 45 万元，下同）的，免征增值税。

2. 小规模纳税人月销售额超过 15 万元，但扣除本期发生的销售不动产的销售额后未超过 15 万元的，其销售货物、劳务、服务、无形资产取得的销售额免征增值税。

3. 小规模纳税人

2020 年 3 月 1 日至 2020 年 12 月 31 日，适用 3%税率的湖北省内小规模纳税人，免征增值税，湖北省外的小规模纳税人减按 1%征税。

4. 个人、小规模纳税人的个体工商户，起征点：按期纳税：月销售额 5000～20000 元；

按次纳税的：每次(日)销售额300~500元；起征点以下的不征收增值税

**【例4-2·多选题】**根据增值税法律制度的规定，下列业务中，属于销售服务、无形资产或者不动产的有(　　)。

A. 建筑安装　　B. 零售商品

C. 提供加工修配　　D. 提供交通运输服务

**『答案』**AD。

**【例4-3·多选题】**根据增值税法律制度的规定，下列业务中，属于现代服务税目的有(　　)。

A. 租赁服务　　B. 运输服务　　C. 物流辅助服务　　D. 餐饮服务

**『答案』**AC。

**【例4-4·多选题】**下列各项中视同销售服务、无形资产或者不动产的包括(　　)。

A. 个人将房屋无偿赠予学校办学　　B. 卫星电视信号落地转接服务

C. 出售个人著作权　　D. 保险服务

**『答案』**BCD。

**【例4-5·判断题】**增值税一般纳税人兼有不同税率的应税行为，应当分别核算适用不同税率的销售额，未分别核算销售额的，由主管税务机关核定。(　　)

**『答案』**×。　未分别核算销售额的，从高适用税率或征收率。

## 四、增值税的税率和征收率

我国增值税采用比例税率。增值税在设置了一档基本税率(13%)的基础上，针对特殊行业和产品设计了低税率，此外还有对出口货物、服务实施的零税率。

增值税的计税方法，包括一般计税方法和简易计税方法。一般纳税人发生应税行为适用一般计税方法，小规模纳税人发生应税行为适用简易计税方法计税。增值税的一般计税需要使用税率，但是简易计税使用征收率。如：小规模纳税人适用3%征收率。在某些特殊情况下(如：增值税链条不完整)，一般纳税人才能按简易办法适用征收率。

**增值税的税率与征收率表**

| 类型 | 税率 | 适用范围 |
|---|---|---|
| 基本税率 | 13% | (1)销售或者进口货物(除以下几条规定外，绝大多数货物均适用)<br>(2)提供加工、修理修配劳务<br>(3)提供有形动产租赁服务 |
| 低税率 | 9% | (1)粮食、食用植物油、食用盐 |
| | | (2)自来水、暖气、冷气、热水、煤气、石油液化气、天然气、沼气、居民用煤炭制品 |
| | | (3)图书、报纸、杂志 |
| | | (4)饲料、化肥、农药、农机、农膜 |
| | | (5)提供交通运输业服务、邮政业服务、建筑业服务、基础电信服务业等 |
| | | (6)不动产租赁服务、销售不动产、转让土地使用权 |
| | | (7)国务院规定的其他货物(农产品、音像制品、电子出版物、二甲醚、干姜、姜黄) |

续表

| 类型 | 税率 | 适用范围 |
| --- | --- | --- |
| 低税率 | 6% | (1)提供现代服务：研发和技术服务、信息技术服务、文化创意服务、物流辅助服务、签证咨询服务、广播影视服务、商务辅助服务等 |
| | | (2)生活服务：文化体育服务、教育医疗服务、旅游娱乐服务、餐饮住宿服务、居民日常服务等 |
| | | (3)包括广告代理业、金融服务、增值电信服务等 |
| | | (4) 销售无形资产 |
| 零税率 | 0% | 适用于报关出口的货物，以及提供的国际运输服务、向境外单位提供的研发服务和设计服务(在出口环节，不仅不征税，且要将先前征收的税款退回)，国务院另有规定的除外 |
| 征收率 | 3% | 小规模纳税人以及选择简易计税的一般纳税人。另有规定的除外 |

## 五、增值税应纳税额的计算

1. 一般计税方法应纳税额的计算

一般纳税人销售货物、劳务、服务、无形资产、不动产(以下简称"应税销售行为")，采用一般计税方法计算应纳增值税额。其计算公式为：

应纳税额=当期销项税额-当期进项税额

**提 示**

①"当期"是指税务机关依照税法规定对纳税人确定的纳税期限。只有在纳税期限内实际发生的销项税额、进项税额，才是法定的当期销项税额、进项税额。如果当期销项税额小于进项税额时，其不足抵扣的部分可以结转到下期继续抵扣。

② 对先进制造业企业按月全额退还增值税增量留抵税额。

先进制造业纳税人，是指按照《国民经济行业分类》，生产并销售非金属矿物制品、通用设备、专用设备及计算机、通信和其他电子设备销售额占全部销售额的比重超过50%的纳税人。

期末留抵税额和增量留抵税额：

① 期末留抵税额是指期末核算一般纳税人的应纳增值税税额时，本期的进项税额大于本期的销项税额，差额便是期末留抵税额，这部分差额可以放到下期继续抵扣增值税销项税额。

② 增值税增量留抵税额，是指与2019年3月31日相比新增加的期末留抵税额。

原政策：纳税人当期允许退还的增量留抵税额，按照以下公式计算：允许退还的增量留抵税额=增量留抵税额×进项构成比例×60%。

新政策(2021.3.5)对于先进制造业纳税人当期允许退还的增量留抵税额=增量留抵税额×进项构成比例，这里的公式不需要乘以60%，也就是说，这部分先进制造业纳税人可以全额申请退税。

(1) 销项税额。

销项税额，是指纳税人发生应税行为按照销售额和增值税税率计算并收取的增值税额。

纳税人因销货退回或折让而退还给购买方的增值税额，应从发生销货退回或折让当期的销项税额中冲减。

销项税额的计算公式为：销项税额=销售额×税率

(2) 销售额。

① 销售额是增值税的计税依据，是指纳税人发生应税行为取得的全部价款和价外费用。如果销售货物是消费税应税产品或者进口产品，则全部价款中包括消费税或关税。财政部和国家税务总局另有规定的除外。

② 价外费用是指销售方向购买方收取的除价款以外的手续费、补贴、基金、集资费、返还利润、奖励费、违约金(延期付款利息)、包装费、包装物租金、储备费、优质费、运输装卸费、代收款项、代垫款项及其他各种性质的价外收费。上述价外费用无论其会计制度如何核算，均应并入销售额计算销项税额。但下列项目不包括在销售额内：

a. 向购买方收取的“销项税额”。

b. 受托加工应征消费税的消费品所“代收代缴”的消费税。

c. 符合条件的“代垫”运费(承运部门的运费发票开具给购货方；纳税人将该项发票转交给购货方)。

d. 符合条件的“代”为收取的政府性基金和行政事业性收费。

e. 销售货物的同时“代”办保险等而向购买方收取的保险费，以及向购买方收取的“代”购买方缴纳的车辆购置税、车辆牌照费。

③ 含税销售额的换算。

不含税销售额=含税销售额÷(1+增值税税率或征收率)

一般纳税人在确定销售服务、无形资产或者不动产的销售额时，可能会遇到一般纳税人由于销售对象的不同、开具发票种类的不同而将销售额和销项税额合并定价的情况。对此，在计税时应按照上述公式先将含税销售额换算为不含税销售额。

但是，如果销售货物是消费税应税产品或者进口产品，则全部价款中包括消费税或关税。

**【注意】**题目出现以下说法则给出的金额为含税销售额：含税销售额、零售、价外费用、普通发票。

④ 纳税人发生应税行为的价格明显偏低或偏高且无正当理由的，或者发生视同销售行为而无销售额的，由主管税务机关按照下列顺序核定销售额：

a. 按照纳税人最近时期销售同类服务、无形资产或者不动产的平均价格确定。

b. 按照其他纳税人最近时期销售同类服务、无形资产或者不动产的平均价格确定。

c. 按组成计税价格确定。组成计税价格的公式为：组成计税价格=成本×(1+成本利润率)

(3) 进项税额。

① 进项税额，是指纳税人购进货物、加工修理修配劳务、服务、无形资产或者不动产，支付或者负担的增值税额。主要体现在增值税专用发票或进口增值税专用缴款书上。

② 准予抵扣的进项税额。当期销项税额小于当期进项税额不足抵扣时，其不足部分可以结转下期继续抵扣。在计算增值税时，准予抵扣的进项税额主要有：

a. 从销售方取得的《增值税专用发票》(含税控《机动车销售统一发票》)上注明的增值税额；

b. 从海关取得的《海关进口增值税法专用缴款书》上注明的增值税额；

c. 购进农产品，全部取得《增值税专用发票》或《海关进口增值税专用缴款书》，可以按照注明的增值税额进行抵扣。未全部取得的，采取《农产品增值税进项税额核定扣除办法》进行抵扣。

**增值税适用扣除率表(2019 年 4 月 1 日起)**

| 序号 | 税目 | 增值税扣除率 |
|---|---|---|
| 1 | 购进农产品(除以下第 2 项外) | 9%的扣除率计算进项税额 |
| 2 | 购进用于生产销售或委托加工 13%税率货物的农产品 | 10%的扣除率计算进项税额 |

计算公式为：进项税额=买价×扣除率

买价，是指纳税人购进农产品在农产品收购发票或者销售发票上注明的价款和按照规定缴纳的烟叶税。

d. 从境外单位或者个人购进服务、无形资产或者不动产，自税务机关或者扣缴义务人取得的解缴税款的完税凭证上注明的增值税额。

③ 不准抵扣的进项税额。

a. 纳税人取得的增值税扣税凭证不符合法律、行政法规或者国家税务总局有关规定的，其进项税额不得从销项税额中抵扣。

纳税人凭完税凭证抵扣进项税额的，应当具备书面合同、付款证明和境外单位的对账单或者发票。资料不全的，其进项税额不得从销项税额中抵扣。

b. 用于简易计税方法计税项目的购进货物、加工修理修配劳务、服务、无形资产和不动产。

简易计税方法是指一般纳税人发生财政部和国家税务总局规定的特定应税行为，可以选择适用简易计税方法计税，适用简易计税方法计税的一般纳税人，其取得的用于简易计税方法计税项目的进项税额不得抵扣。如：房地产开发企业一般纳税人销售自行开发的房地产老项目、一般纳税人为建筑工程老项目提供的建筑服务等。

c. 用于免征增值税项目的购进货物、加工修理修配劳务、服务、无形资产和不动产。

免征增值税是指财政部及国家税务总局规定的免征增值税的项目。如：养老机构提供的养老服务、婚姻介绍服务、从事学历教育的学校提供的教育服务、农业生产者销售的自产农产品等。

d. 用于集体福利的购进货物、加工修理修配劳务、服务、无形资产和不动产。

集体福利是指纳税人为内部职工提供的各种内设福利部门所发生的设备、设施等费用，包括职工食堂、职工浴室、理发室、医务所、托儿所、疗养院等集体福利部门的设备、设施及维修保养费用。

e. 用于个人消费的购进货物、加工修理修配劳务、服务、无形资产和不动产。

个人消费是指纳税人内部职工个人消费的货物、劳务及服务等所发生的费用。如：交际应酬消费、职工个人的车辆加油费等。纳税人的交际应酬消费属于个人消费。

上述第二至五种情形其中涉及的固定资产、无形资产、不动产，仅指专用于上述项目的固定资产、无形资产(不包括其他权益性无形资产)、不动产。若纳税人取得的进项税额同时用于正常缴纳增值税项目和简易计税方法计税项目、免征增值税项目、集体福利或者个人消费的，则进项税额可以抵扣。

f. 非正常损失的购进货物，以及相关的加工修理修配劳务或者交通运输业服务。

非正常损失的购进货物是指因管理不善造成货物被盗、丢失、霉烂变质，以及因违反法律法规造成货物被依法没收、销毁、拆除的。该货物及相关的加工修理修配劳务和交通运输服务所对应的进项税额不得抵扣。

g. 非正常损失的在产品、产成品所耗用的购进货物（不包括固定资产）、加工修理修配劳务或者交通运输业服务。是指因管理不善造成在产品、产成品被盗、丢失、霉烂变质，以及因违反法律法规造成在产品、产成品被依法没收、销毁、拆除的。该在产品、产成品所耗用的购进货物、加工修理修配劳务和交通运输服务所对应的进项税额不得抵扣

h. 非正常损失的不动产，以及该不动产所耗用的购进货物、设计服务和建筑服务。

非正常损失的不动产是指因管理不善造成不动产被盗、丢失、霉烂变质，以及因违反法律法规造成不动产被依法没收、销毁、拆除的。该不动产以及该不动产所耗用的购进货物、设计服务和建筑服务所对应的进项税额不得抵扣。

上述所称货物，是指构成不动产实体的材料和设备，包括建筑装饰材料和给排水、采暖、卫生、通风、照明、通讯、煤气、消防、中央空调、电梯、电气、智能化楼宇设备及配套设施。

i. 非正常损失的不动产在建工程所耗用的购进货物、设计服务和建筑服务。纳税人新建、改建、扩建、修缮、装饰不动产，均属于不动产在建工程。

j. 购进的旅客运输服务、贷款服务、餐饮服务、居民日常服务和娱乐服务。

**【知识拓展】**

不动产进项税额的抵扣

（1）不动产≠固定资产

不动产：不能移动或者移动后会引起性质、形状改变的财产，包括建筑物、构筑物等。

（2）不动产进项税额抵扣分为两个阶段

a. 2016. 5. 1～2019. 3. 31：分期抵扣进项税额；

b. 2019. 4. 1 之后：一次性抵扣进项税额

**【知识点拨】**

（1）自 2019 年 4 月起，企业可以将以前按规定尚未抵扣完毕的待抵扣进项税额一次性进行抵扣。

**提 示**

在境内未设有经营机构的境外单位或者个人在境内发生应税行为应如何计算应扣缴税额？

根据《营业税改征增值税试点实施办法》第二十条的规定，境外单位或者个人在境内发生应税行为，在境内未设有经营机构的，扣缴义务人按照下列公式计算应扣缴税额：应扣缴税额＝购买方支付的价款÷（1+税率）×税率

在计算应扣缴税额时，应将应税行为购买方支付的含税价款，换算为不含税价款，再乘以应税行为的增值税适用税率（不适用增值税征收率），计算出应扣缴的增值税税额。

（2）可在 2019 年 4 月份所属期转入，也可在以后月份所属期转入，但需要一次性全部转入。

(3) 2019 年 4 月 1 日以后一次性转入的待抵扣部分的不动产进项税额，可以按规定享受加计抵减和增量留抵退税。

① 已抵扣进项税额的不动产，发生非正常损失，或者改变用途，专用于简易计税方法计税项目、免征增值税项目、集体福利或个人消费的，按下列公式计算不得抵扣的进项税额：

② 不得抵扣的进项税额=已抵进项税额(因为待抵扣已经转入已抵)×不动产净值率

不动产净值率=(不动产净值÷不动产原值)×100%

不动产在建工程发生非正常损失的，其所耗用的购进货物、设计服务和建筑服务进项税额应于当期全部转出；

③ 按照规定不得抵扣进项税额的不动产，发生用途改变，用于允许抵扣进项税额项目的，在改变用途的次月计算可抵扣进项税额：

可抵扣进项税额=增值税扣税凭证注明或计算的进项税额×不动产净值率

**【例 4-6·单选题】**某增值税一般纳税人 2019 年 6 月取得一份增值税专用发票，发票上注明金额 100 万元，税额 6 万元，并于当月在增值税发票查询平台对该发票进行了勾选确认。该纳税人应于 7 月申报期内申报抵扣进项税额(　　)？

A. 6 万元　　B. 17 万元　　C. 11 万元　　D. 13 万元

**『答案』**A

**【例 4-7·计算题】**：某境外公司为某纳税人提供咨询服务，合同价款 106 万元，且该境外公司没有在境内设立经营机构，应以服务购买方为增值税扣缴义务人，则购买方应当扣缴的税额为多少?

**『答案』**应扣缴增值税=106÷(1+6%)×6%=6(万元)

**【例 4-8·计算题】**A 公司为增值税一般纳税人，其本月进口产品 200000 元，海关征收 34000 元增值税；向农业生产者购入免税产品 30000 元；购入原材料 300000 元，增值税专用发票上注明的增值税额为 51000 元。本月销售产品 1000000 元，适用的增值税税率为 13%，则该企业本月应缴纳的增值税税额为(　　)元。

A. 42300　　B. 49 180　　C. 41 135　　D. 45 100

**『答案』**应纳税税额=1000000×13%-34000-30000×9%-51000=42300(元)

**【例 4-9·计算题】**某广告公司为增值税一般纳税人，2019 年 4 月，取得广告设计不含税价款 530 万元，奖励费收入 5. 3 万元；支付设备租赁费，取得的增值税专用发票注明税额 17 万元。已知，广告设计增值税税率为 6%，根据增值税法律制度的规定，该广告公司当月上述业务应缴纳增值税(　　)万元。

A. 14. 8　　B. 15. 12　　C. 15. 1　　D. 13. 3

**『答案』**应税税额=【530+5. 3÷(1+6%)】×6%-17=15. 1

2. 小规模纳税人应纳税额计算

小规模纳税人发生应税行为时，实行按照销售额和征收率计算应纳税额的简易计税方法计税，并不得抵扣进项税额。

其应纳税额计算公式为：应纳税额=销售额×征收率

需要注意的是，计算公式中的销售额也不包含增值税税额。当小规模纳税人采取价税合计方式销售货物或提供应税行为时，应将含税销售额换算为不含税销售额。

其换算公式为：不含税销售额=含税销售额÷(1+征收率)

【知识拓展】

2021年3月5日上午，十三届全国人民代表大会第四次会议在北京人民大会堂开幕，国务院总理李克强代表国务院向大会作政府工作报告。李克强总理在报告中宣布，实施阶段性大规模减税降费，主要内容(与企业相关)如下：

1. 将小规模纳税人增值税起征点从月销售额10万元提高到15万元。增值税如果按季度申报，一个季度45万元销售额均免征增值税，一年可以免征180万元。

(1)季度45万元销售额是指不含税销售额。

(2)如果是按月纳税的小规模纳税人，那么月销售额超过15万元的当月是无法享受免税的，也就是说，小规模纳税人月销售额超过15万元，需要就销售额全额计算缴纳增值税。

(3)如果是按季纳税的小规模纳税人，那么季度中某一个月销售额超过15万元，但季度销售额不超过45万元的，是可以按规定享受免税的。

2. 未达到起征点是否需要交纳增值税，还需要根据开具增值税发票的不同状况和是否超过起征点，来确定是否可以享受免交增值税，主要有如下两个方面：

(1)如果小规模纳税人企业没有开具发票，或开具的是增值税普通发票，则月度或者季度销售额未超过起征点的免交增值税；而超过45万元起征点的，则需要全额缴纳增值税。

(2)小规模纳税人企业既开具了增值税专用发票，又开具了增值税普通发票，那么企业开具的增值税普通发票这部分对应的销售额是否需要纳税，则取决于月度或季度总销售额是否超过免税起征点。

① 若季度销售额没有超过增值税起征点45万元，则小规模纳税人企业开具的增值税普通发票可以享受免税；

② 若季度销售额超过增值税起征点45万元，则小规模纳税人企业开具的增值税普通发票不可以享受免税，当期需要全额缴纳增值税。

注意：小规模纳税人企业只要开具了增值税专用发票就需要缴纳增值税，无论是自行开具，还是到税务机关代开；未达到起征点是否需要交纳增值税，则取决于月度或季度总销售额是否超过免税起征点，如果没有超过起征点，则开具增值税普通发票的部分可以享受增值税免税。

**【例4-10·判断题】**小规模纳税人A企业季度销售额为40万元，为客户开具的是增值税普通发票，则当期应纳增值税是免税的。(　　)

**『答案』**√。

**【例4-11·计算题】**小规模纳税人B企业季度销售额为50万元，为客户开具的同样是增值税普通发票，但由于季度销售额超过了免税起征点，则该企业需要缴纳增值税是多少?

**『答案』**增值税=50万元/(1+3%)×3%=14563元。

**【例4-12·计算题】**小规模纳税人C企业季度销售额为40万元，其中为客户开具了38万元的增值税普通发票，另外开具了5万元的增值税专用发票。则C企业应缴增值税为多少?

**『答案』**增值税=5万元/(1+3%)×3%=1456元。

**【例4-13·判断题】**小规模纳税人D企业季度销售额为55万元，其中为客户开具了30万元的增值税普通发票，另外开具了15万元的增值税专用发票。因为该企业季度销售额超过增值税起征点45万元，则小规模纳税人企业开具的30万元增值税普通发票不可以享受免税，当期需要全额缴纳增值税。(　　)

『答案』√。

**知识链接：国家税务总局发布的《营业税改征增值税试点过渡政策的规定》的规定**

个人将购买不足 2 年的住房对外销售的，按照 5%的征收率全额缴纳增值税。个人将购买 2 年以上(含 2 年)的住房对外销售的，免征增值税。上述政策适用于北京市、上海市、广州市和深圳市之外的地区。

对北上广深四市，个人将购买不足 2 年的住房对外销售的，按照 5%的征收率全额缴纳增值税；个人将购买 2 年以上(含 2 年)的非普通住房对外销售的，以销售收入减去购买住房价款后的差额按照 5%的征收率缴纳增值税；个人将购买 2 年以上(含 2 年)的普通住房对外销售的，免征增值税。

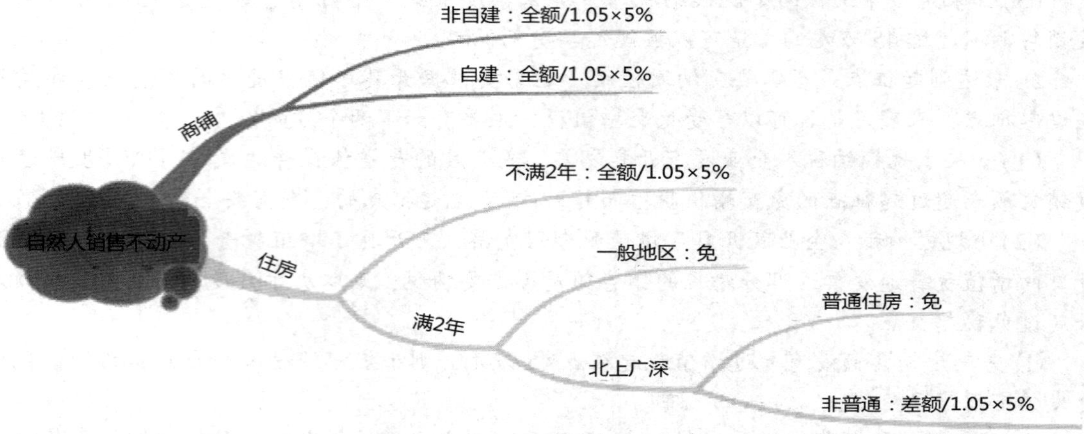


**【例 4-14 · 计算题】**武汉地区某个人将未满 2 年的住房对外销售，取得出售住房收入 420 万元。应缴纳多少增值税？

『答案』 应纳税额=[含税销售额÷(1+税率)]×税率=420÷(1+5%)×5%=20 万元。

| 国内旅客运费可抵进项税额(2019 年 4 月 1 日起) | |
|---|---|
| 支付的国际运费 | 不得抵扣进项税额 |
| 取得增值税电子普通发票的 | 发票上注明的税额 |
| 取得注明旅客身份信息的航空运输电子客票行程单 | (票价+燃油附加费)÷(1+9%)×9% |
| 取得注明旅客身份信息的铁路车票 | 票面金额÷(1+9%)×9% |
| 取得注明旅客身份信息的公路、水路等其他客票的 | 票面金额÷(1+3%)×3% |

**注意事项**

① 国际旅客运费不得抵扣进项税额——因为国际运输免税或零税率；

② 对于旅客运费，除专票和电子发票外，其他票据要想抵扣进项税额，必须注明旅客身份信息；

③ 纸质的票、定额发票：不得抵扣进项税额；

④ 国内旅客运输服务进项税额抵扣限于与本单位签订了劳动合同的员工，以及本单位作为用工单位接受的劳务派遣员工发生的国内旅客运输服务；

⑤ 航空运输电子客票行程单抵扣进项税额时，只有“票价+燃油附加费”能够计算抵扣进项税额，机场建设费等不得计算抵扣进项税额。

## 六、增值税征收管理

1. 纳税义务发生时间

确认收入就发生纳税义务，结合会计基础权责发生制去理解。

| 销售方式 | | 纳税义务发生时间 |
| --- | --- | --- |
| 直接收款 | | 收到销售额或取得索取销售额凭据 |
| 托收承付、委托收款 | | 发出货物“并”办妥托收手续 |
| 赊销、分期收款 | | 书面合同约定的收款日期【注意】无合同或有合同无约定，为货物发出 |
| 预收货款 | 货物 | 货物发出【注意】生产工期超过12个月的，为收到预收款或书面合同约定的收款日期 |
| | 建筑、租赁服务 | 收到预收款(新) |
| 委托代销 | | 收到代销清单或全部、部分货款【注意】未收到代销清单及货款，为发出货物满180天 |
| 金融商品转让 | | 所有权转移(新) |
| 视同销售 | | 货物移送、转让完成或权属变更 |
| 进口 | | 报关进口 |
| 扣缴义务 | | 纳税义务发生 |
| 先开发票 | | 开具发票 |

2. 纳税期限

① 增值税的纳税期限分别为1日、3日、5日、10日、15日、1个月或1个季度。不能按照固定期限纳税的，可以按次纳税。

纳税人的具体纳税期限，由主管税务机关根据纳税人应纳税额的大小分别核定。以1个季度为纳税期限的规定适用于小规模纳税人、银行、财务公司、信托投资公司、信用社，以及财政部和国家税务总局规定的其他纳税人。

纳税人以1个月或者1个季度为1个纳税期的，自纳税期满之日起15日内申报纳税；以1日、3日、5日、10日或者15日为1个纳税期的，自期满之日起5日内预缴税款，于次月1日起15日内申报纳税并结清上月应纳税款。

纳税人进口货物，应当自海关填发税款缴纳书之日起15日内缴纳税款。

3. 纳税地点

(1) 固定业户应当向其机构所在地或者居住地主管税务机关申报纳税。总机构和分支机构不在同一县(市)的，应当分别向各自所在地的主管税务机关申报纳税；经财政部和国家税务总局或者其授权的财政和税务机关批准，可以由总机构汇总向总机构所在地的主管税务机关申报纳税。

(2) 非固定业户应当向应税行为发生地主管税务机关申报纳税；未申报纳税的，由其机构所在地或者居住地主管税务机关补征税款。

(3) 其他个人提供建筑服务，销售或者租赁不动产，转让自然资源使用权，应向建筑服务发生地、不动产所在地、自然资源所在地主管税务机关申报纳税。

(4) 扣缴义务人应当向其机构所在地或者居住地主管税务机关申报缴纳扣缴的税款。

**【例4-15·多选题】**下列关于增值税纳税义务发生时间说法正确的为(　　)。

A. 采用托收承付和委托银行收款方式销售货物，为办妥托收手续的当天

B. 采用赊销和分期收款方式销售货物，为合同约定的收款日期的当天

C. 采用预收货款方式销售货物，为货物发出的当天

D. 委托其他纳税人代销货物，为收到代销清单或者收到全部或者部分货款的当天

『答案』BCD。

# 第二节 消费税

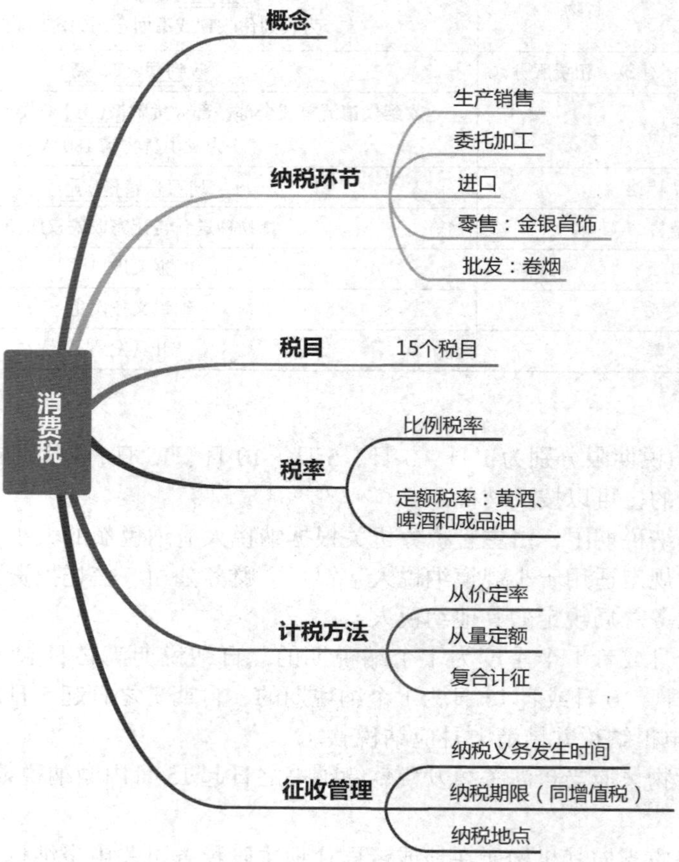


## 一、消费税的概念

消费税是对特定的消费品和消费行为在特定的环节征收的一种流转税。

## 二、消费税的纳税人

在中国境内从事生产、委托加工和进口《消费税暂行条例》规定的消费品（即应税消费品）的单位和个人，以及国务院确定的销售《消费税暂行条例》规定的消费品的其他单位和个人。

由于消费税是在对所有货物普遍征收增值税的基础上选择少量消费品征收的，因此，消

费税的纳税人同时也是增值税的纳税人。

## 三、消费税的征税范围

根据《消费税暂行条例》及其实施细则的规定，消费税的征收范围包括下列内容：

1. 生产应税消费品

（1）纳税人生产的应税消费品，于纳税人销售时纳税。

（2）纳税人自产自用的应税消费品，用于连续生产应税消费品的，不纳税；用于其他方面的，于移送使用时纳税。

用于连续生产应税消费品，是指纳税人将自产自用应税消费品作为直接材料生产最终应税消费品，自产自用应税消费品构成最终应税消费品的实体。

用于其他方面，是指纳税人将自产自用的应税消费品用于生产非应税消费品、在建工程、管理部门、非生产机构、提供劳务、馈赠、赞助、集资、广告、样品、职工福利、奖励等方面。

2. 委托加工应税消费品

委托加工应税消费品是指委托方提供原料和主要材料，受托方只收取加工费和代垫部分辅助材料加工的应税消费品。由受托方提供原材料或其他情形的一律不能视同加工应税消费品。

委托加工的应税消费品，除受托方为个人外，由受托方在向委托方交货时代收代缴税款；委托个人加工的应税消费品，由委托方收回后缴纳消费税。

委托加工的应税消费品，委托方用于连续生产应税消费品的，所纳税款准予按规定抵扣；直接出售的，不再缴纳消费税。

委托方将收回的应税消费品，以不高于受托方的计税价格出售的，为直接出售，不再缴纳消费税；委托方以高于受托方的计税价格出售的，不属于直接出售，需按照规定申报缴纳消费税，在计税时准予扣除受托方已代收代缴的消费税。

3. 进口应税消费品

单位和个人进口应税消费品，于报关进口时由海关代征消费税。

4. 零售应税消费品

（1）金银首饰、铂金首饰、钻石及钻石饰品在零售环节征收消费税。

1995 年 1 月 1 日起，国务院批准，金银首饰消费税由生产销售环节征收改为零售环节征收。改在零售环节征收消费税的金银首饰仅限于金基、银基合金首饰以及金、银和金基、银基合金的镶嵌首饰，适用税率为 5%，其计税依据是不含增值税的销售额。

① 对既销售金银首饰，又销售非金银首饰的生产、经营单位，应将两类商品划分清楚，分别核算销售额。凡划分不清楚或不能分别核算的，在生产环节销售的，一律从高适用税率征收消费税；在零售环节销售的，一律按金银首饰征收消费税。

② 金银首饰与其他产品组成成套消费品销售的，应按销售额全额征收消费税。

③ 金银首饰连同包装物一起销售的，无论包装物是否单独计价，也无论会计上如何核算，均应并入金银首饰的销售额，计征消费税。

④ 下列业务视同零售业，在零售环节缴纳消费税：

a. 为经营单位以外的单位和个人加工金银首饰。加工包括带料加工、翻新改制、以旧换新等业务，不包括修理和清洗带料加工的金银首饰，应按受托方销售的同类金银首饰的销售价格确定计税依据征收消费税。没有同类金银首饰销售价格的，按照组成计税价格计算纳税。

纳税人采用以旧换新(含翻新改制)方式销售的金银首饰，应按实际收取的不含增值税的全部价款确定计税依据征收消费税

b. 经营单位将金银首饰用于馈赠、赞助、集资、广告、样品、职工福利、奖励等方面。

c. 未经中国人民银行总行批准，经营金银首饰批发业务的单位将金银首饰销售给经营单位。

(2) 零售超豪华小汽车。

自2016年12月1日起，对超豪华小汽车(价值在130万元以上)，在生产(进口)环节按现行税率征收消费税的基础上，在零售环节加征10%消费税，将超豪华小汽车销售给消费者的单位和个人为超豪华小汽车零售环节纳税人。

5. 批发销售卷烟

根据《财政部 国家税务总局关于调整卷烟消费税的通知》(财税〔2015〕60号)，自2015年5月10日起，将卷烟批发环节从价税税率由5%提高至11%，并按0.005元/支加征从量税。

**【注意】**

(1) 烟草批发企业将卷烟销售给其他烟草批发企业的，不缴纳消费税。

(2) 卷烟消费税改在生产和批发环节征收后，批发企业在计算应纳税额时不得扣除已含的生产环节的消费税额。

(3) 纳税人兼营卷烟批发和零售业务的，应当分别核算批发和零售环节的销售额、销售数量；未分别核算的，按照全部销售额、销售数量计征批发环节消费税。

## 四、消费税的税目与税率

我国消费税的税目共有15个(为促进节能环保，经国务院批准，自2015年2月1日起对电池、涂料征收消费税)，每类又包括若干子目。消费税的税率包括比例税率和定额税率两类。根据不同的税目或子目，应税消费品的税率不同。具体如下表：

| 税目 | 子目 | 税率 |
|---|---|---|
| 烟 | 卷烟 | 甲类卷烟(每条≥70元)：56%加0.003元/支(生产环节)<br>乙类卷烟(每条<70元)：36%加0.003元/支(生产环节)<br>批发环节：11%加0.005元/支 |
| | 雪茄烟 | 36% |
| | 烟丝 | 30% |
| 酒 | 白酒 | 20%加0.5元/500克(或500毫升) |
| | 黄酒 | 240元/吨 |
| | 啤酒 | 甲类啤酒：250元/吨<br>乙类啤酒：220元/吨 |
| | 其他酒 | 10% |
| 高档化妆品 | 高档美容、修饰类化妆品、高档护肤类化妆品和成套化妆品 | 15% |

续表

| 税目 | 子目 | 税率 |
|---|---|---|
| 贵重首饰及珠宝玉石 | 金银首饰、铂金首饰和钻石及钻石饰品 | 5% |
| | 其他贵重首饰和珠宝玉石 | 10% |
| 鞭炮、焰火 | | 15% |
| 成品油 | 汽油、柴油、航空煤油、石脑油、溶剂油、燃料油、润滑油 | 按升计税，不同品种计价不同 |
| 电池 | 铅蓄电池 | 4% |
| 涂料 | | 4% |
| 摩托车 | 气缸容量(非气量)在250毫升(含250毫升)以下的 | 3% |
| | 气缸容量在250毫升以上的 | 10% |
| 小汽车(不包括电动汽车) | 乘用车(≤9座)含驾驶员 | 乘用车按气缸容量不同来计税 |
| | 中轻型商用客车(≤10~23座)含驾驶员 | 5%。 |
| | 超豪华小汽车每辆零售价格为130万元，不含增值税及以上乘用车和中轻型商用客车 | 按子税目1和子税目2的规定征收，在零售环节加征10%的消费税 |
| 高尔夫球及球具 | 包括高尔夫球及球杆、包等 | 10% |
| 高档手表 | | 20% |
| 游艇 | | 10% |
| 木制一次性筷子 | | 5% |
| 实木地板 | | 5% |

## 五、消费税应纳税额

1. 从价定率征收

即根据不同的应税消费品确定不同的比例税率。

应纳税额=应税消费品的销售额×比例税率

2. 从量定额征收

即根据不同的应税消费品确定不同的单位税额。

应纳税额=应税消费品的销售数量×单位税额

**提 示**

1. 销售额的具体规定可参照增值税中销售额的规定；

2. 销售数量的具体规定：

(1) 销售应税消费品的，为应税消费品的销售数量。

(2) 自产自用应税消费品的，为应税消费品的移送使用数量。

(3) 委托加工应税消费品的，为纳税人收回的应税消费品的数量。

(4) 进口的应税消费品，为海关核定的应税消费品进口征税数量。

3. 从价定率和从量定额复合征收

即以两种方法计算的应纳税额之和为该应税消费品的应纳税额。我国目前只对卷烟和白酒采用复合征收方法。

应纳税额=应税消费品的销售额×比例税率+应税消费品的销售数量×单位税额

4. 应税消费品已纳税款的扣除

应税消费品若是用外购已缴纳消费税的应税消费品连续生产出来的，在对这些连续生产出来的应税消费品征税时，按当期生产领用数量计算准予扣除的外购应税消费品已缴纳的消费税税款。

5. 自产自用应税消费品应纳税额

纳税人自产自用应税消费品用于连续生产应税消费品的，不纳税；凡用于其他方面的，应按照纳税人生产的同类消费品的销售价格计算纳税，没有同类消费品销售价格的，按照组成计税价格计算纳税。

实行从价定率办法计算纳税的组成计税价格计算公式：组成计税价格=(成本+利润)÷(1-比例税率)

实行复合计税办法计算纳税的组成计税价格计算公式：组成计税价格=(成本+利润+自产自用数量×定额税率)÷(1-比例税率)

6. 委托加工应税消费品应纳税额

委托加工的应税消费品，按照受托方的同类消费品的销售价格计算纳税；没有同类消费品销售价格的，按照组成计税价格计算纳税。

实行从价定率办法计算纳税的组成计税价格计算公式：组成计税价格=(材料成本+加工费)÷(1-比例税率)

实行复合计税办法计算纳税的组成计税价格计算公式：组成计税价格=(材料成本+加工费+委托加工数量×定额税率)÷(1-比例税率)

## 六、消费税征收管理

1. 纳税义务发生时间

消费税纳税义务发生的时间，以货款结算方式或行为发生时间分别确定。

(1) 纳税人销售应税消费品的，按货款销售结算方式不同，其纳税义务的发生时间为：

① 采取赊销和分期收款结算方式的，为书面合同约定的收款日期的当天，书面合同没有约定收款日期或者无书面合同的，为发出应税消费品的当天；

② 采取预收货款结算方式的，为发出应税消费品的当天；

③ 采取托收承付和委托银行收款方式的，为发出应税消费品并办妥托收手续的当天；

④ 采取其他结算方式的，为收讫销售款或者取得索取销售款凭据的当天。

(2) 纳税人自产自用应税消费品的，为移送使用的当天。

(3) 纳税人委托加工应税消费品的，为纳税人提货的当天。

(4) 纳税人进口应税消费品的，为报关进口的当天。

2. 纳税期限

消费税纳税期限分别为1日、3日、5日、10日、15日、1个月或者1个季度。纳税人的具体纳税期限，由主管税务机关根据纳税人应纳税额的大小分别核定，不能按照固定期限纳税的，可以按次纳税。

(1) 纳税人以1个月或者1个季度为一期纳税的，自期满之日起15日内申报纳税；

(2) 纳税人以1日、3日、5日、10日、15日为一期的，自期满之日起5日内预缴税款，于次月 1 日起 15 日内申报纳税并结清上月应纳税款。

(3) 进口货物自海关填发税收专用缴款书之日起 15 日内缴纳。

3. 纳税地点

(1) 纳税人销售的应税消费品，以及自产自用的应税消费品，除国务院财政、税务主管部门另有规定外，应当向纳税人机构所在地或者居住地的主管税务机关申报纳税。

(2) 委托加工的应税消费品，除受托方为个人外，由受托方向机构所在地或居住地主管税务机关解缴消费税税款；委托个人加工的应税消费品，由委托方向机构所在地或者居住地主管税务机关申报纳税。

(3) 进口的应税消费品，由进口人或者其代理人向报关地海关申报纳税。

(4) 纳税人到外县(市)销售或者委托外县(市)代销自产应税消费品的，于应税消费品销售后，向机构所在地或居住地主管税务机关申报纳税。

(5) 纳税人的总机构与分支机构不在同一县(市)的，应分别向各自机构所在地的税务机关申报纳税。

纳税人的总机构与分支机构不在同一县(市)的，但在同一省的(自治区、直辖市)的，经省(自治区、直辖市)财税部门的审批同意，可以由总机构汇总向总机构所在地的税务机关申报缴纳消费税。

(自治区、直辖市)财政厅(局)、税务局应将审批同意的结果，上报财政部、国家税务总局备案。

(5) 纳税销售的应税消费品，如因质量等原因，由购买者退回时，经由所在地主管税务机关审核批准后，可退还已征收的消费税税款，但不能自行直接抵减应纳税税款。

(6) 出口的应税消费品办理退税后，发生退关，或者国外退货进口时予以免税的，报关出口者必须及时向其机构所在地或居住地税务机关申报补缴已退还的消费税税款。

纳税人直接出口的应税消费品办理免税后，发生退关或者国外退货，进口时已予以免税的，经机构所在地或居住地税务机关批准，可暂不办理补税，待其转为国内销售时，再申报补缴消费税。

(7) 个人携带或者邮寄进境的应税消费品的消费税，连同关税一并计征，具体办法由国务院关税税则委员会会同有关部门制定。

**【例 4-16 · 多选题】**下列哪些消费品征收消费税。(　　)

A. 陶瓷　　B. 鞭炮　　C. 黄酒　　D. 柴油

**『答案』**BCD。

**【例 4-17 · 多选题】**下列关于消费税征收范围的表述中，正确的有(　　)。

A. 纳税人自产自用的应税消费品，用于连续生产应税消费品的，不缴纳消费税

B. 纳税人自产自用的应税消费品，用于馈赠、赞助的，缴纳消费税

C. 委托加工的应税消费品，受托方在交货时已代收代缴消费税，委托方收回后直接缴纳的，再缴纳一道消费税

D. 卷烟在生产和批发两个环节均征收消费税

**『答案』**ABD。根据规定，委托加工的应税消费品，受托方在交货时已代收代缴消费税，委托方收回后直接销售的，不再缴纳消费税。

**【例 4-18 · 多选题】**某企业本月购入已交纳消费税的甲材料 30000 元用于生产 A 应税消费品。甲材料适用的消费税税率为 20%，本月领用 20000 元用于生产 A 产品。A 产品不含增值税的售价

为 42000 元，其适用的消费税税率为 30%。则该企业本月应缴纳的消费税税额为(　　)元。

A. 3600　　B. 6600　　C. 8600　　D. 12600

『答案』C。

**【例 4-19·判断题】**A 市甲企业委托 B 市乙企业加工一批应税消费品，该批消费品应缴纳的消费税税款应由乙企业向 B 市税务机关解缴。(　　)

『答案』√。

# 第三节　企业所得税

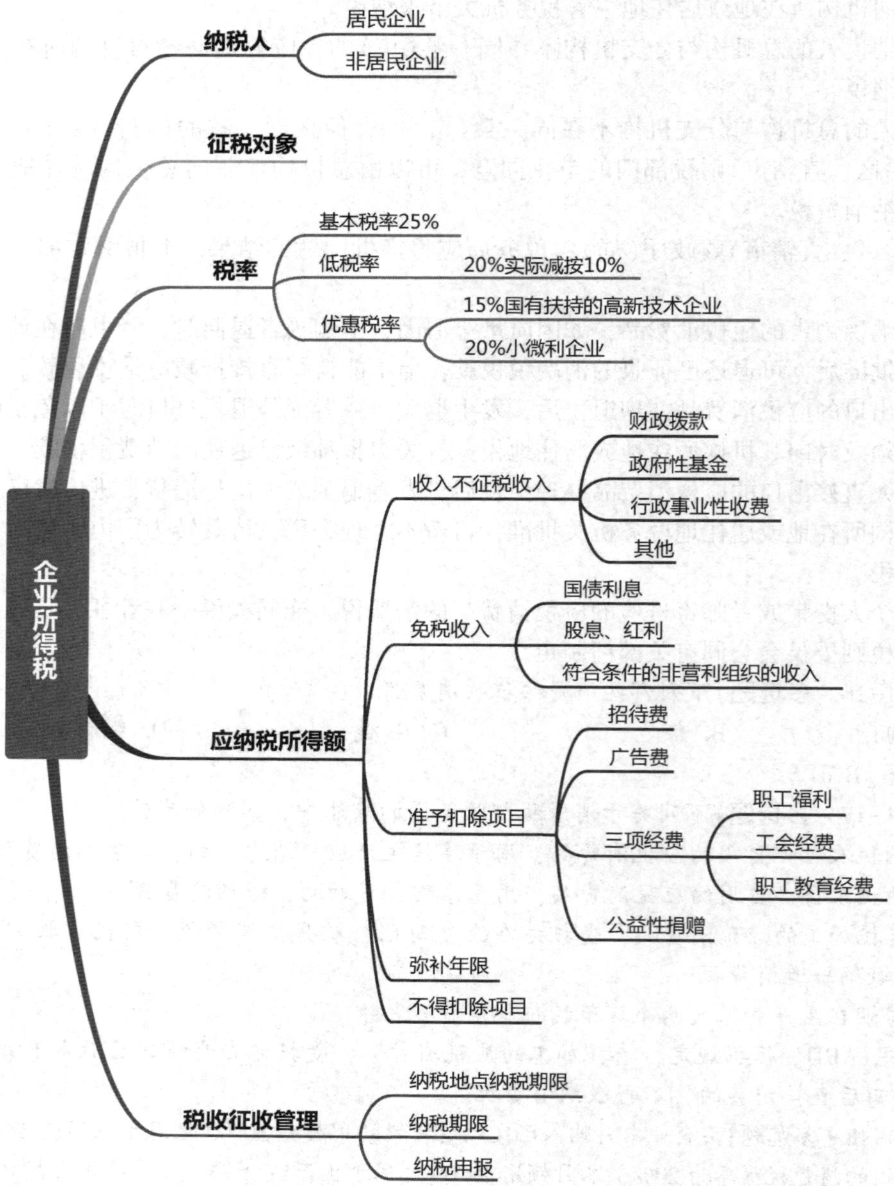

## 一、企业所得税的概念

企业所得税是对我国企业和其他组织的生产经营所得和其他所得征收的一种税。

## 二、企业所得税的纳税人

在中国境内，企业和其他取得收入的组织(以下统称企业)为企业所得税的纳税人。但不包括在中国境内依法成立的个人独资企业、合伙企业。

据企业的登记注册地和实际管理机构是否在中国境内，将企业所得税的纳税人划分为居民企业和非居民企业。

1. 居民企业

居民企业，是指依法在中国境内成立，或者依照外国(地区)法律成立但实际管理机构在中国境内的企业。

2. 非居民企业

非居民企业，是指依照外国(地区)法律成立且实际管理机构不在中国境内，但在中国境内设立机构、场所的，或者在中国境内未设立机构、场所，但有来源于中国境内所得的企业。

## 三、企业所得税的征税对象

企业所得税的征税对象是纳税人取得的所得。包括销售货物所得、提供劳务所得、转让财产所得、股息红利所得、利息所得、租金所得、特许权使用费所得、接受捐赠所得和其他所得等。

<table>
<tr><th colspan="2">纳税人</th><th>征税对象</th></tr>
<tr><td colspan="2">居民企业</td><td>来源于中国境内、境外的所得<br>缴纳企业所得税(承担无限纳税义务)</td></tr>
<tr><td rowspan="2">非居民企业</td><td>在中国境内设立机构、场所的</td><td>就其所设机构、场所取得的来源于中国境内的所得，以及发生在中国境外但与其所设机构、场所有实际联系的所得，缴纳企业所得税。</td></tr>
<tr><td>在中国境内未设立机构、场所的(或虽设立机构、场所但取得的所得与其所设机构、场所没有实际联系的)</td><td>应当就其来源于中国境内的所得缴纳企业所得税</td></tr>
</table>

**【例 4-20 · 多选题】**下列属于企业所得税纳税人的有(　　)。

A. 国有企业　　B. 集体企业

C. 个体工商户　　D. 股份有限公司

**『答案』**ABD。

**【例 4-21 · 判断题】**非居民企业在中国境内设立机构、场所的，仅就其所设机构、场所取得的来源于中国境内的所得缴纳企业所得税。(　　)

**『答案』**×。

## 四、企业所得税的税率

企业所得税的税率即据以计算企业所得税应纳税额的法定比率。根据 2008 年新颁布的《中华人民共和国所得税法》规定，一般企业所得税的税率为 25%。

<table>
<tr><th colspan="2">纳税人</th><th>征税对象</th><th>适用税率</th></tr>
<tr><td colspan="2">居民企业</td><td>来源于中国境内、境外的所得来源于中国境内的所得</td><td rowspan="3">25%（基本税率）</td></tr>
<tr><td rowspan="3">非居民企业</td><td rowspan="2">在中国境内设立机构、场所的</td><td>来源于中国境外但与境内所设机构、场所有实际联系的所得</td></tr>
<tr><td>来源于中国境内但与境内所设机构、场所没有实际联系的所得</td></tr>
<tr><td>在中国境内未设立机构、场所</td><td>来源于中国境内的所得</td><td>低税率 20%（实际减按 10%征收）</td></tr>
<tr><td colspan="2" rowspan="2">小型微利企业（从业人数≤100 人，年应税所得额≤ 300 万元资产总额小≤5000 万元）</td><td>年应税所得额≤100 万元，减按 25%计入应纳税所得额，按 20%的税率缴纳企业所得税</td><td>实际减按 5%（2021 年 3 月 5 日~）</td></tr>
<tr><td>年应税所得额超过 100 万元的部分，减按 50%计入应纳税所得额，按 20%的税率缴纳企业所得税</td><td>实际减按 10%（2021 年 3 月 5 日~）</td></tr>
<tr><td colspan="2">国家需要重点扶持的高新技术企业（拥有核心自主知识产权，符合法定条件的企业）</td><td>应税所得额</td><td>减按 15%</td></tr>
</table>

注：企业获得高新技术企业资格自证书注明的发证时间所在年度起。

**【例 4-22 · 多选题】**根据企业所得税法的规定，企业所得税税率说法正确的是（　　）。

A. 企业所得税实行比例税率

B. 现行企业所得税基本税率为 25%

C. 符合条件的小型微利企业，减按 20%的税率征收企业所得税

D. 对国家需要重点扶持的高新技术企业，减按 20%的税率征收企业所得税

**『答案』**AB。

**【例 4-23 · 计算题】**某小型微利企业，如果 2020 年度应纳税所得额 80 万元，则该企业应交企业所得税额为多少？

**『答案』**解析：应纳企业所得税税额为：（1）按照以前的政策，不超过 100 万元部分，减按 25%计入应纳税所得额，按 20%的税率缴纳企业所得税：80×25%×20%＝4 万元，实际所得税率为 5%。（2）按照刚刚宣布的新政策（2021. 3. 5）：在现行优惠政策基础上，再减半征收所得税：80×25%×20%×50%＝2 万元，实际所得税率相当于 2. 5%。

**【例 4-24 · 计算题】**某小型微利企业，如果 2020 年度年应纳税所得额 240 万元，应纳企业所得税税额为多少？

**『答案』**解析：（1）拆分年应纳税所得额：100 万元+140 万元。（2）按照刚刚宣布的新政策，不超过 100 万元部分，先减按 25%计入应纳税所得额，再减半征收：100×25%×20%×50%＝2. 5 万元。（3）100 万元至 300 万元的部分，减按 50%计入应纳税所得额：140×50%×20%＝14 万元。（4）应纳企业所得税税额为：2. 5+14＝16. 5 万元。

## 五、企业所得税应纳税所得额

企业所得税应纳税所得额是企业所得税的计税依据。应纳税所得额为企业每一个纳税年度的收入总额减去不征税收入、免税收入、各项扣除，以及弥补以前年度的亏损之后的余额，应纳税所得额有两种计算方法。

**直接计算法：**

应纳税所得额=收入总额-不征税收入额-免税收入额-各项扣除额-准予弥补的以前年度亏损额

**间接计算法：**

应纳税所得额=利润总额+纳税调整项目金额

1. 收入总额

企业以货币形式和非货币形式从各种来源取得的收入，为收入总额。

（1）货币形式的收入。包括现金、银行存款、应收账款、应收票据、准备持有至到期的债券投资以及债务的豁免等。

（2）非货币形式的收入。包括固定资产、生物资产、无形资产、股权投资、存货、不准备持有至到期的债券投资、劳务以及有关权益等。

2. 不征税收入

不征税收入是指从性质和根源上不属于企业营利性活动带来的经济利益、不负有纳税义务并不作为应纳税所得额组成部分的收入。

（1）财政拨款。

（2）依法收取并纳入财政管理的行政事业性收费、政府性基金。

（3）国务院规定的其他不征税收入。是指企业取得的，由国务院财政、税务主管部门规定专项用途并经国务院批准的财政性资金。

3. 免税收入

免税收入是指属于企业的应税所得但按照税法规定免予征收企业所得税的收入。

（1）国债利息收入。

（2）符合条件的居民企业之间的股息、红利收入。

（3）在中国境内设立机构、场所的非居民企业从居民企业取得与该机构、场所有实际联系的股息、红利收入。

（4）符合条件的非营利组织的收入包括：

① 接受其他单位或个人捐赠。

② 财政拨款以外的其他政府补助(不包括因政府购买服务取得的收入)。

③ 按照省级以上民政、财政部门规定收取的会费。

④ 不征税收入和免税收入孳生的银行存款利息。

（5）转让或持有创新企业 CDR 取得的差价、股息红利(相同情况下，对于公募投资基金，暂不征收)。

（6）符合条件的技术转让所得，一个纳税年度内≤500 万元的部分。

（7）经营性文化事业单位转制为企业，自转制注册之日起五年内(2018 年 12 月 31 日之前已完成转制的企业，自 2019 年 1 月 1 日起可继续免征五年)。

4. 准予扣除项目

企业实际发生的与取得收入有关的、合理的支出，包括成本、费用、税金、损失和其他支出等，准予在计算应纳税所得额时扣除。

(1) 成本。成本是指企业在生产经营活动中发生的销售成本、销货成本、业务支出以及其他耗费，即企业销售商品、提供劳务、转让固定资产、无形资产的成本。

(2) 费用。费用是指企业在生产经营活动中发生的销售费用、管理费用和财务费用，已经计入成本的有关费用除外。

① 企业发生的与生产经营活动有关的业务招待费支出，按照发生额的60%扣除，但最高不得超过当年销售(营业)收入的0.5%。

② 企业发生的符合条件的广告费和业务宣传费支出，除国务院财政、税务主管部门另有规定外，不超过当年销售(营业)收入15%的部分，准予扣除；超过部分，准予在以后纳税年度结转扣除。

③ 企业研发费用加计扣除75%政策，将制造业企业加计扣除比例提高到100%(2021.3.5新政策，用税收优惠机制激励企业加大研发投入)。

(3) 税金。税金是指企业发生的除企业所得税和允许抵扣的增值税以外的企业缴纳的各项税金及其附加。如消费税、印花税等。

**【注意】**税金中无“增值税”，也不包括所得税本身。

(4) 损失。损失是指企业在生产经营活动中发生的固定资产和存货的盘亏、毁损、报废损失、转让财产损失、呆账损失、坏账损失、自然灾害等不可抗力因素造成的损失以及其他损失。

(5) 其他支出。其他支出是指除成本、费用、税金、损失外，企业在生产经营活动中发生的与生产经营活动有关的、合理的支出。

① 职工福利费、工会经费和职工教育经费支出的税前扣除。

a. 企业发生的职工福利费支出，不超过工资薪金总额14%的部分，准予扣除；

b. 企业拨缴的工会经费，不超过工资薪金总额2%的部分，准予扣除；

c. 除国务院财政、税务主管部门另有规定外，企业发生的职工教育经费支出，不超过工资薪金总额8%的部分，准予扣除；超过部分，结转以后年度扣除。

② 公益性捐赠。公益性捐赠支出，不超过“年度利润总额12%”的部分，准予扣除。超过部分，结转以后三年内扣除。

**【注意】**计算基数为年度利润总额而非销售(营业)收入，非公益性捐赠一律不得扣除。

④ 保险企业手续费及佣金支出：自2019年1月1日起，不超过当年全部保费收入扣除保金等后余额的18%的部分。超过部分，结转以后年度扣除。

5. 不得扣除项目

(1) 向投资者支付的股息、红利等权益性投资收益款项；

(2) 企业所得税税款；

(3) 税收滞纳金；

(4) 罚金、罚款和被没收财物的损失；

(5) 企业发生的公益性捐赠支出以外的捐赠支出；

企业发生的公益性捐赠支出，在年度利润总额12%以内的部分，准予在计算应纳税所得额时扣除。

(6) 赞助支出，是指企业发生的与生产经营活动无关的各种非广告性支出；

(7) 企业之间支付的管理费、企业内营业机构之间支付的租金和特许权使用费，以及非银行企业内营业机构之间支付的利息；

(8) 与取得收入无关的其他支出。

6. 亏损弥补

纳税人发生年度亏损的，可以用下一纳税年度的所得弥补；下一纳税年度的所得不足弥补的，可以逐年延续弥补，但是延续弥补期最长不得超过 5 年。

2018 年 1 月 1 当年具备高新技术企业或科技型中小企业资格(以下统称资格)的企业，其具备资格年度之前 5 个年度发生的尚未弥补完的亏损，准予结转以后年度弥补，最长结转年限由 5 年延长至 10 年。

**【例 4-25 · 多选题】**根据《企业所得税法》的规定，下列支出项目中，在计算企业所得税应纳税所得额时，不得扣除的有(　　)。

A. 税收滞纳金　　B. 银行按规定加收的罚息

C. 被没收财物的损失　　D. 未经核定的准备金支出

『**答案**』ACD。

**【例 4-26 · 单选题】**企业计算应纳税所得额时，不能扣除的税费是(　　)。

A. 增值税　　B. 教育费附加

C. 土地使用税　　D. 城市维护建设税

『**答案**』A。

**【例 4-27 · 单选题】**某企业 2013 年发生亏损 20 万元，2014 年盈利 12 万元，2015 年亏损 1 万元，2016 年盈利 4 万元，2017 年亏损 5 万元，2018 年盈利 2 万元，2019 年盈利为 38 万元。则该企业 2013~2019 年总计应缴纳的企业所得税税额为(　　)万元。

A. 9.5　　B. 7.5　　C. 8　　D. 8.25

『**答案**』C。

## 六、企业所得税征收管理

1. 纳税地点

(1) 居民企业：居民企业一般以企业登记注册地为纳税地点，但登记注册地在境外的，以企业实际管理机构所在地为纳税地点。居民企业在中国境内设立的不具有法人资格的分支或营业机构，由该居民企业汇总计算并缴纳企业所得税。

(2) 非居民企业：非居民企业在中国境内设立机构、场所的，以机构、场所所在地为纳税地点。非居民企业在中国境内设立两个或者两个以上机构、场所的，经税务机关审核批准，可以选择由其主要机构、场所汇总缴纳企业所得税。

在中国境内未设立机构、场所的，或者虽设立机构、场所但取得的所得与其所设机构、场所没有实际联系的非居民企业，以扣缴义务人所在地为纳税地点。

2. 纳税申报期限

(1) 企业所得税实行按年(自公历 1 月 1 日起到 12 月 31 日止)计算，分月或分季预缴，年终汇算清缴(年终后 5 个月内进行)多退少补的征纳方法。

纳税人在一个年度中间开业，或者由于合并、关闭等原因，使该纳税年度的实际经营期不足 12 个月的，应当以其实际经营期为一个纳税年度。企业依法清算时，应当以清算期间作为一个纳税年度。纳税人来源于境外的所得，不论是否汇回，均应按照《条例》及其《实施细则》的规定，即每年 1 月 1 日至 12 月 31 日作为一个纳税年度。

（2）企业应当自月份或季度终了之日起 15 日内，向税务机关报送预缴企业所得税纳税申报表。

（3）企业应当自年度终了之日起 5 个月内，向税务机关报送年度企业所得税纳税申报表，并汇算清缴，结清应缴应退税款。

（4）企业在报送企业所得税纳税申报表时，应当按照规定附送财务会计报告和其他有关资料。

（5）企业在年度中间终止经营活动的，应当自实际经营终止之日起 60 日内，向税务机关办理当期企业所得税汇算清缴。企业应当在办理注销登记前，就其清算所得向税务机关申报并依法缴纳企业所得税。

（6）对于纳税人的境外投资所得，可以在年终汇算时清缴。纳税人在纳税年度内，无论是盈利或亏损，均应按规定的期限办理纳税申报。

知识拓展：

国家对于一些纳税人或征税对象给予照顾与鼓励，实行减免税。

1. 免征情形

（1）农、林、牧、渔服务业，远洋捕捞。

（2）转让或持有创新企业 CDR 取得的差价、股息红利（相同情况下，对于公募投资基金，暂不征收）。

（3）符合条件的技术转让所得，一个纳税年度内≤500 万元的部分。

（4）经营性文化事业单位转制为企业，自转制注册之日起五年内（2018 年 12 月 31 日之前已完成转制的企业，自 2019 年 1 月 1 日起可继续免征五年）。

（5）符合条件的非营利组织取得的收入。

2. 减半征收

（1）花卉、茶以及其他饮料、香料作物种植，海水养殖、内陆养殖。

（2）持有 2019~2023 年发行的铁路债券取得的利息。

（3）符合条件的技术转让所得，一个纳税年度内>500 万元部分。

3. 三免三减半

自项目取得第一笔生产经营收入所属纳税年度起，第一年到第三年免征，第四年到第六年减半征收。

（1）环境保护、节能节水项目。

（2）节能服务公司实施合同能源管理项目。

（3）国家重点扶持的公共基础设施项目。

4. 投资抵免税额

购置用于环境保护、节能节水、安全生产专用设备，可按专用设备投资额的 10%抵免当年应纳税额；当年不足抵免的，可以向以后不超过 5 个纳税年度结转。

5. 加计扣除

安置残疾人员所支付的工资——财税（2009）70 号。

在据实扣除的基础上，再按照支付给残疾职工工资的 10%的加计扣除。

# 第四节　个人所得税

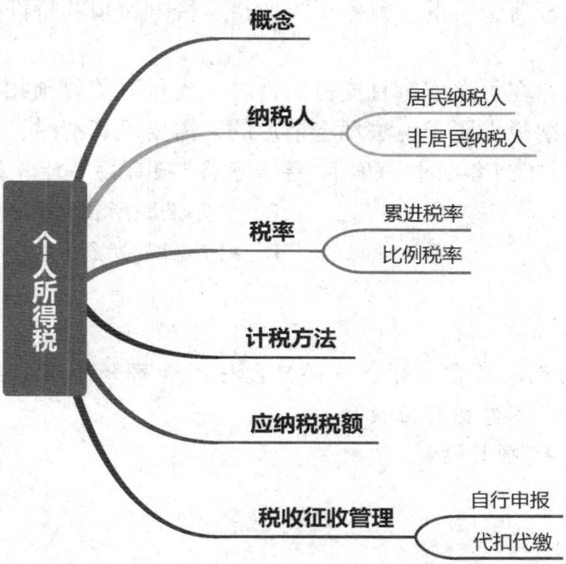


## 一、个人所得税的概念

个人所得税是以个人(即自然人或自然人性质的企业)取得的各项应税所得为征税对象所征收的一种税。

## 二、个人所得税的纳税义务人

我国个人所得税的纳税义务人是在中国境内居住有所得的人，以及不在中国境内居住而从中国境内取得所得的个人，包括中国国内公民，在华取得所得的外籍人员和港、澳、台同胞、个体工商户、个人独资企业和合伙企业等。

个人所得税的纳税义务人，按照住所和居住时间两个标准，又可划分为居民纳税人和非居民纳税人。

1. *居民纳税人*

居民纳税义务人是指在中国境内有住所，或者无住所但在中国境内居住满183天的个人。居民纳税义务人负有无限纳税义务，其从中国境内和境外取得的所得，都要在中国缴纳个人所得税。对个人独资企业和合伙企业个人投资者也应征收个人所得税。

2. *非居民纳税人*

非居民纳税义务人是指在中国境内无住所又不居住，或者无住所而在中国境内居住不满183天的个人。非居民纳税义务人承担有限纳税义务，仅就其从中国境内取得的所得，在中国缴纳个人所得税。

**【例4-28·判断题】**非居民纳税人承担有限纳税义务，只就其来源于中国境内的所得，在中国缴纳个人所得税。(　　)

『答案』√。

## 三、个人所得税的征税范围

居民纳税人有综合征收，非居民纳税人无综合所得的概念，不需要综合征收；

综合所得只包括工资薪金所得、劳务报酬所得、稿酬所得和特许权使用费所得，不包括其他税目；

综合征收的含义是：在每次或每月支付所得时，支付方需要预扣预缴个人所得税，年度终了，取得综合所得的纳税人属于税法规定情形的，需要汇算清缴，多退少补。

**【例 4-29 · 多选题】**下列各项中，属于“综合所得”项目按年计算征税的有（　　）。

A. 工资薪金所得　　B. 劳务报酬所得

C. 经营所得　　D. 财产租赁所得

E. 财产转让所得

『**答案**』AB。

『**解析**』对于居民纳税人而言，综合所得只包括工资薪金所得、劳务报酬所得、稿酬所得和特许权使用费所得，不包括其他税目。

1. 按“工资薪金所得”项目纳税

(1) 不予征税项目：

① 独生子女补贴；

② 执行公务员工资制度未纳入基本工资总额的补贴、津贴差额和家属成员的副食品补贴；

③ 托儿补助费；

④ 差旅费津贴、误餐补助。

误餐补助：个人因公在城区、郊区工作，不能在工作单位或返回就餐，根据实际误餐顿数，按规定标准领取的误餐补助费。单位以误餐补助名义发给职工的补助、津贴不能包括在内。

个人取得公务交通、通讯补贴收入，扣除一定标准的公务费用后，按工资薪金所得计征个人所得税。

(2) 适用工资薪金所得税目：

① 提前退休取得一次性补贴收入：工薪；

② 退休人员再任职取得的收入：减除规定的费用扣除标准后，按“工资、薪金所得”应税项目缴纳个人所得税；

③ 公司职工取得的用于购买企业国有股权的劳动分红；

④ 本企业的职工或高级管理人员同时兼任本企业董事所取得的董事费：工薪；

⑤ 对商品营销活动中，企业和单位对营销业绩突出的雇员以培训班、研讨会、工作考察等名义组织旅游活动，通过免收差旅费、旅游费对个人实行的营销业绩奖励，应根据所发生费用的全额并入营销人员当期的工资、薪金所得。

2. 按“劳务报酬所得”项目纳税

(1) 个人兼职取得的收入；

(2) 非本单位雇员担任董事职务所取得的董事费收入

(3) 对商品营销活动中，企业和单位对营销业绩突出的非雇员以培训班、研讨会、工作考察等名义组织旅游活动，通过免收差旅费、旅游费对个人实行的营销业绩奖励(包括实物、有价证券等)，应根据所发生费用的全额作为该营销人员当期的劳务收入。

工资薪金 VS 劳务报酬所得：

| 工资薪金 | 劳务报酬 |
| --- | --- |
| 个人非独立劳动所得 | 个人独立劳动所得 |
| 本单位雇员的董事费 | 非本单位雇员的董事费 |
| 退休人员再任职、劳动分红 | 个人兼职 |
| 免收差旅费、旅游费对个人实行的营销业绩奖励：雇员 | 非雇员 |

3. 其他规定

(1) 符合以下情形的房屋或其他财产，不论所有权人是否将财产无偿或有偿交付企业使用，其实质均为企业对个人进行了实物性质的分配，应依法计征个人所得税。

① 企业出资购买房屋及其他财产，将所有权登记为投资者个人、投资者家庭成员或企业其他人员的；

② 企业投资者个人、投资者家庭成员或企业其他人员向企业借款用于购买房屋及其他财产，将所有权登记为投资者、投资者家庭成员或企业其他人员，且借款年度终了后未归还借款的。

| 情形 | 税务处理 |
| --- | --- |
| ①非法人企业的个人投资者或其家庭成员 | 经营所得 |
| ②法人企业的个人投资者或其家庭成员 | 利息、股息、红利所得 |
| ③企业其他人员 | 工资、薪金所得 |

(2) 企业为个人支付消费性支出

以企业资金为投资者本人、家庭成员等支付与企业生产经营无关的消费性支出：

| 情形 | 税务处理 |
| --- | --- |
| ①非法人企业的个人投资者或其家庭成员 | 经营所得 |
| ②法人企业的个人投资者或其家庭成员 | 利息、股息、红利所得 |

(3) 企业向个人支付的不竞争款项，按“偶然所得”项目征收个人所得税。

**【例 4-30 · 多选题】**上市公司支付给相关人员的下列支出，应按“工资薪金所得”有关政策规定预扣预缴个人所得税的有(　　)。

A. 支付给本公司李某为新进员工进行内部培训课酬费

B. 向独立董事支付的补贴

C. 向职工支付的托儿补助费

D. 向提前退休人员支付的一次性补贴

E. 向外聘技术人员支付的兼职费

**『答案』**AD。

**【解析】**向独立董事支付的补贴和外聘技术人员支付的兼职费按“劳务报酬所得”预扣个税，向职工支付的托儿补助费不用纳税。

【**例 4-31·单选题**】(2017 年，修改)企业应按“工资薪金所得”预扣个人所得税的是(　　)。

A. 个体工商户支付给业主的工资

B. 在校学生因勤工俭学活动取得的报酬

C. 不变更企业形式，承包人对企业的销售成果不拥有所有权，仅据合同规定取得的承包费

D. 支付给不在公司任职的独立董事的董事费

『**答案**』C。

【**解析**】选项 A，应按“经营所得”纳税；选项 B、D，均应按“劳务报酬所得”纳税。

【**例 4-32·单选题**】外籍个人在境内担任企业的董事长，并同时担任企业直接管理职务，取得下列收入应并入工资薪金所得计税的是(　　)。

A. 转让专利使用权获得的收入　　B. 董事费收入

C. 房产出租收入　　D. 股息收入

『**答案**』B。

『**解析**』个人在公司(包括关联公司)任职、受雇，同时兼任董事、监事的，应将董事费、监事费与个人工资收入合并，统一按工资、薪金所得项目缴纳个人所得税。

## 四、预扣率与税率

<table>
<tr><th>税目</th><th>预扣率</th><th>税率</th></tr>
<tr><td>1. 工薪</td><td>7 级超额</td><td rowspan="4">居民综合所得，年度汇算清缴时，适用 7 级超额累进税率。非居民所得后面介绍</td></tr>
<tr><td>2. 劳务报酬</td><td>3 级超额</td></tr>
<tr><td>3. 稿酬</td><td>20%</td></tr>
<tr><td>4. 特许权使用费</td><td>20%</td></tr>
<tr><td>5. 经营所得</td><td></td><td>5 级超额累进</td></tr>
<tr><td>6. 利息、股息、红利所得<br>7. 财产转让所得<br>8. 财产租赁所得<br>9. 偶然所得</td><td></td><td>20%比例税率</td></tr>
</table>

## 五、税收优惠

1. 免纳个人所得税(需要关注的)

(1) 福利费、抚恤金、救济金。

下列收入不属于免税的福利费范围：

① 从超出国家规定的比例或基数计提的福利费、工会经费中支付给个人的各种补贴、补助；

② 从福利费和工会经费中支付给单位职工的人人有份的补贴、补助；

③ 单位为个人购买汽车、住房、电子计算机等不属于临时性生活困难补助性质的支出。

特别注意：免税福利费与救济金的界定。

a. 福利费：根据国家有关规定，从企业、事业单位、国家机关、社会组织提留的福利

费或者工会经费中支付给个人的生活补助费；

b. 救济金：各级人民政府民政部门支付给个人的生活困难补助费。

(2) 对被拆迁人按照国家有关城镇房屋拆迁管理办法规定的标准取得的拆迁补偿款，免征个人所得税。

2. 暂免征收个人所得税

(1) 个人转让自用达5年以上并且是唯一的家庭居住用房取得的所得；

(2) 对个人购买福利彩票、体育彩票，一次中奖收入在1万元以下的(含1万元)，暂免征收个人所得税，超过1万元的，全额征收个人所得税；

(3)自2008年10月9日起，对储蓄存款利息所得暂免征收个人所得税。

**【例4-33·单选题】** 下列收入，免征个人所得税是(　　)。

A. 职工个人参加单位集资取得的利息所得

B. 工会组织活动时给职工的奖励

C. 储蓄存款利息所得

D. 职工个人出资缴纳的风险抵押金存款取得的利息收入

**『答案』**C。

**『解析』**自2008年10月9日起，对储蓄存款利息所得暂免征收个人所得税。

**【例4-34·单选题】**(2015年)某学校退休教师某月取得的收入中，不需要缴纳个人所得税的是(　　)。

A. 从出版社取得稿酬2000元

B. 从原单位取得的退休金4000元

C. 咨询费收入1000元

D. 家教收入3000元

**『答案』**B。

**『解析』**退休金属于免税收入。

## 六、居民个人综合所得的预扣预缴、汇算清缴

综合所得的范围：工资薪金、劳务、稿酬、特许权使用费。

### (一) 综合所得的应纳税所得额

居民个人综合所得的应纳税所得额=每一纳税年度的收入额-基本费用扣除60000元-专项扣除-专项附加扣除-依法确定的其他扣除

1. 收入额

(1) 工资薪金：100%。

(2) 劳务报酬所得、特许权使用费：按收入的80%。

(3) 稿酬所得：收入的70%。

2. 费用扣除标准

| | |
|---|---|
| 基本费用扣除 | 6万元/年 |
| 专项扣除 | 居民个人缴纳的三险一金：基本养老保险、基本医疗保险、失业保险等社会保险费和住房公积金等 |
| 专项附加扣除 | 子女教育、继续教育、大病医疗、住房贷款利息和住房租金、赡养老人支出等支出——国务院确定，报全国人大常委会备案 |
| 依法确定的其他扣除 | 公益性捐赠、企业年金与职业年金、商业健康保险、税收递延型商业养老保险等 |

保险的个税政策：

| | |
|---|---|
| 单位按规定为员工缴纳的五险一金 | 免税收入 |
| 员工个人缴纳的三险一金 | 专项扣除 |
| 单位按规定为员工缴纳的企业年金、职业年金 | 免税收入 |
| 员工个人缴纳的企业年金、职业年金 | 依法确定的其他扣除 |

（1）子女教育专项附加扣除。

<table>
<tr><td>学前教育</td><td>年满3岁至小学入学前(入学前一个月)教育</td><td rowspan="2">每个子女每月1000元(全年12000元)</td></tr>
<tr><td>学历教育</td><td>义务教育(小学、初中教育)、高中阶段教育(普通高中、中等职业、技工教育)、高等教育(大学专科、大学本科、硕士研究生、博士研究生教育)——含入学当月、寒暑假以及因病和非主观因素保留学籍的休学期间</td></tr>
<tr><td colspan="3">可选择由其中一方按扣除标准的100%扣除，也可分别按扣除标准的50%扣除；具体扣除方式在一个纳税年度内不得变更。</td></tr>
<tr><td colspan="3">纳税人子女在境外接受教育的，应留存境外学校录取通知书、留学签证等相关教育的证明资料备查；如果在境内接受教育，无须证明资料</td></tr>
</table>

（2）继续教育专项附加扣除。

| | | |
|---|---|---|
| 中国境内学历(学位)继续教育的支出 | 学历(学位)教育期间按照每月400元(每年4800元)定额扣除；同一学历(学位)继续教育扣除期不得超过48个月 | 本人接受本科及以下学历(学位)继续教育支出，可以选择由其父母扣除，也可以选择由本人扣除，但不得同时扣除 |
| 技能人员职业资格继续教育、专业技术人员职业资格继续教育支出 | 在取得相关证书的年度，按照3600元定额扣除，<br>留存相关证书等资料备查 | 接受教育本人扣除 |

（3）住房贷款利息专项附加扣除。

a. 纳税人本人或配偶单独或共同使用商业银行或住房公积金个人住房贷款为本人或其配偶购买中国境内住房，发生的首套住房贷款利息支出(购买住房时享受首套住房贷款利率的住房)，在偿还贷款期间，可以按照每月1000元标准定额扣除，扣除期限最长不得超过240个月。纳税人只能享受一次首套住房贷款利息扣除；

b. 经夫妻双方约定，可以选择由其中一方扣除，具体扣除方式在一个纳税年度内不得变更；

c. 夫妻双方婚前分别购买住房发生的首套住房贷款，其贷款利息支出，婚后可以：

第一：选择其中一套购买的住房，由购买方按扣除标准的100%扣除；

第二：也可以双方各扣50%；

具体扣除方式在一个纳税年度内不得变更。

d. 纳税人应当留存住房贷款合同、贷款还款支出凭证。

（4）住房租金专项附加扣除。

a. 纳税人及其配偶在一个纳税年度内不得同时分别享受住房贷款利息专项附加扣除和

住房租金专项附加扣除；

b. 纳税人本人及配偶在纳税人的主要工作城市没有住房，而在主要工作城市租赁住房发生的租金支出，可以按照标准定额扣除；

c. 夫妻双方主要工作城市相同的，只能由一方扣除住房租金支出；

d. 住房租金支出由签订租赁住房合同的承租人扣除；

e. 纳税人应当留存住房租赁合同、协议等有关资料备查；

f. 具体扣除标准：

| 住房位置 | 扣除标准 |
| --- | --- |
| 直辖市、省会(首府)城市、计划单列市以及国务院确定的其他城市 | 每月1500元(18000元/年) |
| 承租的住房位于其他城市的，市辖区户籍人口>100万的 | 每月1100元(13200元/年) |
| 承租的住房位于其他城市的，市辖区户籍人口≤100万的 | 每月800元(9600元/年) |

(5) 赡养老人专项附加扣除。

a. 纳税人赡养一位及以上被赡养人的支出，可以按照标准定额扣除——被赡养人年满60周岁的当月至赡养义务终止的年末；

b. 被赡养人指年满60岁的父母以及子女均已去世的年满60岁的祖父母、外祖父母；

c. 具体扣除标准：

| | |
| --- | --- |
| 纳税人为独生子女的 | 每月2000元(每年24000元) |
| 纳税人为非独生子女的 | 与其兄弟姐妹分摊每月2000元(每年24000元)的扣除额度，每人分摊的额度不得超过每月1000元(每年12000元)；<br>分摊方式：赡养人均摊或约定分摊、被赡养人指定分摊。约定或指定分摊的须签订书面分摊协议。具体分摊方式在一个纳税年度内不得变更 |

(6) 大病医疗专项附加扣除

a. 一个纳税年度内，纳税人发生的与基本医保相关的医药费用支出，扣除医保报销后个人负担(医保目录范围内的自付部分)累计超过15000元的部分，由纳税人在办理年度汇算清缴时，在80000元限额内据实扣除；

b. 可以选择本人扣或者配偶扣除，未成年子女发生的医药费用支出可以选择由其父母一方扣除；

c. 纳税人应当留存医疗服务收费及医保报销相关票据原件(或复印件)；

d. 医保部门应提供查询服务。

**注意：**

(1) 上述6项专项附加扣除中只有大病医疗属于限额扣除(按照医保目录范围内的自付部分扣除15000元的余额与80000元比较，按照较小一方扣除)；其他5项专项附加扣除均属于标准定额扣除，即使纳税人的该项支出未达到标准，也按照标准扣除；

(2) 上述6项专项附加扣除中只有大病医疗只能在汇算清缴时扣除，其他的专项附加扣除项目可以选择在预扣预缴时扣除，也可以选择在汇算清缴时扣除；

(3) 如果纳税人及其配偶、未成年子女均发生医药费支出，应分别计算扣除；

(4) 专项附加扣除需要留存证明资料的：

① 子女在境外接受教育；

② 职业资格继续教育；

③ 首套住房贷款利息支出；

④ 住房租金；

⑤ 大病医疗。

（5）有以下情形之一的，纳税人可以选择在次年 3 月 1 日至 6 月 30 日内，自行向汇缴地主管税务机关办理汇算清缴申报时进行专项附加扣除，税款多退少补；个人所得税专项附加扣除信息随纳税申报表一并报送：

自行向汇缴地主管税务机关办理汇算清缴申报时进行专项附加扣除。

① 不愿意通过单位办理扣除，未将相关专项附加扣除信息报送给任职受雇单位的；

② 没有工资、薪金所得，但有劳务报酬所得、稿酬所得、特许权使用费所得的；

③ 有大病医疗支出项目的；

④ 纳税年度内未享受或未足额享受专项附加扣除等情形。

如果同时有两个以上发工资的单位，那么对同一个专项附加扣除项目，在一个纳税年度内，税务师要提示纳税人只能选择从其中的一个单位办理扣除。

（6）个人所得税专项附加扣除操作办法：

纳税人可以通过填写纸质表格、电子表格、登录远程报税端等方式，填写并提交《个人所得税专项附加扣除信息表》，以享受专项附加扣除。除大病医疗支出由纳税人进行汇算清缴时扣除外，其他的扣除项目可以选择由单位在预扣预缴税款时扣除，也可以选择由纳税人汇算清缴时扣除。

**【例 4-35 · 多选题】**下列关于个人所得税专项附加扣除的说法，正确的有（　　）。

A. 子女教育支出按照子女数量扣除

B. 赡养老人支出按照被赡养人老人数量扣除

C. 大病医疗支出实行限额扣除

D. 大病医疗支出只能在汇算清缴时扣除

E. 扣除子女教育支出必须留存相应证明资料

**『答案』**ACD。

**『解析』**选项 B，确定税前可以扣除的赡养老人支出时不考虑被赡养人的数量；选项 E，子女在境外接受教育需要留存证明资料。

**（二）居民个人综合所得的预扣预缴**

1. 工资薪金所得的预扣预缴——累计预扣法

（1）工资薪金所得预扣预缴的应纳税所得额：

累计预扣预缴应纳税所得额 = 累计收入 - 累计免税收入 - 累计减除费用 - 累计专项扣除 - 累计专项附加扣除 - 累计依法确定的其他扣除

累计减除费用，按照 5000 元/月乘以纳税人当年截至本月在本单位的任职受雇月份数计算。

（2）个人所得税预扣率表——同综合所得的税率表。

| 级数 | 累计预扣预缴应纳税所得额 | 预扣率/% | 速算扣除数 |
|---|---|---|---|
| 1 | 不超过 36000 元的 | 3 | 0 |
| 2 | 超过 36000 元至 144000 元的部分 | 10 | 2520 |
| 3 | 超过 144000 元至 300000 元的部分 | 20 | 16920 |
| 4 | 超过 300000 元至 420000 元的部分 | 25 | 31920 |
| 5 | 超过 420000 元至 660000 元的部分 | 30 | 52920 |
| 6 | 超过 660000 元至 960000 元的部分 | 35 | 85920 |
| 7 | 超过 960000 元的部分 | 45 | 181920 |

（3）本期应预扣预缴税额。

本期应预扣预缴税额=（累计预扣预缴应纳税所得额×预扣率-速算扣除数）-累计减免税额-累计已预扣预缴税额

2. 劳务报酬所得的预扣预缴

3. 稿酬所得的预扣预缴

4. 特许权使用费所得的预扣预缴

## 七、个人所得税征收管理

1. 纳税申报

（1）自行申报是由纳税人自行在税法规定的纳税期限内，向税务机关申报取得的应税所得项目和数额，如实填写个人所得税纳税申报表，并按照税法规定计算应纳税额，据此缴纳个人所得税的一种方法。

下列人员为自行申报纳税的纳税义务人：

① 取得综合所得需要办理汇算清缴。

a. 在两处或两处以上取得综合所得，且综合所得年收入额减去专项扣除后的余额超过 6 万元。

b. 取得劳务报酬所得、稿酬所得、特许权使用费所得中一项或多项所得，且综合所得年收入额减去专项扣除后的余额超过 6 万元。

c. 纳税年度内预缴税额低于应纳税额的

d. 纳税人申请退税。纳税人申请退税，应当提供其在中国境内开设的银行结算账户，并在汇算清缴地就地办理税款退库。

② 取得应纳税所得，没有扣缴义务人的。

③ 取得应税所得，扣缴义务人未扣缴税款。

④ 从中国境外取得所得的。

⑤ 因移居境外注销中国户籍。

⑥ 非居民个人从中国境内两处或者两处以上取得工资、薪金所得的。

⑦ 国务院规定的其他情形。

（2）代扣代缴是指按照税法规定负有扣缴税款义务的单位或个人，在向个人支付应纳税所得时，应计算应纳税额，从其所得中扣除并缴入国库，同时向税务机关报送扣缴个人所得税报告表。

凡支付个人应纳税所得的企业、事业单位、社会团体、军队、驻华机构(不含依法享有外交特权和豁免的驻华使领馆、联合国及其国际组织驻华机构)、个体户等单位或者个人，为个人所得税的扣缴义务人。

代扣代缴的范围包括：①工资、薪金所得；②对企事业单位的承包经营、承租经营所得；③劳务报酬所得；④稿酬所得；⑤特许权使用费所得；⑥利息、股息、红利所得；⑦财产租赁所得 ；⑧财产转让所得；⑨偶然所得；⑩经国务院财政部门确定征税的其他所得。

税务机关对扣缴义务人按照所扣缴的税款，付给 2%的手续费。

2. 纳税期限

（1）居民个人取得综合所得，按年计算个人所得税；有扣缴义务人的，由扣缴义务人按月或按次预扣预缴税款；需办理汇算清缴的，应当在取得所得的次年 3 月 1 日到 6 月 30 日内办理汇算清缴。预扣预缴办法由国务院税务主管部门制定。

（2）非居民个人取得工资、薪金所得、劳务报酬所得、稿酬所得和特许权使用费所得，有扣缴义务人的，由扣缴义务人按月或按次代扣代缴税款，不办理汇算清缴。

（3）纳税取得经营所得，按年计算个人所得税，由纳税人在月度或季度终了后 15 日内向税务机关报送纳税申报表，并预缴税款；在取得所得的次年 3 月 31 日前办理汇算清缴。

（4）纳税人取得利息、股息、红利所得，财产租赁所得，财产转让所得和偶然所得按月或按次计算个人所得税，有扣缴义务人的，由扣缴义务人按月或按次代扣代缴税款。

（5）纳税人取得所得没有扣缴义务人的，应当在取得所得的次月 15 日内向税务机关报送纳税申报表，并缴纳税款。

（6）纳税人取得应税所得，扣缴义务人未扣缴税款的，纳税人应当在取得所得的次年 6 月 30 日前，缴纳税款；税务机关通知限期缴纳的，纳税人应当按照期限缴纳税款。

（7）居民个人从中国境外取得所得的，应当在取得所得的次年 3 月 1 日至 6 月 30 日内申报纳税。

（8）非居民纳税人在中国境内从两处或以上取得工资、薪金所得的，应当在取得所得的次月 15 日内申报纳税。

（9）纳税人因移居境外注销中国户籍的，应当在注销中国户籍前办理税款清算。

（10）扣缴义务人每月或每次预扣、代扣的税款，应当在次月 15 日内缴入国库，并向税务机关报送扣缴个人所得税申报表。

各项所得的计算，以人民币为单位 。

# 第五章　会计职业道德

## 考纲要求

1. 会计职业道德的概念。
2. 会计职业道德的主要内容。
3. 会计法规与会计职业道德的关系。

## 案例导入

王某，23 岁，会计专业大学本科毕业后到某市一国债服务部工作，担任柜台出纳兼任金库保管员。2000 年 5 月 11 日，王某偷偷从金库中取出 1998 年国库券 30 万元，4 个月后，王某见无人知晓，胆子开始大了起来，又取出 50 万元，通过证券公司融资回购方法，折借人民币 89.91 万元用来炒股，没想到赔了钱。王某在无力返还单位证券的情况下，索性于 2000 年 12 月 14 日、15 日，将金库里剩余的 14.03 万元国库券和股市上所有的 73.7 万元人民币全部取出后潜逃，用化名在市一处民房租住隐匿。至此，王某共贪污 1998 年国库券 94.03 万元，折合人民币 118.51 万元。案发后，当地人民检察院立案侦查，王某迫于各种压力，于 2001 年 1 月 8 日投案自首，检察院依法提起公诉。

由此可见，一个高素质的会计人员应当做到爱岗敬业、提高专业胜任能力，这不仅是会计职业道德的主要内容，也是会计职业者遵循会计职业道德的可靠保证。倡导会计职业道德，加强会计职业道德教育，并结合会计职业活动，引导会计职业者进一步加强自我修养，提高专业胜任能力，有利于促进会计职业者整体素质的不断提高。

## 第一节　会计职业道德概述

### 一、职业道德的特征与作用

#### （一）道德的概念

道德是以善恶评价为标准，依靠社会舆论、传统习俗和人的内心信念的力量来调整人们之间相互关系的行为规范的总和。它通过确立一定的善恶标准和行为准则，来约束人们的相互关系和个人行为，调节社会关系，并与法一起对社会生活的正常秩序起保障作用。

#### （二）职业道德的形成与发展

职业道德是社会发展到一定历史阶段的产物，是随着社会分工的产生和发展而逐渐形成的，伴随着社会分工的需要产生的各种职业是职业道德产生的必要条件，而各种职业利益和职业关系的相互关联性则是职业道德形成的充分条件。它的发展表现在两个方面：一是随着

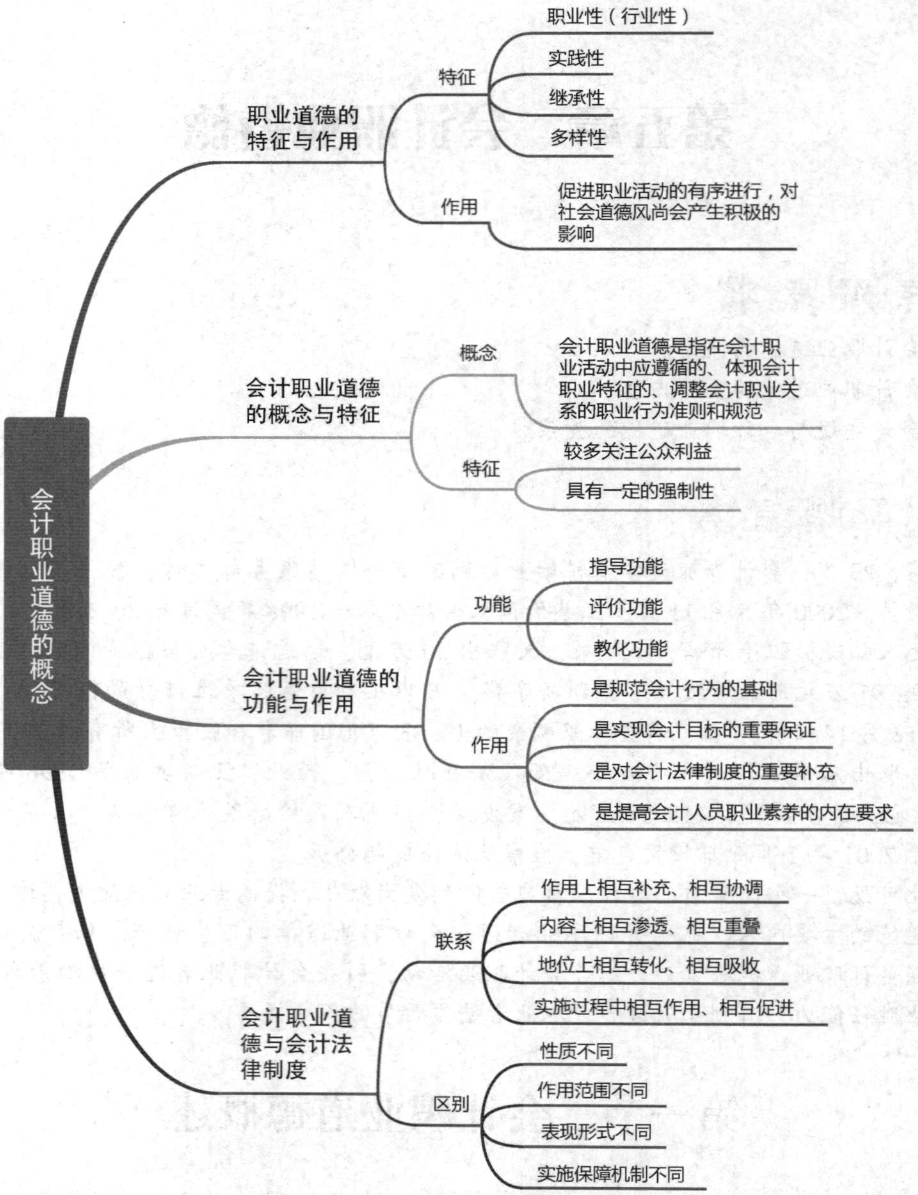


社会生产力的发展，社会分工越来越细，职业种类不断增加，职业道德的种类也不断增加；二是每一种职业随着社会生产方式和职业活动方式的变化，在继承传统因素的基础上，不断增加新内容，不断丰富发展，以反映职业关系中的新内容、新特点、新要求。

**（三）职业道德的概念及其本质**

1. 职业道德的概念

职业道德是道德规范的重要组成部分，是指在一定的职业活动中人们自身所具有的能够体现职业特征的，调整一定职业关系的职业行为规范。

职业道德的概念有广义和狭义之分。广义的职业道德是指从业人员在职业活动中应该遵循的行为准则，涵盖了从业人员与服务对象、职业与职工、职业与职业之间的关系。狭义的职业道德是指在一定职业活动中应遵循的、体现一定职业特征的、调整一定职业关系的职业行为准则和规范。

2. 职业道德的本质

(1) 职业道德是社会经济关系所决定的社会意识形态。

(2) 职业道德是职业活动对职业行为的道德要求，与职业活动的要求密切相关。

(3) 职业道德是调节职业活动形成的各种职业关系的手段。

**(四) 职业道德的特点**

职业道德的特点有：①专业性；②实践性；③继承性；④多样性。

**(五) 职业道德的基本结构及主要内容**

1. 职业道德的基本结构

职业道德的基本结构可分为三部分：①职业道德意识；②职业道德规范；③职业道德行为。

职业道德的意识、规范和行为是一个整体中三个不可分割的部分，道德意识是制定道德规范和实施道德行为的基础，道德规范是连接道德意识和道德行为的桥梁，而道德行为则是道德意识和道德规范的最终反映。

2. 职业道德的主要内容

职业道德的主要内容有：

(1) 职业道德认识。

(2) 职业道德情感。它包括职业荣誉感、幸福感、责任感和良知感等。

(3) 职业道德意识。指根据职业道德观念所形成的履行职业义务和职业责任的坚韧精神。

(4) 职业道德信念。指在职业道德认识的基础上和与之相适应的道德情感发生共鸣而确立的观念，是职业道德观念转化为职业道德行为的强大推动力。

(5) 职业道德行为习惯。指人们在一定的职业道德认识、情感、意志、信念等支配下采取的行为，是衡量一个人职业道德素质高低的重要标志。

**(六) 社会主义职业道德**

根据《公民道德建设实施纲要》，职业道德的主要内容包括以下几点：

(1) 爱岗敬业。爱岗就是热爱自己的工作岗位，敬业就是用严肃的态度对待自己的工作。爱岗是对人们工作态度的一种普遍要求。爱岗是敬业的基础，敬业是爱岗的具体表现，爱岗敬业是为人民服务和集体主义精神的具体体现，是社会主义职业道德一切基本规范的基础。

(2) 诚实守信。诚实，就是忠诚老实，不讲假话。守信，就是信守诺言，说话算数。诚实是守信的基础，守信是诚实的具体表现，诚实守信是忠诚老实，信守诺言，是为人处事的一种美德。

(3) 办事公道。办事公道是指从业人员在办理事情处理问题时要站在公正的立场上，按照统一标准和同一原则办事的职业道德规范。

(4) 服务群众。服务群众就是为人民群众服务，时时刻刻为群众着想。服务群众的含义应注意两个方面：①服务群众是对各级领导及各级领导机关、各级公务员的一种要求；②服务群众是对所有从业人员的要求。

(5) 奉献社会。奉献社会，就是全心全意为社会做贡献，是一种融在一生事业中的高尚人格。奉献社会与爱岗敬业、诚实守信、办事公道、服务群众相比较，是职业道德的最高境界，同时也是做人的最高境界。

**(七) 职业道德的特征**

职业道德是道德在职业实践活动中的具体体现，除了具有道德的一般特征之外，还具有以下特征：

(1) 职业性(行业性)。职业道德的内容与职业实践活动紧密联系，反映特定职业活动对从业人员行为的道德要求。所以，职业道德具有很强的职业性，不具有全社会普遍的适用性。如会计从业人员所适用的会计职业道德对于其他行业就不完全适用，甚至完全不适用。

(2) 实践性。职业活动都是具体的实践活动，因此具有较强的针对性、实践性，以便让行业内外人员(包括服务对象)检查、监督。有的甚至被纳入法律规范以便直接指导、规范特定行业从业人员的职业活动。

(3) 继承性。由于职业道德是与职业活动紧密结合的，不同的社会经济发展阶段，同样一种职业内容相对稳定，那么其职业道德就会相对稳定，因此，职业道德具有较强的相对稳定性和历史继承性。

(4) 多样性。社会上的职业是复杂、多样的，因此有多少种职业就有多少种职业道德。而且随着社会生产力的发展，新兴行业不断产生，与之相适应的职业道德也就层出不穷，越来越多样化。

**【例 5-1 · 单选题】**下列选项中，职业道德的特征不包括(　　)。

A. 职业性　　B. 强制性　　C. 实践性　　D. 继承性

**『答案』**B。

**【例 5-2 · 单选题】**职业道德是同人们(　　)紧密相连的，具有自身职业特征的道德准则、职业行为规范的总和。

A. 道德活动　　B. 职业活动　　C. 经济活动　　D. 政治活动。

**『答案』**B。

**(八) 职业道德的作用**

职业道德的作用主要有：促进职业活动的有序进行、对社会道德风尚会产生积极的影响。职业道德最主要的作用就是通过调整职业关系，维护正常的职业活动秩序，以确保职业活动的正常进行，也促进职业的健康发展。同时，由于职业道德是社会道德的一个重要组成部分，那么各行业和部门的职业道德水准，将直接体现着社会道德风尚的面貌。因此，如果各行业从业人员都能自觉地遵守各自的职业道德规范，那么必将形成良好的社会道德风尚。

## 二、会计职业道德的概念与特征

**(一) 会计职业道德的概念**

会计职业道德是指一定社会经济条件下，对会计职业行为及职业活动的系列要求或明文规定，是会计人员处理职业活动中各种关系的行为准则，是职业道德在会计职业行为和会计职业活动中的具体体现。我国会计职业道德的主要内容为：爱岗敬业、诚实守信、廉洁自律、客观公正、坚持准则、提高技能、参与管理和强化服务。

**【例 5-3 · 单选题】**有关于会计职业道德的含义，下列说法不正确的是(　　)。

A. 会计职业道德是调整会计职业活动利益关系的手段

B. 会计职业道德具有相对稳定性

C. 会计职业道德具有他律性

D. 会计职业道德具有广泛的社会性

『答案』C。会计职业道德是调整会计职业活动中各种利益关系的手段，具有相对稳定性，具有广泛的社会性。

**（二）会计职业道德的特征**

会计作为社会经济活动中的一种特殊职业，除具有职业道德的一般特征外，还具有一定的强制性和较多关注公众利益的特征。

（1）较多关注公众利益。会计职业的显著特征是会计职业活动与社会公众利益密切联系。在会计工作中，对单位经济事项进行确认、计量、记录和报告的程序、标准和方法的选择都必须遵循相关规律和要求，一旦在选择和运用上发生任何变化，都会引起与经济主体有关的各方经济利益受到直接的影响。通常会计人员自身的经济利益往往与其所处的经济主体的利益一致，当经济主体利益与国家利益和社会公众利益出现矛盾时，会计人员的态度和行为就显得至关重要。因此，会计职业的特殊性对会计职业道德提出了更高的要求，要求会计人员客观公正，在会计职业活动中，发生道德冲突时要坚持准则，把社会公众利益放在第一位。

（2）具有一定的强制性。法律具有强制性，而道德一般不具有强制性。但在我国，会计职业道德和其他道德不一样，其许多内容都直接纳入了会计法律制度，如我国的《会计法》《会计基础工作规范》等都规定了会计职业道德的内容和要求。因此，会计职业道德同法律一样，具有一定的强制性。虽然违反会计职业道德的某些行为谈不上犯罪，但也是违反职业纪律的，更是职业道德不允许的。

**【例5-4·多选题】**会计职业道德除具有职业道德的一般特征外，还具有的特征有（　　）。

A. 复杂性　　B. 强制性　　C. 教育性　　D. 社会公益性

『答案』BD。会计作为社会经济活动中的一种特殊职业，除了具有职业道德的一般特性外，与其他职业相比还具有强制性和社会公益性。

## 三、会计职业道德的功能与作用

**（一）会计职业道德的功能**

会计职业道德的功能是指会计职业道德对会计职业发展具有的功效和能力。会计职业道德的功能主要有：指导功能、评价功能、教化功能。

1. 指导功能

指导功能，是指会计职业道德指导会计人员行为的职能作用。在实际中，会计职业道德不仅规范会计人员、约束会计人员的职业行为，而且通过规范性的要求来指导会计人员正确认识会计职业生活中的各种道德关系，正确地选择自己的职业行为。

会计行为是由会计人员的内心信念来支配的，信念的善与恶导致行为的是与非。会计人员与单位的钱财接触，稍有私心杂念，就会陷入金钱的泥沼，走上违法犯罪的道路。因此，会计职业道德对于会计人员的动机和行为的指导作用是至关重要的。

会计职业道德的指导作用，是会计职业道德的首要功能。它从内容上表达了社会对会计人员行为的期望和要求，如爱岗敬业、诚实守信、廉洁自律等。这种期望和要求通过社会舆论对会计人员和会计行为进行评议，或表扬或批评，形成一种强大的外在的无形压力，指导会计人员应当做什么，不应当做什么。它为会计人员的行为指明方向、提供模式，指导着会计人员树立正确的职业观念，自觉遵守职业道德行为规范，在会计职业道德行为规范限定的范围内活动。同时，它还会对违反会计职业道德规范的行为进行纠正、规劝，通过纠正、规劝引导会计人员及时、自觉地调整行为方向，从而达到规范会计行为的目的。

2. 评价功能

评价功能，通过评价方式来指导和纠正人们的行为和实际活动，以协调人际关系、维护社会秩序。会计职业道德通过“评价-命令”的方式激发会计人员的内在积极性和主动性，促进会计人员自我肯定、自我发展、自我完善；帮助会计人员提高对于会计及会计工作相关问题正确认识的水平，从而达到调节会计领域各种会计关系的目标。

会计职业道德的评价功能可分为褒扬功能和谴责功能。前者通过对符合职业道德标准的主体行为给予赞赏的评价，引起主体的荣誉感和自豪感，对主体的动机和行为起到激励、推动的作用。后者通过对违反职业道德标准的主体行为给予谴责评价，引起主体的羞愧感和内疚感，对主体的动机和行为起到告诫和纠正的作用。

会计职业道德规范一般都是已经公布的、具体的、明确的条文性规定，这使得会计职业道德规范具备了判断、衡量人们行为是否合乎行为标准的特性。从某种意义上讲，会计职业道德规范是人们包括会计人员自己衡量会计行为的尺度，人们通过它来判断、评价会计行为是否应当，通过对行为的赞赏性评价，去激励、推动一种会计职业道德行为贯彻实施，通过对某一不道德行为的批评、谴责，告诫会计人员严格要求并约束自己的行为，不去做违反会计职业道德规范的事。

因此，道德评价是一种巨大的社会力量和人们内在的意志力量，是人以评价来把握现实的一种方式，它通过把周围的社会现象划分为“善”与“恶”来实现。

3. 教化功能

教化功能，是指会计职业道德对会计人员具有教育和感化的功能，即职业道德内化为会计人员行为的自觉要求，使会计人员在会计工作中自觉遵循会计职业道德规范。人们常把道德比作是催人奋进的引路人，说的就是道德对人的这种教育和感化功能。

道德具有引导人们行为的功能，可以概括为劝善戒恶，并辅之以社会舆论的赞扬或谴责，进而作用于人的道德良心和道德情感。道德教化是通过表彰和批评、扬善抑恶等评价手段，通过理想人格、树立榜样等方式，提高人们的道德信念、道德理想和道德境界，从而使人们自觉地努力提高个人修养，调节自己的行为，从而形成一定的道德品质和社会道德风尚。

会计职业道德通过评价、教育、指导、激励、示范等方式，告诉会计人员什么是善，什么是恶，告诫会计人员应当做什么，不应当做什么，这就为会计人员明确了一名称职的会计人员应具备的道德品质，教育会计人员树立正确的善恶、荣辱、责任、良心、公正等道德观念，培养会计人员形成良好的会计职业道德意识，从而提高会计人员的精神境界和道德水平。

可见，会计职业道德的这些功能及可能产生的作用，是一些行政命令甚至会计法律制度所不及的。因此，加强对会计人员会计职业道德规范的教育意义重大。

**【例 5-5 · 多选题】**会计职业道德的功能有(　　)。

A. 指导功能　　B. 评价功能　　C. 教化功能　　D. 规范功能

**『答案』**ABC。

## 议一议

杨某是一名刚毕业的会计专业大学生，在A企业的财务部任出纳。他认为出纳无非就是款项的收收付付，总觉得自己被“大材小用”了，因此，他抱着“做一天和尚撞一天钟”的态度，整天混日子。每次参加会计人员继续教育，也仅去签个名报个到，就托词离开了，没认真听过一次课。单位有人向他咨询有关财务会计制度的问题时，却经常是“一问三不知”。一天，受朋友之托，杨某还将本单位的客户名单私自提供给了朋友。思考：杨某违反了哪些会计职业道德？

**（二）会计职业道德的作用**

会计职业道德的作用主要有：

（1）是规范会计行为的基础。会计职业道德引导、规劝、约束会计人员，树立正确的职业观念，遵循职业道德，规范会计行为。

（2）是实现会计目标的重要保证。会计人员只有严格遵守职业道德规范，才能及时提供相关的、可靠的会计信息，反映企业管理层受托责任履行情况，有助于财务会计报告使用者作出经济决策。

（3）是对会计法律制度的重要补充。会计法律是会计职业的最低要求，只能对会计人员不得违法的行为作出规定，因此会计职业道德是对会计法律制度的重要补充，其作用是会计法律制度所不能替代的。

（4）是提高会计人员职业素养的内在要求。社会的进步和发展，对会计职业者的素质要求越来越高，会计职业道德是会计人员素质的重要体现。倡导会计职业道德，加强会计职业道德教育，并结合会计职业活动，引导会计职业者进一步加强自我修养，提高专业胜任能力，有利于促进会计职业者整体素质的不断提高。

## 四、会计职业道德与会计法律制度的联系

**（一）会计职业道德与会计法律制度的联系**

1. 两者在根本目的上一致

会计职业道德通过调整会计工作中的人际关系，激发会计人员的工作热忱，把提高会计水平为自身的道德责任。同样，会计法律制度也是旨在通过稳定会计工作秩序从而保证社会再生产过程中的顺利进行。可以说，两者是“殊途同归”。

2. 两者在作用上相互补充、相互协调

会计法律制度强制规范了基本的会计行为，但有些无法或者不宜由会计法律制度进行规范的行为，可通过会计职业道德规范来实现。

3. 两者在内容上相互渗透、相互重叠

会计法律制度中含有会计职业道德规范的内容，同时，会计职业道德规范中也包含会计法律制度的某些条款，两者在内容上相互渗透、相互重叠。如会计法律制度中会计人员的岗位责任制，本身就体现了会计职业道德的责任感、义务感和使命感；会计制度中的账实相符规定体现了诚实、客观的会计职业道德规范的要求。

4. 两者在地位上相互转化、相互吸收

最初的会计职业道德规范就是对会计职业行为约定俗成的基本要求，后来制定的会计法

律制度吸收了这些基本要求，便形成了会计法律制度。可以说，会计法律制度是会计职业道德的最低要求，会计职业道德是对会计法律制度的补充。

5. 两者在实施过程中相互作用，相互促进

会计职业道德是会计法律规范实施的重要的社会和思想基础，会计法律制度是促进会计职业道德规范形成和遵守的制度保障。因此，他们在实施过程中是相互作用、相互促进的。

### （二）会计职业道德与会计法律制度的区别

**会计职业道德与会计法律制度的主要区别**

| 不同点 | 会计法律制度 | 会计职业道德 |
| --- | --- | --- |
| 性质不同 | 会计法律制度反映统治者的意志和愿望，具有很强的他律性 | 并不都代表统治者的意志，很多来自职业习惯和约定俗成，具有很强的自律性 |
| 作用范围不同 | 侧重于规范会计人员的外在行为和结果的合法化，具有较强的客观性 | 不仅要求调整会计人员的外在行为，还要调整会计人员内在的精神世界，其调节的范围远比法律广泛 |
| 表现形式不同 | 通过一定的程序由国家立法机关或行政管理部门制定和颁布的，其表现形式是具体的、正式形成文字的成文条款 | 源自会计人员的职业生活和职业实践，日积月累、约定俗成。其表现形式既有明确成文的固定，也有不成文的只存在于会计人员内心的意识和信念 |
| 实施保障机制不同 | 由国家强制力保障实施 | 既有国家法律的相应要求，又需要会计人员自觉地遵守 |
| 评价标准不同 | 以会计人员享有的权利和义务为标准来判定其行为是否违法 | 以善恶为标准来判定会计人员的行为是否违背道德规范 |

### 提 示

会计职业道德与会计法律制度的区别有：(1)两者的性质不同；(2)两者作用范围不同；(3)两者表现形式不同；(4)实施保障机制不同；(5)两者的评价标准不同。

**【例5-6·多选题】**会计法律制度与会计职业道德的联系主要有(　　)。

A. 目标、调整对象和职责的同一性　　B. 内容和地位的相互作用

C. 实施保障机制的统一性　　D. 实施过程中的相互作用

**『答案』**ABD。

### 课后思考

下列资料是发生在某单位会计科的一幕：

单位退休工人老樊，拿着一叠发票走进财务科：“张会计你好，最近我到医院看了几次病，花了不少钱，现在家里又等着钱花，你能给我报销吗?”张会计：“我现在很忙，没有时间，而且现在规定很多，我也弄不清楚您的医药费能报销多少，等我有空时再说吧。”老樊点点头，“好好，那我先走了，我等你通知，谢谢。”

老樊刚走，厂长走了进来，“小张，昨天我给小孩买了台电脑，你给我想办法处理一下。”张会计：“行行行，你把发票放这儿，我帮你作办公用品报销，钱先拿去。”，

厂长刚走，电话铃响了，张会计拿起电话，“喂，原来是老同学呀，有什么事吗？哦！你想了解一下我们单位最近开发的新产品的成本、定价情况，还要把有关资料带出来给你瞧瞧？哎呀，厂里规定资料不准带出，特别是机密资料，我这么做有困难。但考虑到我们的关系，这样吧，我变通一下，凭记忆，给你讲讲，怎么样？好，就这样，晚上见。”

要求：就上述资料，分析张会计的言行违背了哪些会计职业道德要求，并说明理由。

## 第二节　会计职业道德规范的主要内容

会计工作能否提供客观、公正的会计信息，能否对本单位经济活动的合法性、合规性、真实性进行监督，在很大程度上取决于会计人员在会计工作中是否遵守会计职业道德规范，按照会计法律和会计准则的要求进行。会计职业道德规范贯穿于会计工作的整个过程，我国会计职业道德规范的主要内容为：爱岗敬业、诚实守信、廉洁自律、客观公正、坚持准则、提高技能、参与管理和强化服务。

### 一、爱岗敬业

#### （一）爱岗敬业的含义

爱岗敬业是指忠于职守的事业精神，这是会计职业道德的基础。爱岗敬业是爱岗与敬业的总称。爱岗就是会计人员应该热爱自己的本职工作，安心于本职岗位，稳定、持久地在会计天地中耕耘，恪尽职守地做好本职工作。敬业就是会计人员应该充分认识本职工作在社会经济活动中的地位和作用，认识本职工作的社会意义和道德价值，具有会计职业的荣誉感和自豪感，在职业活动中具有高度的劳动热情和创造性，以强烈的事业心、责任感，从事工作。爱岗和敬业，互为前提，相互支持，相辅相成。爱岗是敬业的基石，敬业是爱岗的升华。

#### （二）爱岗敬业的基本要求

作为一名会计人员必须遵守会计职业道德规范，热爱本职工作。因此，爱岗敬业是会计人员做好本职工作的基础和条件，是其应具备的基本道德素质。爱岗敬业对会计人员的基本要求是如下。

1. 正确认识会计职业，树立职业荣誉感

在经济生活中，不同的岗位要求承担的责任和义务不同，热爱会计工作，前提是正确地认识会计职业的本质、会计工作的重要性，树立爱岗敬业的精神。会计人员的爱岗敬业精神，始终是以他们对职业的认识程度以及所采取的态度作为行动的指导，并体现在实际工作之中。

2. 热爱会计工作，敬重会计职业

这是要求会计人员对会计职业充满敬意之情，全身心地投入到会计事业之中，人们只有树立起“干一行、爱一行、专一行”的思想，才会对所从事的职业有一个正确的认识态度，才会产生职业乐趣。只有真正热爱会计工作，才能增强从事会计职业的光荣感和责任感，才会发现在会计核算、企业财务管理领域有许多值得人们去探索和研究的东西，才会全身心地投入会计事业。

3. 安心工作，任劳任怨

安心本职岗位，以从事会计工作为乐，才能潜心向学，才能成为行家里手。安心本职岗位，要求会计人员具有不怕吃苦、不计较个人得失的思想境界，而任劳任怨正是安心本职岗位的具体体现。

4. 严肃认真，一丝不苟

会计是一项严谨细致的工作，会计人员需要全身心投入到自己所从事的会计工作中，尽自己的最大努力做好本职工作。在会计工作中，对一些凭证、账簿、报表的填制和审核，没有严肃认真的工作态度和尽心尽力的工作精神就可能出偏差，因此，工作中绝不能有办事马马虎虎、敷衍塞责的工作作风。

5. 忠于职守，尽职尽责

这是要求会计人员忠实于服务主体、忠实于社会公众、忠实于国家，严格执行岗位规范，认真履行岗位职责，切实对单位、对社会公众、对国家负责。单位内部会计人员不仅要尽职尽责地履行会计职能，还应抵制不当的开支，防止有人侵占单位资产。在对单位的忠诚与社会公众利益发生冲突时，会计人员应选择符合更高社会主义的忠诚，维护社会公众利益。会计人员忠实于国家，就要对社会整体利益负责。会计人员提供的会计信息是否真实、完整、准确，最终影响着国家宏观经济调控的决策。

**【例 5-7 · 判断题】**爱岗敬业是会计职业活动和职业道德的精髓。(　　)

**『答案』** ×。

**【解析】**诚实守信是做人的基本原则，也是会计职业活动和职业道德的精髓。

## 二、诚实守信

### （一）诚实守信的含义

诚实守信就是忠诚老实，信守诺言。所谓诚实是指言行跟内心思想一致，不弄虚作假，不欺上瞒下，做老实人、说老实话、办老实事。所谓守信就是遵守自己所作出的承诺，讲信用，重信用，信守诺言，保守秘密。诚实守信是做人的基本准则，是人类交往中产生出的最根本的道德规范，也是会计职业道德的精髓。

### （二）诚实守信的基本要求

诚实守信要求会计人员在执业活动中讲求信用，保守秘密，以实际发生的经济业务进行真实、完整的会计核算。诚实守信对会计人员的基本要求是：

1. 做老实人，说老实话，办老实事，不搞虚假

做老实人，要求会计人员言行一致，表里如一，光明正大。说老实话，要求会计人员说话诚实，是一说一，是二说二，不夸大、不缩小、不隐瞒，如实反映和披露单位经济业务事项。办老实事，不搞虚假，要求会计人员在工作中踏踏实实，不弄虚作假，不欺上瞒下。总

之，会计人员应当言行一致，实事求是，如实反映单位经济业务活动情况，不为个人和小集团利益伪造账目，弄虚作假，损害国家和社会公众利益。

2. 保守秘密，不为利益所诱惑

保守秘密是指会计人员在履行自己的职责时，应当树立保密观念，做到保守商业秘密，对机密资料不外传、不外泄，守口如瓶。《注册会计师法》第十九条规定："注册会计师对执行业务中知悉的商业秘密，负有保密义务。"《会计基础工作规范》第二十三条规定："会计人员应当保守单位的商业秘密。除法律规定和单位领导人同意，不能私自向外界提供或者泄露单位的会计信息。"泄密，不仅是一种不道德的行为，也是违法行为，是会计职业工作中的大忌。

## 三、廉洁自律

### （一）廉洁自律的含义

廉洁，是指不贪污钱财、不收受贿赂、保持清白。自律，是指自律主体按照一定的标准，自己约束自己、自己控制自己的言行和思想的过程。自律的核心就是用道德观念来自觉地抵制自己的不良欲望。自律包括两层含义：一是会计行业自律；二是会计人员的自律，即会计人员的自我约束。廉洁自律是会计职业道德的前提和内在要求，是会计职业道德自律的基础，自律是廉洁的保证。会计人员必须做到既廉洁又自律，二者不可偏废。

### （二）廉洁自律的基本要求

廉洁是自律的基础，而自律是廉洁的保证。自律性不强就很难做到廉洁，不廉洁就谈不上自律。会计人员要严格自律，防微杜渐，构筑思想道德防线，这也是防止腐败和非职业道德行为的有效手段。会计工作的特点决定了廉洁自律是会计职业道德的内在要求，是会计人员的行为准则。廉洁自律对会计人员的基本要求是：

1. 树立正确的人生观和价值观

廉洁自律，首先要求会计人员必须加强世界观的改造，树立正确的人生观和价值观。人生观是人们对人生的目的和意义的总的观点和看法，价值观是指人们对于价值的根本观点和看法。会计人员应当树立正确的人生观和价值观，自觉摒弃个人主义、享乐主义、拜金主义等错误思想，增强抵制行业不正之风的能力，这是奠定廉洁自律的思想基础。

2. 公私分明，不贪不占

公私分明，是指会计人员严格划分公私界限，公是公，私是私。不贪不占，是指会计人员不贪、不占、不收礼、不同流合污、不损公肥私，做到一身正气，两袖清风。会计人员因其职业特点最易犯的就是"贪""欲"。一些会计人员利用职务之便贪图金钱和物质上的享受，自觉或不自觉地利用职业特权行"贪"，其根本原因是会计人员忽视了世界观的自我改造，放松了道德的自我修养，弱化了职业道德的自律。

因此，会计人员应重视世界观的自我改造，加强职业道德的自我修养，在执业活动中严格自律，自我约束，时刻把握好自己，自觉抵制"贪欲"，不为金钱所动，不做金钱的奴隶，秉公办事，公私分明，不徇私情，不捞油水，不占便宜，不贪污盗窃，不收受贿赂，不以权谋私，不损公肥私，不挪用公款。在任何情况下，都要保持清醒的头脑，做到清正廉洁。

**【例 5-8 · 单选题】**"常在河边走，就是不湿鞋"这句话体现的会计职业道德是（　　）。

A. 爱岗敬业　　B. 诚实守信　　C. 廉洁自律　　D. 坚持准则

『**答案**』C。

【**解析**】廉洁就是不贪污钱财，不收受贿赂，保持清白；自律就是按一定标准自己约束自己。会计人员整天与钱财打交道，就如同在河边行走，要时刻保持清醒，自觉抵制不良欲望，才能确保"鞋"不湿。

## 四、客观公正

### （一）客观公正的含义

客观公正是会计工作和会计人员追求的目标。客观是指按事物的本来面目去认识和反映事物，不夸大，不缩小。公正就是公平正直，不偏不倚，不掺杂个人的主观意愿，也不为他人意见所左右。客观是公正的基础，公正是客观的反映。客观公正是会计人员必须具备的行为品德，是会计职业道德规范的灵魂，是会计职业道德所追求的理想目标。

### （二）客观公正的基本要求

客观公正对会计人员的基本要求是：

1. 依法办事

依法办事，认真遵守法律法规和国家统一的会计制度，是会计工作保证客观公正的前提。会计信息失真并不是会计人员没有端正的态度和知识技能基础，而是因为他们未能做到依法办事。会计人员在工作过程中必须熟练掌握和严格遵守各种法律、法规、准则和制度，依照法律规定进行核算，才能作出客观的会计职业判断。

2. 实事求是，不偏不倚

这要求会计人员在进行会计业务处理时，要实事求是，保持客观公正的态度。经济业务是复杂多样的，法规制度不可能对所有的经济业务作出规范，一些业务需要会计人员作出职业判断。在作出职业判断时，要求会计人员本着"实事求是"的科学态度，正确理解、把握准则制度，既不损害国家利益，同时又维护单位合法利益和职工个人利益，做到不偏不倚。

3. 保持独立性

独立性有两层含义，即实质上的独立和形式上的独立。实质上的独立也称精神上的独立，指会计人员执行业务时应当不受个人或者外界因素的约束、影响和干扰，保持客观且无私的精神和意志。实质上的独立包括：一是会计核算环节的独立性，即会计人员在进行凭证、账簿、报表处理过程中，是按会计准则进行的，不受控制和干扰。二是会计监督环节的独立性，即对凭证受理、审核、钱物监管等，是按会计法规独立操作的，不受控制和干扰。形式上的独立，即会计人员表现出适当的独立身份。形式上的独立则包括：一是财务利益上的独立。如实行会计委派制。二是回避亲属关系。如按照《会计基础工作规范》第十六条的规定：国家机关、国有企业、事业单位任用会计人员应当实行回避制度。单位领导人的直系亲属不得担任本单位的会计机构负责人、会计主管人员。会计机构负责人、会计主管人员的直系亲属不得在本单位会计机构中担任出纳工作。需要回避的直系亲属为夫妻关系、直系血亲关系、三代以内旁系血亲以及配偶姻亲关系。三是不相容职务相互分离。如出纳和会计岗位不能由一人担任。四是部门独立。即单独设置机构，直接向单位领导人负责，体现部门牵制原则。

【**例 5-9・多选题**】"客观公正"包含的对会计人员的基本要求有（　　）。

A. 遵循准则　　　　B. 依法办事

C. 实事求是，不偏不倚　　　　D. 保持应有的独立性

『**答案**』BCD。

【解析】客观公正中的客观，是指按事物的本来面目去反映，不带个人偏见，也不为他人意见所左右。公正，就是公平正直，没有偏失。因此，客观公正对会计人员的基本要求是就是端正态度，依法办事，实事求是、不偏不倚。

## 五、坚持准则

### （一）坚持准则的含义

坚持准则，是指会计人员在处理业务过程中，要严格按照会计法律制度办事，不为主观或者他人意志所左右。这里所指的“准则”，不仅指会计准则，而且包括会计法律、国家统一的会计制度以及与会计工作相关的法律制度。坚持准则是会计职业道德的核心。

### （二）坚持准则的基本要求

会计人员在进行核算和监督的过程中，要以坚持准则作为发生道德冲突时的行动指南，维护国家利益、社会公众利益和正常的经济秩序。坚持准则对会计人员的基本要求是：

1. 熟悉准则

熟悉准则，是指会计人员应熟悉《会计法》和国家统一的会计制度及与会计相关的法律制度，不为主观或他人意志所左右。这是遵循准则、坚持准则的前提。只有熟悉准则，才能按准则办事，才能遵纪守法，才能保证会计信息的真实性、完整性。只有熟悉准则，才有可能提高会计人员的守法能力，这是做好会计工作的前提。

2. 遵循准则

遵循准则即执行准则。准则是会计人员开展会计工作的外在标准和参照物。会计人员在进行会计核算和监督时要自觉、严格地遵守各项准则，将单位的经济业务事项和经济行为与会计法律和国家统一的会计制度相对照，先作出是否合法合规的判断，对不合法的经济业务不予受理。同时，面对经济生活中的新情况、新问题以及准则未涉及的事项，能够运用会计专业理论知识和技能，作出客观的判断，予以妥善的处理。

3. 坚持准则

《会计法》规定，单位负责人对本单位会计信息的真实性和完整性负责。单位的会计责任主体是单位负责人。会计人员坚持准则既是对法律负责、对国家负责、对社会公众负责，也是对单位负责人负责。所以，会计人员不能盲从领导，唯领导意图是命。对于与坚持准则相违背的领导命令应作出正确判断，妥善处理。

**【例 5-10 · 判断题】**会计职业道德规范中的“坚持准则”就是指坚持企业会计准则。（　　）

**『答案』** ×。

**【解析】**坚持准则，是指会计人员在处理业务过程中，严格按照会计法律制度办事，不为主观或他人意志所左右。这里所指的“准则”，不仅指会计准则，而且包括会计法律、国家统一的会计制度以及与会计工作相关的法律制度。

## 六、提高技能

### （一）提高技能的含义

提高技能，是指会计人员通过学习、培训和实践等途径，提高会计职业技能，以达到和维持足够的专业胜任能力的活动。作为一名会计工作者必须不断地提高其职业技能，这既是会计人员的义务，也是在职业活动中做到客观公正、坚持准则的基础，是参与管理的前提。

会计是一门不断发展变化、专业性很强的学科，会计从业人员必须具备过硬的会计专业知识和技能，才能胜任会计工作。就会计职业而言，职业技能包括会计理论水平、会计实务操作能力、职业判断能力、自动更新知识能力、提供会计信息能力、沟通交流能力以及职业经验等。会计工作质量的好坏，一方面受会计职业技能水平的影响；另一方面受会计人员道德品行的影响。会计人员的道德品行是会计职业道德的根本和核心，会计人员的职业技能水平是会计人员职业道德水平的保证。

**（二）提高技能的基本要求**

没有娴熟的专业技能，是无法开展会计工作、履行会计职责的。提高技能要求会计人员增强提高专业技能的自觉性和紧迫感，勤学苦练，刻苦钻研，不断进取，提高业务水平，以适应会计工作的需要。提高技能对会计人员的基本要求是：

*1. 具有不断提高会计技能的意识和愿望*

经济越发展，会计越重要，对会计人员的要求也越来越高，会计人才的竞争也越来越激烈。会计人员要想获得职业生存和发展，就必须具有不断提高会计专业技能的知识和愿望，才能不断进取，刻苦钻研，使自身的专业技能不断提高，知识不断更新，从而掌握过硬的本领，在会计人才的竞争中立于不败之地。

会计人员要勤奋学习、苦练本领。通过学习，真正提高会计职业能力。专业技能的学习和提高不可能是一劳永逸之事，必须持之以恒，不间断地学习、充实和提高。同时，掌握科学的学习方法，在学中思，在思中学，在实践中不断锤炼，才能不断地提高自己的业务水平，才能推动会计工作和会计职业的发展。能否做到这一点，既是衡量会计人员事业心的重要尺度，也是衡量会计人员职业道德水准高低的标志。

*2. 具有勤学苦练的精神和科学的学习方法*

专业技能的提高和学习不可能是一劳永逸之事，必须持之以恒，不间断地学习、充实和提高。要做一名业务娴熟、技术精湛的会计人员，需要付出终生的努力。只有向书本学、向社会学、向实际工作学，并且具有锲而不舍的“勤学”精神，刻苦钻研，才能不断提高自己的业务水平、理论水平、操作技能和职业判断能力，才能适应不断变化的新形势和新情况的需要。同时，要掌握科学的学习方法，用科学的会计理论、高超的会计操作技术武装自己，在实践中不断锤炼，不断提高业务技能，以适应会计发展的需要。

## 七、参与管理

**（一）参与管理的含义**

参与管理，就是间接参加管理活动，为管理者当参谋，为管理活动服务。会计或者会计工作本质上就是一种管理活动，它以商品价值运动为管理对象，以货币计量为主要形式，以核算、监督为基本职能，通过收集、处理和利用经济信息，对经济运行过程进行组织、调节和指导工作，促使人们权衡利弊，比较得失，讲求经济效益。会计工作或会计人员与管理决策者在管理活动中分别扮演着参谋人员和决策者的角色，承担着不同的职责和义务。

会计人员要树立参与管理的意识，在做好本职工作的同时，积极主动地经常向上级领导者反映经营活动情况和存在的问题，提出合理化建议，积极参与市场调研，参与决策方案的制订，参与决策的执行监督，为领导决策当参谋助手。

**（二）参与管理的基本要求**

会计人员在参与管理的过程中并不直接从事管理活动，而是尽职尽责地履行会计职责，间接地从事管理活动或者说参与管理活动，为管理活动服务。参与管理对会计人员的基本要求是：

1. 努力钻研相关业务，熟悉财经法规和相关制度，提高业务技能，为参与管理奠定坚实的基础

娴熟的业务，精湛的技能，是会计人员参与管理的基础。会计人员只有努力钻研业务，掌握会计的基本理论、基本方法和基本技能，深刻领会财经法规和相关制度，不断提高业务技能，才能有效地参与管理，为改善经营管理、提高经济效益服务。

2. 熟悉服务对象的经营活动和业务流程，使提出的合理化建议更具有针对性和有效性

会计人员应当熟悉本单位的生产经营、业务流程和管理状况，了解经营能力、技术设备条件、产品市场和资源情况，结合财务部门的综合信息优势，积极参与管理，提出有针对性和有效性的意见和建议。会计人员要充分利用掌握的大量会计信息去分析单位的管理，从管理财务会计的角度渗透到单位的各项管理中．找出经营管理中存在的问题和薄弱环节，主动提出合理化建议，协助领导决策，积极参与管理，把管理结合在日常工作之中，从而使会计从事后反映变为事前的预测分析和事中的控制，真正起到当家理财的作用，成为决策层的参谋助手，为改善单位内部管理、提高经济效益服务。

**【例 5-11 · 多选题】**下列各项中，符合会计职业道德“参与管理”的行为有(　　)。

A. 对公司财务报告进行综合分析并提交风险分析报告

B. 分析公司现金流量状况，查找存在的问题，提出改进措施

C. 积极参加财政部门组织的新会计法规的培训

D. 参加公司的重大投资项目可行性研究报告论证

**『答案』**ABD。

**【解析】**参与管理就是要求会计人员积极主动地向领导反映本单位的财务、经营状况及存在的问题，主动提出合理化建议，积极参与市场调研和预测，参与决策方案的制度、检查和监督，为领导的管理和决策活动当好助手和参谋。

## 八、强化服务

### （一）强化服务的含义

强化服务是要求会计人员具有文明的服务态度、强烈的服务意识和优良的服务质量，努力维护和提升会计职业的良好社会形象。会计职业道德水平的高低体现在会计职业的服务水平，强化服务的关键是提高会计人员的服务质量、服务效果和服务水平。

### （二）强化服务的基本要求

会计工作涉及面广，政策性强，服务态度的好坏直接影响会计人员的社会形象，会计人员要以高度负责的态度树立起强烈的服务意识，以优良的服务质量为社会公众及会计信息使用者服务。强化服务的结果，就是奉献社会。如果说爱岗敬业是职业道德的出发点，那么，强化服务、奉献社会就是职业道德的归宿点。参与管理对会计人员的基本要求是：

1. 强化服务意识

会计人员要树立强烈的服务意识，不论是为经济主体服务，还是为社会公众服务，都要摆正自己的工作位置。不要认为自己管钱管账，就高人一等；不要认为会计职业在社会上吃香，就不敬业、马马虎虎；不要认为自己在工作中可以参与管理决策，就自命不凡。要树立强烈的服务意识，管钱管账是自己的工作职责，参与管理是自己的义务，会计职业受社会尊

重是因为会计职业在社会上的信誉高、服务质量好。会计人员要在内心深处树立服务意识，为管理者服务，为投资者服务，为社会公众服务，为人民服务。服务是自己的职责，是自己义务。只有树立了强烈的服务意识，才能做好会计工作，履行会计职能，为单位和社会经济发展作出应有的贡献。

2. 提高服务质量

服务不仅要文明，还要讲质量，更要不断开拓创新。强化服务的关键是提高服务质量。单位会计人员服务的内容就是客观、真实地记录、反映单位的经济业务活动，为管理者提供真实正确的经济信息，当好参谋；为股东真实地记录财产的变动状况，确保股东资产完整与增值，当好股东的管家。因此，强化单位会计人员的服务就是真实、客观地记账、算账和报账，积极主动地向上级领导者反映经营活动情况和存在的问题，提出合理化建议，协助领导决策，参与经营管理活动。因而，其强化服务的内容就是以客观、公正的态度正确评价委托单位的经济财务状况，为社会公众及信息使用者服好务。

# 第三节　会计职业道德教育

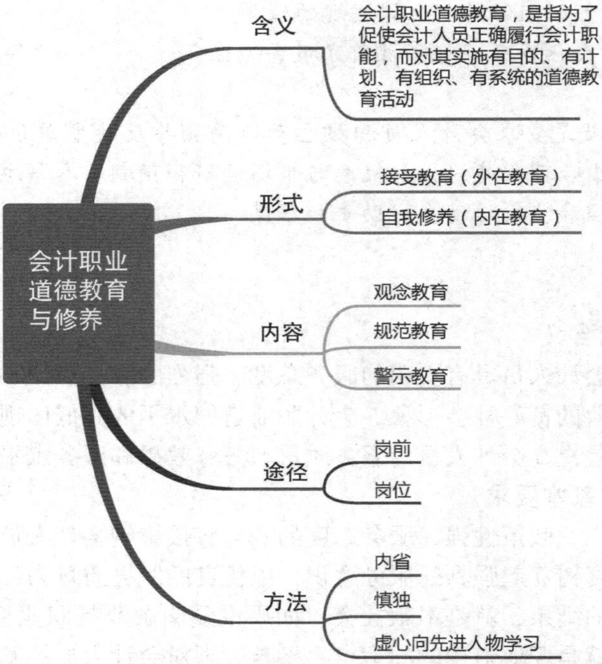


职业道德是社会主义道德建设的重要组成部分，是社会道德在职业活动中的具体表现，是一种更为具体化、职业化、个性化的社会道德。加强职业道德建设，是新形势下社会主义物质文明和精神文明建设的重要内容。会计作为一种特殊的职业，其职业道德的要求必须更加严格。

## 一、会计职业道德教育的含义

会计职业道德教育，是指为了促使会计人员正确履行会计职能，而对其实施有目的、有计划、有组织、有系统的道德教育活动。提高会计人员的道德素质，教育是基础。通过会计职业道德教育，把会计职业道德观念灌输到会计人员的头脑中，培养其职业道德情感，树立会计职业道德信念，遵守会计职业道德规范，引导会计人员自我教育、自我修养、自我提高，从而将会计职业道德的原则和规范逐步转化为会计人员的内在品质，从总体上提高会计人员职业道德水平。

## 二、会计职业道德教育的形式

1. 接受教育

接受教育即外在教育，是指通过学校或者培训单位对会计从业人员进行以职业责任、职业义务为核心内容的正面灌输，以规范其职业行为、维护国家和社会公众利益的教育。接受教育具有导向作用，对职业道德教育的组织者，接受教育是主动开展正面教育和灌输；对会计人员则是被动学习、被动接受教育。

2. 自我修养

自我修养是内在教育，是从业人员自我学习、自我改造、自身道德修养的行为活动。自我修养是把外在的职业道德的要求，逐步转变为会计从业人员内在的职业道德情感、职业道德意志和职业道德信念。自我修养是相对于接受教育而言的，要大力倡导会计人员自我修养，在社会实践中不断加强职业道德修养，养成良好的道德行为，从而实现道德境界的升华。

## 三、会计职业道德教育的内容

会计职业道德教育的任务主要是帮助和引导会计人员培养会计职业道德情感，树立会计职业道德信念，遵守会计职业道德规范，使会计人员懂得什么是对的，什么是错的；什么是可以做的，什么是不应该做的；什么是必须提倡的，什么是坚决反对的。会计职业道德教育的内容包括以下三个方面。

1. 职业道德观念教育

职业道德观念教育是指以普及会计职业道德基础知识为内容的教育，是会计职业道德教育的基础。职业道德观念教育就是在社会上广泛宣传会计职业道德基本常识，使广大会计人员懂得什么是会计职业道德，了解会计职业道德对社会经济秩序、会计信息质量的影响，以及违反会计职业道德将受到的惩戒和处罚。并利用广播电视、报纸杂志等媒介，表彰坚持原则、德才兼备的会计人员，鞭笞违法违纪的会计行为。形成遵守职业道德光荣、违反职业道德可耻的社会氛围。

2. 职业道德规范教育

职业道德规范教育是指对会计人员开展以会计职业道德规范为内容的教育。会计职业道德规范的主要内容包括爱岗敬业、诚实守信、廉洁自律、客观公正、坚持准则、提高技能、参与管理和强化服务等。这是会计职业道德教育的核心内容，应贯穿于会计职业道德教育的始终。

3. 职业道德警示教育

职业道德警示教育是指通过开展对违反会计职业道德行为和对违法会计行为典型案例的讨论和剖析，给会计人员以启发和警示。在会计职业道德警示教育中，警钟长鸣，给会计人员从事会计事业以启发和警示，从而可以随时警醒和告诫会计人员；通过对警示案件的反思，使会计人员注意提高自身的法律意识，更新和提升自己的职业道德观念，增强会计人员在会计工作中及其他经济生活中辨别是非的能力。

**【例 5-12·多选题】**下列各项中，属于会计职业道德教育内容的有（　　）。

A. 会计职业道德观念教育　　B. 会计职业道德警示教育

C. 会计职业道德规范教育　　D. 会计继续教育

**『答案』**ABC。

**【解析】**会计职业道德教育的主要任务是帮助和引导会计人员培养会计职业道德情感，树立会计职业道德信念，遵守会计职业道德规范。因此，会计职业道德教育的内容包括会计职业道德观念教育、会计职业道德规范教育和会计职业道德警示教育。

## 四、会计职业道德教育的途径

会计职业道德教育的途径多种多样，能够提升会计人员职业道德水平，坚定会计人员职业道德信念的各种形式，都属于会计职业道德教育的途径。目前，我国会计职业道德教育途径主要包括岗前职业道德教育和岗位职业道德继续教育。

### （一）岗前职业道德教育

岗前职业道德教育，是指对将要从事会计职业的人所进行的道德教育，主要包括会计专业学历教育和取得会计从业资格中的职业道德教育。这方面教育的重点是会计职业观念、职业情感和职业规范等。

1. 会计专业学历教育中的会计职业道德教育

即对大、中专院校会计类专业的在校学生进行会计职业道德教育。《公民道德建设实施纲要》中指出："学校是进行系统道德教育的重要阵地。各级各类学校必须认真贯彻党的教育方针，全面推进素质教育"，在我国大专院校会计类专业就读的学生，是会计队伍的预备人员，他们当中大部分将走入会计队伍，从事会计工作。

会计学历教育不仅要对学生进行专业知识教育，也要对学生进行职业道德教育，使学生不断提高思想品质和道德情操，其具体目标包括以下三个方面：一是使学生在学习会计理论和技能的同时，了解会计职业道德规范的主要内容，树立职业道德观念；二是使学生了解会计职业面临的道德风险，为今后从事会计工作，并在职业活动中保持正确的价值观与行为模式奠定基础；三是培养学生树立起会计的职业情感和观念，提高运用道德标准判断是非的能力。

2. 取得会计从业资格中的会计职业道德教育

即对从事会计职业的人员进入会计职业岗位前进行的职业道德教育。在我国，根据财政部门的有关规定，从事会计工作必须持会计从业资格证上岗。而会计从业资格证的取得，必须通过会计从业资格的考试。为了使希望从事会计职业的人员在进入会计岗位时具备一定的会计职业道德知识，财政部在会计从业资格考试科目中设置了"财经法规与会计职业道德"这一科目，其目的是强化会计人员职业道德教育。

目前，我国大专、中专院校的毕业生即使是已接受过会计专业学历教育中的会计职业道德教育，也要接受取得会计从业资格中的会计职业道德教育，这是由我国会计从业资格的考试制度所决定的。这些都是通过行政、法律的力量，强化会计人员职业道德教育的重要手段。

**（二）岗位职业道德继续教育**

岗位职业道德继续教育，是指利用开展继续教育的形式对已取得会计从业资格证书或取得注册会计师资格的人员进行职业道德教育。

1. 意义

岗位职业道德继续教育是岗前会计职业道德教育的延续，是强化会计职业道德教育的有效形式。岗位职业道德继续教育与会计人员继续教育结合在一起，属于会计人员继续教育的一部分。《会计法》第三十九条规定“会计人员应当遵守职业道德，提高业务素质。对会计人员的教育和培训工作应当加强。”2006 年财政部印发的《会计人员继续教育暂行规定》，进一步规定了有关会计人员继续教育的任务、内容、方式、学时、基地、师资、组织管理和实施要求等。中国注册会计师协会也印发了《注册会计师职业后续教育基本准则》，该准则为注册会计师继续教育创造了条件。这些法律、法规为会计人员继续教育提供了法律保障。

相对于学历教育而言，继续教育具有很强的针对性，针对不同的对象，确定不同的教育内容，采取不同的教育方式。继续教育的目的是根据专业或者本职岗位的需要，使受教育者带着问题来学习，力求在较短的时间内，把所学的新知识、掌握的新技能以及通过学习提高的能力，运用到会计职业和财务管理工作中去。

2. 岗位职业道德教育的内容

会计人员继续教育根据不同对象确定不同的教育内容，采取不同的教育方式，解决实际问题。即继续教育培训内容、方法、形式等方面具有灵活性。培训内容丰富多彩，不同层面的持证人员可以结合本职工作和知识结构的需要选择相应的继续教育培训内容。岗位职业道德教育的内容包括形势教育、专业理论教育、品德教育和法制教育四个方面。

继续教育培训的方法有面授、函授、录像和网络教学。培训形式包括：财政部门直接组织培训；省级以上主管部门根据行业管理需要自行组织的培训；财政部门认同的继续教育单位组织的培训；单位自行组织的业务培训、岗位培训；参加上一级别的会计专业技术资格考试、注册会计师考试等。

3. 会计人员继续教育的特点

会计人员继续教育的特点表现在适应性、针对性和灵活性三大方面。

岗位职业道德继续教育应贯穿于整个会计人员继续教育的始终。就现阶段而言，会计人员继续教育中的会计职业道德教育目标是适应新的市场经济形势的发展变化，在不断更新、补充、拓展会计人员业务能力的同时，通过职业道德的信念教育、会计职业义务教育、会计职业荣誉教育、会计职业尊严教育和会计职业节操教育，引导会计人员自觉地用会计职业道德规范指导和约束自身的行为，提高职业道德自律能力，最终形成良好的、稳定的会计职业道德品行。

**【例 5-13 · 多选题】**会计职业道德教育的途径包括(　　)两方面。

A. 法制教育　　　　　　　　B. 岗前职业道德教育

C. 自我教育　　　　　　　　D. 岗位职业道德继续教育

**『答案』**BD。

**【解析】**会计职业道德教育的途径可以分为岗前职业道德教育和岗位职业道德继续教育

两部分。

# 第四节　会计职业道德建设组织与实施

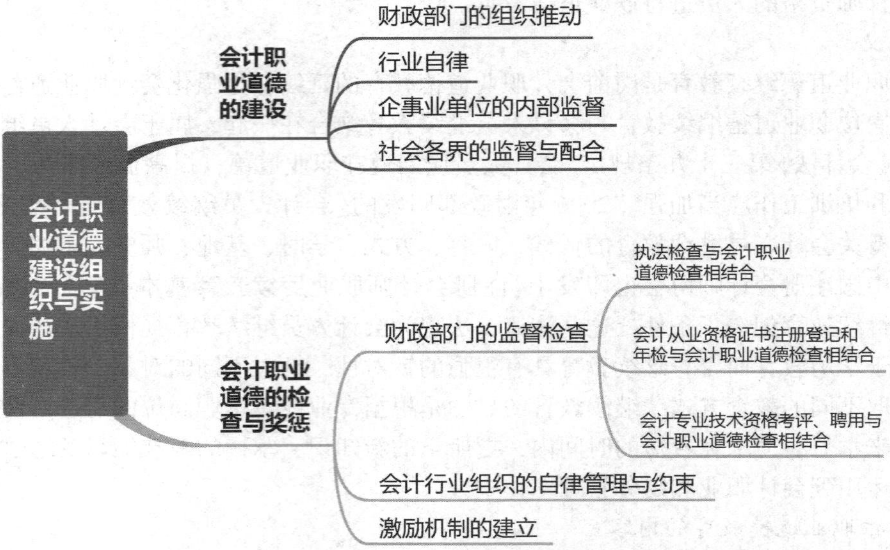


加强会计职业道德建设是发挥会计职能作用、保证会计工作质量的重要手段。会计职业道德建设是一项复杂的系统工程，要抓好会计职业道德建设，关键在于加强和改善会计职业道德建设的组织和领导，并得到切实的贯彻和实施。各级财政部门、会计职业团体、机关和企事业单位应当充分认识到加强会计职业道德建设的重要性，不断建立健全会计职业道德建设的组织与实施制度和机制，齐抓共管，保证会计职业道德建设的各项任务和要求落到实处。

## 一、会计职业道德的建设

1. 财政部门的组织推动

会计职业道德建设是会计管理工作的重要组成部分，作为会计管理工作的职能部门，财政部门应把会计职业道德建设纳入管理会计工作的重要议事日程。要充分认识当前形势下加强会计职业道德建设的必要性、艰巨性、紧迫性以及长期性，切实履行管理职能，有计划、有步骤、有重点地开展好各项工作。要根据本地区的实际情况，加大对会计职业道德的宣传教育力度，注重发挥网络、媒体的宣传作用和舆论的监督作用，积极组织开展形式多样的宣传教育活动，如开展会计职业道德模范评比，举办会计职业道德演讲、论坛、征文、展览及知识竞赛等活动，牢牢把握正确的宣传导向，唱响主旋律，弘扬正气。要深入实际，调查研究，及时发现、总结和推广会计职业道德建设的新经验，探索会计职业道德建设的有效途径和实现形式，努力营造会计职业道德建设的良好氛围。

2. 会计行业的自律

行业自律也是一种重要手段，会计职业道德建设还应当充分发挥会计职业组织的自律作用。对于尚未违反会计法律制度，但违反了会计职业道德规范的行为，可由会计职业团体通过自律性监管，根据情节轻重程度采取通报批评、罚款、支付费用、取消其会员资格、警告、参加后续教育等方式进行相应的惩罚。在我国，目前主要由中国注册会计师协会作为注册会计师的行业自律组织对注册会计师进行自律管理与约束，先后发布了《中国注册会计师职业道德基本准则》《中国注册会计师职业道德规范指导意见》以及《注册会计师、注册资产评估师行业诚信建设实施纲要》等。这些准则、意见和纲要的出台，对于加强我国注册会计师的职业道德建设，提高其职业道德水平起到了积极的促进作用。另外，中国会计学会作为全国会计领域各类专业组织及个人自愿结成的学术性、专业性、非营利性社会组织，为了加强对个人会员的服务与管理，不断提高会员的职业道德水平，也制定了《中国会计学会个人会员分级管理办法(试行)》。会计职业组织作为联系政府和会员的桥梁纽带，应不断改革和完善自律机制，加强自身建设，充分发挥自律机制在会计职业道德建设中的促进作用。

3. 企事业单位的内部监督

根据《会计法》的规定，单位负责人是单位会计工作的责任主体，单位负责人必须重视和加强本单位会计人员的职业道德建设。会计人员职业道德表现好与差，其所在单位是最直接的受益者或受害者。因此，单位任用会计人员时，应当审查其职业记录和诚信档案，任用合格的会计人员。在日常工作中，应注意开展会计人员职业道德和纪律教育，并加强检查，督促会计人员坚持原则、诚实守信。在制度建设上，要重视建立和完善内部控制制度，形成内部约束机制，有效防范舞弊和经营风险。同时，单位负责人要做遵纪守法的表率，支持并督促会计人员遵循会计职业道德，依法开展会计工作。

4. 社会各界的监督与配合

会计职业道德建设除了依靠财政部门组织推动、会计职业组织的行业自律外，还要求社会各界齐抓共管。不仅各级党组织要管，各级机关、组织、群众等也要管。只有重视和发挥各级组织、广大群众和新闻媒体的监督作用，明确职责、各司其职，齐抓共管、形成合力，才能有效地搞好会计职业道德建设，更好地提高广大会计人员的职业道德素质。

各有关部门要根据会计职业道德规范的标准，结合本部门、本系统、本行业特点，有针对性地制定出具体的执行要求，通过开展形式多样的宣传教育活动，加大对会计职业道德的宣传力度，认真抓好督促检查工作，推动会计职业道德建设活动的不断深入。

良好的会计职业道德风尚的树立，离不开社会舆论的支持和监督。开展舆论监督是加强社会主义民主法制建设的重要方面，也是强化会计职业道德约束机制的重要手段。加强舆论监督，发挥舆论监督的作用，有利于在全社会形成会计职业道德建设的良好氛围。舆论监督要以新闻媒体为阵地，通过广泛开展会计职业道德的宣传教育，使社会各界了解会计职业道德规范的内容，促进良好的会计职业道德深入人心。社会舆论监督体现在会计人员当中，就是要在全社会会计人员中倡导诚信为荣、失信为耻的职业道德意识，积极引导其加强会计职业修养，自觉遵守会计职业道德规范。要通过对职业道德建设中正反面典型的宣传，发挥舆论监督的力量，更好地弘扬正气、打击歪风邪气。

## 二、会计职业道德的检查与奖惩

会计职业道德检查与奖惩是确保会计职业道德得以实现的保证。为了充分发挥职业道德的作用，健全会计职业道德体系，应在建立会计职业道德规范和加强职业道德教育的基础上，强化对会计人员职业道德规范遵循情况的检查，并根据检查的结果进行相应评价，实施会计职业道德的奖惩机制。

**（一）会计职业道德检查与奖惩的意义**

开展会计职业道德检查与奖惩是道德规范付诸实施的必要方式，也是促使道德力量发挥作用的必要手段，有着很重要的现实意义。

（1）会计职业道德的检查与奖惩，具有促使会计人员遵守职业道德规范的作用。奖惩机制会把会计职业道德要求与个人利益结合起来，体现了义务与权利统一的原则。

（2）会计职业道德的检查与奖惩，可以对各种会计行为进行裁决，对会计人员具有深刻的教育作用。作为会计人员哪些会计行为是对的，哪些会计行为是不对的，均可通过会计职业道德的检查与奖惩作出裁决。通过会计职业道德检查与奖惩，使广大会计人员生动而直接地感受到道德的价值分量，其教育的作用是不可低估的。

（3）会计职业道德的检查与奖惩，有利于形成抑恶扬善的社会环境。通过对会计职业道德检查，在对违反会计职业道德的行为进行惩戒的同时，对优秀会计工作者进行表彰、奖励，营造抑恶扬善的环境，从而在潜移默化中提高全体会计人员的职业道德素质。

就道德规范自身特点而言，它主要是依靠传统习俗、社会舆论和内心信念来维系的。这种非刚性的特征也就决定了它的落实、实施还必须同时借助政府部门的行政监管、职业团体自律性监管和企事业单位内部纪律等外部的硬性他律机制。

**（二）会计职业道德检查与奖惩机制**

1. 财政部门的监督检查

各级财政部门应当履行组织和推动本地区会计职业道德建设的任务的责任，利用行政管理上的优势，对会计职业道德情况实施必要的行政监管。主要措施有：

（1）执法检查与会计职业道德检查相结合。

财政部门作为《会计法》的执法主体，可以依法对单位执行会计法律、法规、国家统一会计制度情况及会计信息质量情况进行检查。在开展《会计法》执法检查的同时，也对会计人员是否遵守职业道德情况进行检查。

对于检查中发现的违反会计法律的行为，按照法律规定进行依法处理，构成犯罪的，依法追究刑事责任。违反会计法律的行为，一般也是违反会计职业道德要求的。会计从业人员若存在违法行为，不但要承担相应的行政处罚或者刑事处罚，同时还必须接受相应的职业道德惩戒，包括会计行业内通报批评、指令参加一定学时的继续教育课程、暂停从业资格、在行业内部的公开刊物上予以曝光等。法律惩罚和道德惩戒两者并行不悖、不可替代，应同时并举。

（2）会计从业资格证书注册登记和年检与会计职业道德检查相结合。

《会计从业资格管理办法》规定会计从业资格证书实行注册登记制度，即取得会计从业资格的人员，被单位聘用从事会计工作时，应由本人或本人所在单位提出申请，按照会计从业资格管理部门规定的时间到会计从业资格管理部门进行注册登记。《会计法》《会计从业资格管理办法》和《会计基础工作规范》均规定会计人员必须遵守会计职业道德，《会计基础工作规范》还明确规定："会计人员违反会计职业道德的，由所在单位进行处罚；情节严重的，由会计从业资格证书发证机关吊销其会计从业资格证书。"因此，将会计从业资格证书注册登记制度与会计职业道德建设结合起来，有利于强化对会计人员行为的约束，使会计人员像重视自己的会计从业资格一样珍视自己的会计职业道德操守。

（3）会计专业技术资格考评、聘用与会计职业道德检查相结合。

我国《会计专业技术资格考试暂行规定》及其实施办法规定，报考初级资格、中级资格的会计人员，应"坚持原则，具备良好的职业道德品质"等。会计专业技术资格考试管理机构在组织报名时，应对参加报名的会计人员的职业道德情况进行检查，对有不遵守会计职业道德规范记录的，应取消其报名资格。高级会计师的考评不仅关注申报人员的学历条件、工作成绩及专业水平，会计职业道德考评也是一项重要内容，考评的主要方式有：一是在考试时增加关于会计职业道德方面的内容；二是在评审方面要对申报人的会计职业道德情况进行严格审查；三是规定一些关于会计职业道德规范的否决条款，例如，申报人如曾在会计、审计、企业管理或其他经济管理工作中犯有严重错误而受到党纪、政纪处分，或者曾参与偷税、会计舞弊等活动，则不能参加高级会计师的评审。

另外，各单位在聘用会计人员时，除考察其专业胜任能力外，还应将遵守会计职业道德的情况作为一项重要的考核内容。如果会计人员在遵守会计职业道德方面不符合要求，专业能力即使再强，单位也不会聘用，这将对其个人的发展及切身利益带来直接影响。因此，把会计职业道德建设与会计专业技术资格考评、聘用结合起来，也有利于对会计人员起到约束作用，促使其不断提高职业道德修养，严格遵守职业道德规范。

2. 会计行业组织的自律管理与约束

建立健全会计人员行业自律管理制度，是政府对会计人员进行宏观管理的必要补充。会计行业组织以行业诚信建设为主线，充分履行行业协会"服务、监督、管理、协调"的职责，发挥协会在行业自律管理和服务等方面的专业优势，通过对整个会计职业的会计行为进行自我约束、自我控制，有助于督促会计人员依法开展会计工作，树立良好的行业风气，促进行业的发展。

在经济生活中，大量违反会计职业道德的行为并没有违反会计法律、法规，对于这种情况，应对其行为进行道德谴责和行业惩戒，这对于建立健全我国会计职业道德检查与奖惩机制有着十分重要的意义。在会计行业中，对违反职业道德规范的行为，应由行业协会根据情节轻重，进行通报批评、警告、参加教育等方式进行处理。例如，我国已经建立了比较完备的注册会计师协会自律管理体系。

3. 激励机制的建立

依据我国《会计法》等法律法规的规定，对于认真执行《会计法》，忠于职守，坚持原则，做出显著成绩的会计人员，应给予精神的或者物质的奖励。

对自觉遵守会计职业道德的优秀会计工作者进行表彰、宣传，可以使受奖者感到对遵守道德规范的回报和社会肯定，从而促使其强化道德行为。同时，还可以树立本行业的楷模、榜样，使会计职业道德原则和规范具体化、人格化，使广大会计工作者从这些富于感染性、可行性的道德榜样中获得启示、获得动力，在潜移默化中逐渐提高自身的职业道德素质。因此，在对违反会计职业道德的行为进行惩戒的同时，还应对自觉遵守会计职业道德的先进人物进行表彰。

因此，对于会计职业道德规范的贯彻与实施，既要对违反会计职业道德规范的行为进行惩戒，同时也要对自觉遵守会计职业道德规范的先进单位和先进个人进行表彰，以起到弘扬正气、激励先进、鞭策后进的作用。

**【例 5-14 · 多选题】**会计职业道德检查与奖惩机制建设，主要体现在（　　）。

A. 会计从业资格证书的注册登记管理　　B. 会计专业技术资格考评、聘用

C. 会计执法检查　　D. 会计人员表彰奖励制度

**『答案』**ABCD。

【解析】会计职业道德的检查，主要是结合会计执法检查、会计从业资格证书管理、会计专业技术资格考评、聘用、会计行业组织自律管理和会计人员表彰奖励制度进行的。

# 第五节　违法会计职业法规案例分析

## 【故事链接】——巴林银行倒闭事件

### 一、银行历史

1762 年，弗朗西斯·巴林爵士在伦敦创建了巴林银行(Barings Bank)，它是世界首家“商业银行”，既为客户提供资金和有关建议，自己也做买卖。当然它也得像其他商人一样承担买卖股票、土地或咖啡的风险，由于经营灵活变通、富于创新，巴林银行很快就在国际金融领域获得了巨大的成功。

其业务范围也相当广泛，无论是到刚果提炼铜矿，从澳大利亚贩过羊毛，还是开掘巴拿马运河，巴林银行都可以为之提供贷款。但巴林银行有别于普通的商业银行，它不开发普通客户存款业务，故其资金来源比较有限，只能靠自身的力量来谋求生存和发展。在 1803 年，刚刚诞生的美国从法国手中购买南部的路易斯安那州时，所有资金就出自巴林银行。尽管当时巴林银行有一个强劲的竞争对手——一家犹太人开办的罗斯柴尔德银行，但巴林银行还是各国政府、各大公司和许多客户的首选银行。1886 年，巴林银行发行“吉尼士”证券，购买者手持申请表如潮水一样涌进银行，后来不得不动用警力来维持，很多人排上几个小时后，买下少量股票，然后伺机抛出。等到第二天抛出时，股票价格已涨了一倍。

### 二、事件起因

20 世纪初，巴林银行荣幸地获得了一个特殊客户：英国皇室。由于巴林银行的卓越贡献，巴林家族先后获得了五个世袭的爵位。这可算得上一个世界纪录，从而奠定巴林银行显赫地位的基础。

里森于 1989 年 7 月 10 日正式到巴林银行工作。这之前，他是摩根·斯坦利银行清算部的一名职员，进入巴林银行后，他很快争取到了去印尼分部工作的机会。由于他富有耐心和毅力，善于逻辑推理，能很快地解决以前未能解决的许多问题，使工作有了起色。因此，他被视为期货与期权结算方面的专家，伦敦总部对里森在印尼的工作相当满意，并允许可以在海外给他安排一个合适的职务。1992 年，巴林总部决定派他到新加坡分行成立期货与期权交易部门，并出任总经理。

无论做什么交易，错误都在所难免，但关键是看你怎样处理这些错误。在期货交易中更是如此。有人会将“买进”手势误为“卖出”手势；有人会在错误的价位购进合同；有人可能不够谨慎；有人可能本该购买六月份期货却买进了三月份期货，等等。一旦失误，就会给银行造成损失，在出现这些错误之后，银行必须迅速妥善处理，如果错误无法挽回，唯一可行的办法，就是将该项错误转入电脑中一个被称为“错误账户”的账户中，然后向银行总部报告。

里森于 1992 年在新加坡任期货交易员时，巴林银行原本有一个账号为“99905”的“错误账号”，专门处理交易过程中因疏忽所造成的错误。这原是一个金融体系运作过程中正常的错误账户。1992年夏天，伦敦总部全面负责清算工作的哥顿·鲍塞给里森打了一个电话，要求里森另设立一个“错误账户”，记录较小的错误，并自行在新加坡处理，以免麻烦伦敦的工作，于是里森马上找来了负责办公室清算的利塞尔，向她咨询是否可以另立一个档案，很快，利塞尔就在电脑里键入了一些命令，问他需要什么账号，在中国文化里“8”是一个非常吉利的数字，因此里森以此作为他的吉祥数字，由于账号必须是五位数，这样账号为“88888”的“错误账户”便诞生了。

## 三、事件过程

几周之后，伦敦总部又打来电话，总部配置了新的电脑，要求新加坡分行按老规矩行事，所有的错误记录仍由“99905”账户直接向伦敦报告。“88888”错误账户刚刚建立就被搁置不用了，但它却成为一个真正的“错误账户”存于电脑之中。而且总部这时已经注意到新加坡分行出现的错误很多，但里森都巧妙地搪塞而过。“88888”这个被人忽略的账户，提供了里森日后制造假账的机会，如果当时取消这一账户，则巴林的历史可能会重写了。

1992年7月17日，里森手下一名加入巴林仅一星期的交易员金·王犯了一个错误：当客户(富士银行)要求买进20口日经指数期货合约时，此交易员误为卖出20口，这个错误在里森当天晚上进行清算工作时被发现。欲纠正此项错误，须买回40口合约，表示至当日的收盘价计算，其损失为2万英镑，并应报告伦敦总公司。但在种种考虑下，里森决定利用错误账户“88888”，承接了40口日经指数期货空头合约，以掩盖这个失误。然而，如此一来，里森所进行的交易便成了“业主交易”，使巴林银行在这个账户下，暴露在风险部位。数天之后，更由于日经指数上升200点，此空头部位的损失便由2万英镑增为6万英镑了(注：里森当时年薪还不到5万英镑)。此时里森更不敢将此失误向上呈报。

另一个与此同出一辙的错误是里森的好友及委托执行人乔治犯的。乔治与妻子离婚了，整日沉浸在痛苦之中，并开始自暴自弃。里森喜欢他，因为乔治是他最好的朋友，也是最棒的交易员之一。但很快乔治开始出错了，里森示意他卖出的100份九月的期货全被他买进，价值高达800万英镑，而且好几份交易的凭证根本没有填写。

如果乔治的错误泄露出去，里森不得不告别他已很如意的生活，将乔治出现的几次错误记入“88888账号”对里森来说是举手之劳。但至少有三个问题困扰着他：一是如何弥补这些错误；二是将错误记入“88888”账号后如何躲过伦敦总部月底的内部审计；三是SIMEX每天都要他们追加保证金，他们会计算出新加坡分行每天赔进多少。“88888”账户也可以被显示在SIMEX大屏幕上。为了弥补手下员工的失误，里森将自己赚的佣金转入账户，但其前提当然是这些失误不能太大，所引起的损失金额也不是太大，但乔治造成的错误确实太大了。为了赚回足够的钱来补偿所有损失，里森承担愈来愈大的风险，他当时从事大量跨式部位交易，因为当时日经指数稳定，里森从此交易中赚取期权权利金。若运气不好，日经指数变动剧烈，此交易将使巴林银行产生极大损失。里森在一段时日内做得还极顺手。到1993年7月，他已将“88888”号账户亏损的600万英镑转为略有盈余，当时他的年薪为5万英镑，年终奖金则将近10万英镑。如果里森就此打住，那么，巴林的历史也会改变。

除了为交易员遮掩错误，另一个严重的失误是为了争取日经市场上最大的客户波尼弗伊。在1993年下半年，接连几天，每天市场价格破纪录地飞涨1000多点，用于清算记录的电脑屏幕故障频繁，无数笔的交易入账工作都积压起来。因为系统无法正常工作，交易记录都靠人力，等到发现各种错误时，里森在一天之内的损失便已高达将近170万美元。在无路可走的情况下，里森决定继续隐藏这些失误。

里森自传中描述：“我为自己变成这样一个骗子感到羞愧——开始是比较小的错误，但现已整个包围着我，像是癌症一样……我的母亲绝对不是要把我抚养成这个样子的。”

从制度上看，巴林最根本的问题在于交易与清算角色的混淆。里森在1992年去新加坡后，任职巴林新加坡期货交易部兼清算部经理。作为一名交易员，里森本来的工作是代巴林客户买卖衍生性商品，并替巴林从事套利这两种工作，基本上没有太大的风险。因为代客操作，风险由客户自己承担，交易员只是赚取佣金，而套利行为亦只赚取市场间的差价。例如里森利用新加坡及大孤市场极短时间内的不同价格，替巴林赚取利润。一般银行许可其交易员持有一定额度的风险部位。但为防止交易员暴露在过多的风险中，这种许可额度通常定得相当有限。而通过清算部门每天的结算工作，银行对其交易员和风险部位的情况也可以有效了解并掌握。但不幸的是，里森却一人身兼交易与清算二职。

在里森抵达新加坡前的一个星期，巴林内部曾有一个内部通讯，对此问题可能引起的大灾难提出关切。但此关切却被忽略，以至于里森到职后，同时兼任交易与清算部门的工作。如果里森只负责清算部门，那么他便没有必要、也没有机会为其他交易员的失误行为瞒天过海，也就不会造成最后不可收拾的局面。

在损失达到5000万英镑时，巴林银行曾派人调查里森的账目。每天都有一张资产负债表，每天都有明显的记录，可看出里森的问题，即使是月底，里森为掩盖问题所制造的假账，也极易被发现——如果巴林真有严格的审查制度。里森假造花旗银行有5000万英镑存款，但这5000万已被挪用来补偿88888号账户中的损失了。查了一个月的账，却没有人去查花旗银行的账目，以致没有人发现花旗银行账户中并没有5000万英镑的存款。

关于资产负债表，巴林银行董事长彼得·巴林在1994年3月有过一段评语，认为资产负债表没有什么用，因为它的组成，在短期间内就可能发生重大的变化，因此，彼得·巴林说：“若以为揭露更多资产负债表的数据，就能增加对一个集团的了解，那真是幼稚无知。”对资产负债表不重视的巴林董事长付出的代价之高，也实在没有人想象得到吧！

### 四、最后崩溃

另外，在1995年1月11日，新加坡期货交易所的审计与税务部发函巴林，提出他们对维持“88888”号账户所需资金问题的一些疑虑。而且此时里森已需每天要求伦敦汇入1000万英镑，以支付其追加保证金。事实上，从1993年到1994年，巴林银行在SIMEX及日本市场投入的资金已超过11000万英镑，超出了英格兰银行规定英国银行的海外总资金不应超过25%的限制。为此，巴林银行曾与英格兰银行进行多次会谈。在1994年5月，得到英格兰银行主管商业银行监察的高级官员之“默许”，但此默许并未留下任何证明文件，因为没有请示英格兰银行有关部门的最高负责人，违反了英格兰银行的内部规定。

最令人难以置信的，便是巴林在1994年底发现资产负债表上显示5000万英镑的差额后，仍然没有警惕到其内部控管的松散及疏忽。在发现问题至其后巴林倒闭的两个月时间里，有很多巴林的高级及资深人员曾对此问题加以关切，更有巴林总部的审计部门正式加以调查。但是这些调查都被里森以极轻易的方式蒙骗过去。里森对这段时期的描述为：“对于没有人来制止我的这件事，我觉得不可思议。伦敦的人应该知道我的数字都是假造的，这些人都应该知道我每天向伦敦总部要求的现金是不对的，但他们仍旧支付这些钱”。

从金融伦理角度而言，如果对以上所有参与“巴林事件”的金融从业人员评分，都应给不及格的分数。尤其是巴林的许多高层管理者，完全不去深究可能的问题，而一味相信里森，并期待他为巴林套利赚钱。尤其具有讽刺意味的是，在巴林破产的两个月前，即1994年12月，于纽约举行的一个巴林金融成果会议上，250名在世界各地的巴林银行工作者，还将里森当成巴林的英雄，对其报以长时间热烈的掌声。1995年1月18日，日本神户大地震，其后数日东京日经指数大幅度下跌，里森一方面遭受更大的损失，另一方面购买更庞大数量的日经指数期货合约，希望日经指数会上涨到理想的价格范围。1月30日，里森以每天1000万英镑的速度从伦敦获得资金，已买进了3万口日经指数期货，并卖空日本政府债券。2月10日，里森以新加坡期货交易所交易史上创纪录的数量，已握有55000口日经期货及2万口日本政府债券合约。交易数量愈大，损失愈大。

所有这些交易，均进入“88888”账户。账户上的交易，以其兼任清查之职权予以隐瞒，但追加保证金所需的资金却是无法隐藏的。里森以各种借口继续转账。这种松散的程度，实在令人难以置信。2月中旬，巴林银行全部的股份资金只有47000万英镑。

1995年2月23日，在巴林期货的最后一日，里森对影响市场走向的努力彻底失败。日经股价收盘降到17885点，而里森的日经期货多头风险部位已达6万余口合约；其日本政府债券在价格一路上扬之际，其空头风险部位亦已达26000口合约。里森为巴林所带来的损失，在巴林的高级主管仍做着次日分红的美梦时，终于达到了86000万英镑的高点，造成了世界上最老牌的巴林银行终结的命运。

新加坡在1995年10月17日公布的有关巴林银行破产的报告及里森自传中的一个感慨，也是最能表达我们对巴林事件的遗憾。报告结论中的一段：“巴林集团如果在1995年2月之前能够及时采取行动，那么他们还有可能避免崩溃。截至1995年1月底，即使已发生重大损失，这些损失毕竟也只是最终损失的1/4。如果说巴林的管理阶层直到破产之前仍然对“88888”账户的事一无所知，我们只能说他们一直在逃避事实。”

里森说：“有一群人本来可以揭穿并阻止我的把戏，但他们没有这么做。我不知道他们的疏忽与罪犯级的疏忽之间界限何在，也不清楚他们是否对我负有什么责任。但如果是在任何其他一家银行，我是不会有机会开始这项犯罪的”。

**【案例一】**

张彬和林立是同一个单位的会计和出纳，多年来同处一室，在工作上互相配合，关系很好。林立的丈夫自己开办了一个经销电脑的公司。最近根据电脑市场信息得知，有一种计算机软件销量前景看好，但因个人账户资金不足，无法进货，于是林立的丈夫让林立想办法借些款项。林立想到了单位账户的存款，于是自己填开了一张票面金额为25000元的现金支票，在张彬上班离开办公室时，私自将张彬保管的印鉴加盖在现金支票上，从银行提取了现金。一个月后，林立又将25000元现金填开现金缴款单存入单位银行账户。不久，张彬在月末对账时，发现了此事。

## 议一议

试从会计职业道德的角度分析，林立的行为属于何种行为？如果你是张彬，发现了此事，你该如何处理？

**【案例分析】**

林立的行为属于挪用公款、公私不分，违背了会计职业道德规范中对于廉洁自律的要求。

张彬发现了此事，向单位会计部门负责人(会计主管)报告该行为，由会计部门负责人(会计主管)对林立违背会计职业道德规范的行为进行处理。

**【案例二】**

2021年，A公司由于经营管理和市场方面的原因，经营业绩滑坡，为了获得配股资格，A公司主要负责人李聪便要求公司财务总监吴明对该年度的财务资料进行调整，以保证公司的净资产收益率符合配股条件。吴明组织公司会计人员李敏以虚做营业额、隐瞒费用和成本开支等方法调整了公司的财务资料。A公司根据调整后的财务资料，于2021年10月申请配股并获批准发行。

### 议一议

1. 指出上述材料中哪些当事人存在何种违法行为？哪些当事人违反了哪些会计职业道德要求？

2. 哪些单位或部门可以对相关当事人进行何种处理，并说明理由？